國家社會科學基金重大項目（21&ZD271）
全國高等院校古籍整理研究工作委員會科研項目
「十四五」國家重點圖書出版規劃項目
2021—2035年國家古籍工作規劃重點出版項目
國家出版基金資助項目

本書獲
南開大學文科發展基金首批重點項目
内蒙古大學内蒙古元代文學與文化研究基地
資金支持

国家出版基金項目
NATIONAL PUBLICATION FOUNDATION

查洪德　主編

全遼金元筆記

徐姗　編校

第一輯　一

中原出版傳媒集團
中原傳媒股份公司

大象出版社
·鄭州·

圖書在版編目(CIP)數據

全遼金元筆記. 第一輯. 一 / 查洪德主編; 徐姍編校.— 鄭州 : 大象出版社, 2022. 12

ISBN 978-7-5711-0811-3

Ⅰ. ①全… Ⅱ. ①查… ②徐… Ⅲ. ①筆記-中國-遼金時代②筆記-中國-元代 Ⅳ. ①K240. 66

中國版本圖書館 CIP 數據核字(2020)第230028號

全遼金元筆記 第一輯 一

出版人 汪林中
項目策劃 張前進
項目統籌 李光潔 吴韶明
責任編輯 吴韶明
責任校對 安德華 牛志遠
整體設計 王晶晶 杜曉燕
責任印製 郭鋒
出版發行 大象出版社
鄭州市鄭東新區祥盛街27號 郵編450016
製版 河南新華印刷集團有限公司
印刷 北京匯林印務有限公司
版次 2022年12月第1版 2022年12月第1次印刷
開本 640 mm×960 mm 1/16 24.25印張
字數 311千字
定價 96.00元

總序

《全遼金元筆記》是遼金元筆記文獻之匯集整理，彙編、點校全部現存遼金元三代筆記文獻。所謂筆記，是指那些没有嚴格體例、信筆記録摘録而成的著述，是古代文獻中很重要的一部分，其中蘊含有大量信息，具有很高的學術價值，歷來爲研究者重視。遼金元三代筆記，特别是其中的元代筆記，又因其歷史文化的特殊性而具有獨特價值。

對古代筆記文獻的整理，已取得了豐碩的成果，特别是唐宋筆記，除《全唐五代筆記》《全宋筆記》已整理出版外，單行本的點校，數量也已可觀。與此形成明顯差異的，是遼金元筆記文獻的整理情况很不理想。兹將有關情况述論於後。

一、遼金元筆記的存世與整理情况

遼金兩代筆記，幾乎不爲人關注，元代筆記情况略好些，但被關注度也不高。這裏舉人們熟知的兩大筆記文獻叢書爲例，對比宋元明三代筆記收録情况，可以説明問題。中華書局的《歷代史料筆記叢刊》，其中《唐宋史料筆記叢刊》收宋代筆記八十六種，《元明史料筆記叢刊》收明代筆記三十一種、元代筆記三種，按目前掌握的宋、元、明三代筆記存世情況（《全宋筆記》收宋代筆記四百七十七種，《全明筆記》課題組統計的明代筆記總數爲一千零四十五種，我們統計的元代筆記總數爲二百七十二種），分别佔總數的百分之十八（宋）、百分之三（明）、百分之一點一（元）。上海古籍出版社的《歷代筆記小説大觀》，收宋代筆記六十三種，明代筆記十六種，金元兩代筆記五種。爲什麽人們的關注度如此不平衡呢？是遼金元筆記没有價值嗎？當然不是。這種狀況，應該改變。

就元代筆記説，最早收録元代筆記的，是元人别集與元人所編元代總集，比如王惲的《烏臺筆補》《承華事略》《玉堂嘉話》《中堂事記》，收在其别集《秋澗集》中，這類情況在元代比較多見。還有一些筆記被作爲文章，收録在元代總集如《元文類》中，如楊奂的《汴故宫記》。最早大量收録元代筆記的是元末陶宗儀的《説郛》，收録元代筆記數十種，但多是摘録。明清兩代，大部分元代筆記保存在叢書叢刻中，如《津逮秘書》《寶顔堂秘笈》《稗海》《古今説海》《知不足齋叢書》《讀畫齋叢書》以及《歷代詩話》等。在古代書目中，《四庫全書總目》已有「筆記」之名，該書雜家類雜説之屬後有按語：「雜説之源，出於《論衡》，其説或抒己意，或訂俗訛，或述近聞，或綜古義。後人沿波，筆記作焉。大抵隨意録載，不限卷帙之多寡，不分次第之先後。興之所至，即可成編。故自宋以來，作者至夥。」儘管在《四庫全書》中，筆記被收在子部的小説家類、雜家類、藝術類，史部的載記類、雜史類、地理類、史鈔類，以及集部的詩文評類中，但雜家類還是最爲集中，特别是其中的雜説之屬，這部分收宋代筆記最多，達四十九種；元代筆記也相當多，收十二種，與明代筆記數量相當。《四庫全書》各部收元代筆記四十多種。因文淵閣《四庫全書》影印出版，這部分文獻得以面世，比較重要的如《困學齋雜録》《隱居通議》《湛淵静語》《敬齋古今黈》《日聞録》《勤有堂隨録》《玉堂嘉話》《庶齋老學叢談》《研北雜志》《北軒筆記》《閑居録》《雪履齋筆記》等。後出的四庫系列大型叢書，如《續修四庫全書》《四庫全書存目叢書》，影印出版了一些元代筆記，爲我們提供了比較珍貴的版本。上世紀二十年代，上海進步書局石印的《筆記小説大觀》，收元代筆記如元好問《續夷堅志》、劉祁《歸潛志》、陸友仁《研北雜志》、陳世隆《北軒筆記》、盛如梓《庶齋老學叢談》、楊瑀《山居新話》、郭畀《客杭日記》、陶宗儀《古刻叢鈔》、鄭元祐《遂昌雜録》，還收録了金王若虚《滹南詩話》，其中多數成爲二十世紀整理比較多、流傳比較廣的元代筆記。迄今爲止，收録元代筆記數量最多的，還是民國時的《叢書集成初編》，收録元代筆記六十九種。加上其後《叢書集成續編》（上海書店一九九四年出版）收録十二種。這基本上是目前一般研究所能利用的元代筆記文獻。

二十世紀七十年代至本世紀初，出版了多種大型筆記小説、野史文獻叢書。首先是臺北新興書局一九七八年影印出版《筆記小説大觀》，收元代筆記五十一種，但由於對筆記概念理解的不同，在我們看來，大約四分之一不屬筆記，而實際屬於我們理解之元代筆記者不到四十種。巴蜀書社一九九三年影印出版《中國野史集成》，收元代筆記十二種（二〇〇〇年出版的《中國野史集成續編》未見收元代筆記）。河北教育出版社一九九五年影印出版《歷代筆記小説集成》，收元代筆記二十九種。黄山書社《元代史料叢刊》史書類與子書類收了若干種元人筆記，但爲其收書宗旨所限，收元代筆記不是太多，反倒收後代記元代事的筆記文獻不少。上海書店出版社二〇一三年出版《金元日記叢編》，收元代筆記十多部。這些可爲元代筆記整理提供尋找版本的便利。另外，泰山出版社二〇〇〇年出版《中華野史（遼夏金元卷）》，收元代筆記四十六種。類似的叢書還有一些，但既非影印，也不是嚴格意義上的古籍整理，屬一般讀物性質。

整理元代筆記較早的，可上溯到一九二五年到一九二六年王國維的《長春真人西遊記校注》（李志常原著）、《聖武親征録校注》（佚名原著），以及《古行記校録》所收《北使記》（劉祁原著）、《西使記》（劉郁原著）。類似文獻整理，有後來向達校注的耶律楚材《西遊録》（中華書局一九八一年出版）。中華書局一九五九年以來陸續出版《歷代史料筆記叢刊》，其中《元明史料筆記叢刊》所收元代筆記有陶宗儀《南村輟耕録》、楊瑀《山居新語》和王惲《玉堂嘉話》，以及署爲金人的劉祁《歸潛志》，署爲明人的葉子奇《草木子》。《唐宋史料筆記叢刊》收録署爲宋周密的《齊東野語》《癸辛雜識》《浩然齋雅談》《隨隱漫録》《志雅堂雜鈔》《雲煙過眼録》《澄懷録》七種，都成書於元代，在我們看來，也屬元代筆記。上海古籍出版社《歷代筆記小説大觀》所收元代筆記有楊瑀《山居新語》、姚桐壽《樂郊私語》、陶宗儀《南村輟耕録》、蔣子正《山房隨筆》、孔齊《至正直記》。該社有《宋元筆記叢刊》，所收基本上是宋代筆記，元代筆記只收《至正直記》一種。中華書局分别於一九八一、一九八三年標點整理出版了《歷代詩話》和《歷代詩話續編》，收入了一些可歸入筆記的元人著作。《歷代文話》（復旦大學出版社二〇〇七年出版）收入元人著述七種，也屬筆記類。北京師範大學《元代古籍集成》（第二輯，北京師範大學出版社二〇一七年出版）整理本有元代藝術類筆記十種。還有一些筆記被作爲著名文言小説整理出版，如《郁離子》等，一些被作爲地方文獻由地方出版社整理出版，這類有相當數量。一些專業性的筆記被作爲專業文獻整理出版，如《真臘風土記》等。所有這些，目前掌握有比較好的整理本的，有四五十種。以上所述，是元代筆記整理的基本狀況。

大致説，目前研究者一般可作爲文獻使用的遼金元筆記，總數有七十多種。而我們所做文獻調查的結果是，遼金元三代存世筆記至少有二百九十種九百零七卷，其中遼金兩代筆記十八種五十八卷，元代筆記二百七十二種八百四十九卷。也就是説，目前我們掌握的遼金元筆記文獻數量，差不多是一般研究者可利用數的四倍。遼金元筆記這一巨大的資料庫，應該發掘整理出來，提供給文史研究者。相信本叢編的出版，會助推當前的遼金元文史研究。

二、遼金元筆記價值例説

遼金元筆記整理的欠缺，使得相關的研究難以得出客觀全面的認識。目前關於筆記的研究論著有不少，但研究遼金元筆記的却少見。在通代的筆記小説史或筆記文史論著中，遼金元筆記不佔什麽位置。在這類著作中，很難找到有關遼金筆記的内容，元代筆記也被忽視。著者首先將元代前期一批記載宋代史事的筆記歸宋，然後對元代筆記成就作出有限肯定甚至委婉否定的評價。其肯定部分，也顯示出對元代筆記缺乏具體全面的瞭解。如認爲元代筆記比較多的是瑣記隨筆，或軼事小説，這顯然不符合元代筆記的實際。有學者肯定元代學術性筆記的價值，這很對，但舉作例證的，是《隱居通議》與《南村輟耕録》，却不舉李治的《敬齋古今黈》和方回的《續古今考》（儘管劉葉秋先生在其《歷代筆記概述》中早就説過：「《敬齋古今黈》的内容，并不遜於宋王應麟的《困學紀聞》。」今按，《困學紀聞》也成書於元代，在我們看來，它是元代筆記）。目前唯一研究元明筆記的專著，是姚繼榮《元明歷史筆記論叢》（民族出版社二〇一五年出版），該書屬歷史學的研究，却深受筆記小説之論的影響，認爲元代歷史筆記「無大的成就」（這一判斷與史實不符），又認爲「元朝筆記的主體，是雜著性的筆記和志人、記事的筆記小説。這是歷經宋代之後筆記發展的必然」（第十一頁），并引蕭相愷《宋元小説史》之論，支持其觀點。陳尚君《宋元筆記述要》（中華書局二〇一九年出版）收有十五種元代筆記的叙録。以遼金元筆記爲研究對象的真正意義上的單篇學術論文，可以説没有。有一篇碩士論文《元代筆記中的小説史料研究》（趙立艷，山東大學二〇一〇年），從題目就可看出不是研究元代筆記，而是以元代筆記的内容爲史料研究小説。作者認爲：「除去獨放異彩的雜劇和散曲外，元代的其他文學樣式似乎處於衰憊的狀態之中。在這樣的條件下，就元代筆記的創作而言，數量和質量雖不及唐宋，但依然有可觀之處，對文化的發展作出了一定的貢獻。」如果對全部元代筆記有所瞭解，這樣的論斷應該會修正。要對遼金元筆記作出符合歷史實際的評價，只有建立在對遼金元筆記全面瞭解的基礎之上，而遼金元筆記文獻的全面整理，又是其前提。在很長的時期中，遼金元文學成就被嚴重低估，遼金元筆記的成就也同樣被低估。多數人并不瞭解遼金元筆記的成就，文學史家一般認爲，元代筆記（遼金不在視野中）成就無法與唐宋相比。《全遼金元筆記》的整理出版，將這些文獻呈現在研究者面前，自然會改變人們的看法，對遼金元筆記成就作出客觀的評價。

金作爲與南宋并立的政權，金代的筆記有其特點與成就。元代筆記承宋之後繼續發展，凡宋代筆記有的内容與種類，諸如讀書摘記、生活雜録、文人趣事、藝術品鑒、朝政軼事、林下閑談、詩話文話等，元代筆記無所不有。其内容，涉及政治、軍事、航運、災異、出使、世風、士風、掌故、風土、物産、演藝等，舉凡士人生活涉及的領域，都在筆記中有所反映。元代筆記還有諸多不同於宋代筆記之處，如宋代筆記多文人閑暇隨興之作，明人有言：「（宋筆記）出士大夫手，非公餘纂録，即林下閑譚……故一語一笑，想見前輩風流。」（桃源居士《五朝小説大觀・宋人小説序》）在研究者看來，宋後筆記大致也是如此。其實不然。元代筆記多爲文人著意撰著，早期北方劉祁的《歸潛志》，南方劉壎的《隱居通議》，後期南方陶宗儀的《南村輟耕録》，莫不如此，學術性筆記如《續古今考》等，更是著力撰著之作。就比較發達的史事記録類（劉葉秋名之爲「歷史瑣聞類」）來説，還有兩個顯著特點：一是强烈的存史意識，二是直書無隱。存史意識，如劉祁《歸潛志序》所言：「獨念昔所與交遊，皆一代偉人。今雖物故，其言論談笑，想之猶在目。且其所聞所見，可以勸戒規鑒者，不可使湮没無傳。因暇日記憶，隨得隨書……異時作史，亦或有取焉。」元人普遍具有較强的存史意識，當然也體現在筆記中。直書無隱，典型的如孔齊《至正直記》，書名既已可見。孔子有言：「父爲子隱，子爲父隱，直在其中矣。」孔齊却不如此，既不爲父隱，也不爲君隱。這在古人是不能接受的，四庫館臣批評説：「中一條記元文宗皇后事，已傷國體。至其稱『年老多蓄婢妾，最爲人之不幸，辱身喪家，陷害子弟，靡不有之。吾家先人晚年亦坐此患』，則并播家醜矣。」「播家醜」的是卷一《年老多蓄婢妾》條（内容即上文所引），「傷國體」的是同卷《周王妃》條，説：「文后性淫，帝崩後，亦數墮胎，惡醜貽恥天下。後貶死於西土，宜矣。」儘管如此極端的例子在元代筆記中很少，但直書無隱，可稱元代筆記的普遍特點。如劉佶《北巡私記》記元中書右丞脱火赤戰敗被擒，直書「脱公嗜酒，醉而踣於陣，士卒盡没」。直書無隱，大約只有元人能做到。

因其時代特徵，遼金元筆記又具有獨特價值。讀金代筆記，如讀《大金弔伐録》等，會改變我們對宋金關係的看法；讀《遼東行部志》等，會讓我們驚奇於當時東北地區高度發達的文化水平。更具獨特價值的當然還是元代筆記。元代疆域廣大，中外交通發達，商旅與使者往來頻繁，於是域外行紀、域外地志等，成爲元代筆記中引人注目的一類。西北行紀如上舉王國維校注的多種，其他還有張德輝《塞北紀行》等。南方與海上，則有汪大淵《島夷志》、周達觀《真臘風土記》、徐明善《安南行紀》、黎崱《安南志略》、周致中《異域志》等多種。元人遊前人不曾遊之地，入前人不曾入之境，見前人不曾見之物，感前人不曾感之情，記録了前代筆記所不曾有的内容。比如，元代有一部《和林廣記》，其書已佚，但有一些佚文保留在其他文獻中。在宋濂的《蘿山集》中有一則：「《和林廣記》所載：極西北之國曰押剌者，土地卑吉濕，近海，日不没，無昏夜，日唯向北轉過便曙。」這應該是關於北極白夜很珍貴的記録。這則文獻還將此地的天象與其他地區相比，説：「比之鐵勒煮羊胛熟而天明者，又益異矣。」類似的，則有周致中《異域志》所載骨利國：「其國一年天旋到此，天光返照一遍，國人謂之天門開，非也。」元代筆記中具有獨特價值的還有不少，如人類第一次探黄河源的記録《河源記》（潘昂霄撰），記載元代海運的揭傒斯等《大元海運記》和危素《元海運志》等，都是有特色的文獻。元代筆記文獻含有豐富的歷史文化信息，政治的、軍事的、經濟的、科技的、天文的、交通的、域外的、海洋的、草原的，無所不有。這些無疑都是很珍貴的。元人日常生活是豐富多樣的，記録其生活的筆記内容也豐富多彩。遼金元筆記的全面整理，將會對多學科的研究起到助推作用。

遼金元三代，特别是元代，是中華民族精神共同體形成時期。在元代文人觀念中，大元朝的建立，是中原疆域向四外的極大拓展，「四振天聲，大恢土宇，輿圖之廣，歷古所無」（徒單公履撰《建國號詔》），「我元四極之遠，載籍之所未聞，振古之所未屬者，莫不涣其群而混於一。則是古之一統，皆名浮於實，而我則實協於名矣」（許有壬《大一統志序》）。由此，王化大行，無遠弗届。千百年的胡漢對立終於消除，「蒙恬劍下血，化作川上花」（陳孚詩），慶幸於「華夷一統太平秋」（耶律楚材詩），真正實現了「天下車書共一家」（楊維楨詩）。元代筆記文獻，也包含有豐富的西北地域與多民族文化內容，廣爲人知的《聖武親征録》，不爲人知的《和林廣記》等，都是這方面的珍貴文獻。其他如《南村輟耕録》《至正直記》《歸潛志》等，都記載了豐富的多民族文化與文學研究資料。遼金元筆記文獻的系統整理，將爲多民族一體性研究提供大量以前未發現、未使用的文獻，從而推進這一研究的進展。

三、「筆記」概念之界定與收書邊界問題

編纂一部大型叢刊，收書範圍的劃定是首先要解決的問題。就《全遼金元筆記》的編纂來説，參考學術界對「筆記」概念的理解，充分考慮遼金元筆記的具體情況，對「筆記」作出既符合學術界一般認識，又適用於遼金元筆記文獻整理工作實際需要的界定，劃出「遼金元筆記」相對清晰的邊界，編製出儘可能完善的《遼金元筆記目録》，既是工作重點，也是難點。

對於什麽是「筆記」，目前一般地作出界定，已經不難。其基本含義，學術界已大致形成共識，但落實下來，對於哪些書是筆記，哪些書不是，某一部書是不是筆記，分歧却相當大。查閲已經出版的有關筆記叢書，就可明顯感受到這一點。也就是説，理論層面的表述，目前分歧不大，但操作層面，掌握很不一致，具體認識，多有不同。在這樣的情況下，爲「遼金元筆記」劃出邊界，收録的書爲研究界普遍認可，依然不易。

最早界定筆記含義的，應該是《四庫全書總目》，其所謂「大抵隨意録載，不限卷帙之多寡，不分次第之先後。興之所至，即可成編」。今人的表述或與此不同，但基本含義無大差别。研究者的表述不少，二十世紀流行「筆記小説」概念，二十年代上海進步書局編印的《筆記小説大觀》行世，「筆記小説」概念被廣泛採用。中華書局編輯出版《歷代史料筆記叢刊》，顯然不同於「筆記小説」對筆記的理解。史學家多使用「野史筆記」的概念，謝國楨在《明清野史筆記概述》一文中説：「凡不是官修的史籍，而是由在野的文人學士以及貧士寒儒所寫的歷史紀聞，都可以説是野史筆記，也可以稱作稗乘雜家。」（謝國楨：《明末清初的學風》，人民出版社一九八二年出版，第八十九頁）這應該代表了史學家對筆記的理解。一九八〇年，劉葉秋先生出版《歷代筆記概述》，由此「筆記」作爲獨立概念被使用。但正如劉葉秋所説：「什麽叫作筆記，筆記有什麽特點，哪些作品可以算是筆記等等，恐怕是見仁見智，看法各有不同，未必能得出一致的結論。」他給筆記的界定是：「以内容論，主要在於『雜』：不拘類别，有聞即録；以形式論，主要在於『散』：長長短短，記叙隨宜。」（劉葉秋：《歷代筆記概述》，中華書局一九八〇年出版，第四、五頁）此後關於何謂筆記的討論不少，我們没必要一一引述。對我們有直接借鑒意義的是《全宋筆記》的界定與選書實踐。其基本界定是：「筆記乃隨筆記事而非刻意著作之文。古人隨筆記録，意到即書，常常

『每聞一説，旋即筆記』，具有叙事紛雜的特性。從寫作體例來看，宋代筆記隨事劄録，不拘一格，作品名稱與『筆』相關的有筆記、筆録、筆説、試筆、筆談、隨筆、漫筆、餘筆、筆志、筆衡等，這些名稱無不體現了宋人筆記隨筆記事的特性，有别於正史的嚴肅劃一，亦别於志怪傳奇的天馬行空；從内容看，涉及典制、歷史、文學、民俗、宗教、科技、文化等，蕪雜和包羅萬象乃是其最大特色。」這是正面界定，還有反面排除：「凡題材專一，體系結構緊密的專集，雖亦有逐條叙事者，則已非隨筆之屬，如茶經、畫譜、名臣言行録、官箴等」，以及「純粹的傳奇志怪小説作品」等，認爲這些不符合筆記屬性，不予收録（戴建國：《補正史之亡　裨掌故之闕——〈全宋筆記〉編纂劄記》，《中國社會科學報》二〇一六年二月二日）。我們借鑒《全宋筆記》的界定，根據遼金元筆記的情況，做適當調整：第一，遼金元筆記多「刻意著作之文」（宋代筆記也有「刻意著作」者），是否「刻意著作之文」應該不是筆記的本質屬性，我們不以此作爲選擇與排除的必要條件。第二，題材是否專一，也難作爲區分的標準。只要是隨見隨録，隨手記録或摘録，不具備嚴格體例，非系統性，非有嚴密體系的著作，同時，它是見聞記録，或閲讀摘録，而非想象虚構的，我們即行收録。我們的認定，不以内容分，只以體裁形式論。故詩話、畫記等類，凡屬筆記形式者，我們即予收録。第三，「純粹的傳奇志怪小説作品」，在宋元時代不多，應是基於這樣的情況，《全宋筆記》收録了

《夷堅志》。類似之作，我們也予收録。

依據以上界定，利用各種古籍書目及叙録、圖書館藏書目録，各種大型叢刊，各種網絡資源，搜求遼金元筆記書目，編製《全遼金元筆記目録》。具體收書目録，遵循本叢編《凡例》，參考各大型筆記叢刊收書目録，依據所涉書籍具體情況，斟酌去取。既名爲「全」，我們盡力求全。當然，所謂的「全」永遠是相對的，特别是筆記之「全」，由於不同人對收書標準有不同理解與把握，我們追求的「全」，只能是在我們收書標準下的「全」。學術史的所有「大全」項目都有遺漏，「竭澤而漁」從來没有百分之百實現，我們的追求是盡最大努力，少遺漏，少留遺憾，做到最大限度的「全」。

四、編纂點校工作的若干問題

編纂點校《全遼金元筆記》，是爲遼金元文史研究提供全面可靠的筆記文獻，也爲一般讀者提供良好的遼金元筆記讀本。爲此，要認真解決一系列問題。大致説，有版本（底本）之選擇、已有整理成果之借鑒、輯佚與辨僞、附録材料之搜求等。

其一，版本之選擇。全面利用各種古代文獻，重點大型叢刻，二十世紀以來影印出版的相關叢書，儘可能完整掌握各筆記的版本信息，梳理版本源流，確定精良適用的校勘底本，以及校本、參校本，儘可能搜集可資參考的其他文獻，把校勘工作建立在準確的文獻基礎之上，這是做好編校工作的前提。

筆記的版本情況比較複雜，有些筆記，不同版本的差異很大，有時不僅僅是異文問題，卷數不同，條目互異。甲本有的條目乙本漏落，乙本有的條目甲本缺失。文字的出入也很大。又有不少未經整理的鈔本，凌亂與殘缺情況比較常見，一些文字辨讀困難。基於這種情況，我們選擇底本的依據，首先是全，以漏落缺失相對較少者爲底本，以清晰完整者爲底本。

遼金元筆記底本選擇還有若干特殊情況。一是部分筆記有單行本系統與别集本系統，兩者相較，多數情況是别集本系統保存較好，自然應選擇别集本。二是有些筆記卷帙不大，内容比較獨特，近代曾有人（如王國維等）做過學術價值極高的校注，凡此類我們即以其校注本爲底本，保留其校注，參考其他版本做校勘。其他如《歸潛志》、《知不足齋叢書》本有清人鮑廷博校正與疏解，也如此處理。三是《四庫全書》及四庫系列版本的使用。一般認爲《四庫全書》版本價值不高，但其所收遼金元筆記有很多版本價值較高。我們對多種有四庫本的筆記做了不同版本的詳細比對。比如《詩林廣記》，今存主要版本有明弘治刊本與四庫本，四庫本乃紀昀的家藏本，諸本相較，四庫本爲佳，少脱漏訛誤，故以四庫本爲底本，但需將四庫本以「違礙」改易之處，一律據明刊本改回。王惲的《承華事略》《中堂事記》《烏臺筆補》《玉堂嘉話》，我們選擇《秋澗集》本，而《秋澗集》又有多種版本，重要者如元刊本、《四部叢刊》影印明覆元本、《四庫全書》及《四庫全書薈要》本。一九八五年臺北新文豐出版公司影印《元人文集珍本叢刊》，收《秋澗集》元刻本配補明覆元本，一時爲研究者重視。但細加比較，《四庫全書薈要》本遠優於《元人文集珍本叢刊》本，我們選用《四庫全書薈要》本爲底本。總之，以求全、完整、清晰、差錯較少作爲主要考慮因素，在認真比對各本後，依據實際情況作出選擇，而不受其他因素過多影響。

其二，已有整理成果之借鑒。《全遼金元筆記》整體規模較大，整理難度極大。要做好，除整理者全力投入、精審校勘外，最大限度地吸收已有整理成果很有必要。有今人整理本者，利用《全國總書目》、各出版社書目與其他出版資訊，全面掌握二十世紀以來遼金元筆記點校整理本的出版情況，搜求全部點校整理本，借鑒一切可以借鑒的整理成果。但借鑒只是借鑒，決不能代替自己的校勘，必須先做校勘，而後借鑒他人。需要特别强調的是，一些筆記已有多種整理本，但有些錯誤却一直沿襲。對這類筆記，須下功夫重點糾正相沿之誤。如何發現相沿之誤？只有多查。既不盲目自信，也不輕信他人，包括權威。要加大投入，在遵循大象出版社歷代筆記文獻叢刊統一體例的前提下，力争後出轉精。對於無今人整理本者，也盡力尋找相關成果，以爲校勘中的借鑒。筆記作品，多有輯録、摘録、轉引前人内容者，而古人往往并不言其出處，我們在整理中都盡力查其出處，查找原書，以爲校勘參考。尤其是學術性筆記，所討論辨析的問題，涉及經史爲多，内容多源自經史著作（當然也有子集）。古今學者相關的整理與研究成果，都可作爲我們整理的參考。典型的如方回所撰《續古今考》，不參考古今經史整理成果，我們的整理可以説寸步難行，我們在整理中幾乎句句查，多方查。其他問題，如元代特有的語言、人名、地名等，也必須儘可能參考借鑒已有成果，盡力減少整理中可能出現的錯誤。

其三，輯佚與辨僞。近些年古籍數字化的成果，爲文獻檢索提供了極大方便。利用各種檢索工具，充分查找相關材料，輯録筆記佚文，爲研究者提供儘可能完整的筆記文獻，是我們盡力做的一個方面的工作。經過努力，我們輯録了一些佚文，儘管數量不是很多，但也是一種收穫。在流傳的遼金元筆記中，確有一定數量的僞書。前人已認定者，有署名伊世珍的《琅嬛記》，署名龍輔的《女紅餘志》，佚名的《趙氏家法筆記》等。前人疑僞者，有署名張師顔的《南遷録》，署名張道宗的《記古滇説》等。對於這些，我們將在前人研究的基礎上做進一步考察。在整理中，也有新發現的僞書，如署名徐大焯的《燼餘録》，從書前李模序及書之内容，可初步判定其爲僞書。我們把輯佚與辨僞，作爲編纂工作的重要内容。

其四，附録材料之搜求。這類大型叢刊，多數不做附録。我們覺得，本叢刊所收的很多種筆記，今後再整理的機會并不多，有必要利用本次整理機會，盡力搜求古近代學者的序跋、題記、叙録，以及一切評價資料，作爲附録，將有價值的參考文獻奉獻給研究者。經過我們的努力，附録的搜集，成效明顯。即便是一些有深度整理單行本的筆記，前人已經輯録了豐富的附録資料，我們依然有新的收穫。這些附録材料，增加了本叢刊的學術含量。

總之，我們全部的努力，都是要保證編纂點校質量，盡力爲遼金元文史研究者和其他讀者奉獻出完整可靠的遼金元筆記文獻，讓讀者信賴，讓研究者放心使用。

筆記文獻的整理是一項複雜煩難的工作，困難與挑戰，隨處而有。我們將竭盡全力，希望把工作做到最好，但問題甚至錯誤總是難以避免的，真誠希望學術界同仁批評指教。

查洪德

二〇二〇年十月

凡例

一、本叢編所收，爲遼金元三代筆記，即撰成於遼金元時期之筆記。金元之際、宋元之際、元明之際成書者，以成書時間爲斷，凡成書於元者收入。跨代之作，參考内容，酌情去取。

二、關於「筆記」概念與收書邊界之劃定，我們認真研讀劉葉秋《歷代筆記概述》、來新夏《民國筆記小説大觀》序、傅璇琮《全宋筆記》序、張暉《宋代筆記研究》，借鑒《全宋筆記》經驗，參考《全唐五代筆記》，根據遼金元文獻獨特情況，作出界定。既然將筆記視作一種著述體式，就應主要依據形式認定，即所謂筆記，乃隨見隨録，隨手記録或摘録，不具備嚴格體例，非系統性，非有嚴密體系之著述。凡符合這一體式特點者，即行收録，而不據其内容做選擇或排除。故筆記體之詩話、詞話、畫譜等，一例收録。

三、本叢編編次，以撰者生年先後爲序。生年不詳而知卒年者，參考卒年；生卒年均不詳者，參考科第與歷官等確定其主要活動年代，或參考撰者同時人生活年代排序；生平無考而知大致成書時間者，參考成書時間，或參考前人大型叢書次序，排在適當位置。撰者佚名又無法判斷成書年代，及撰者生平爵里均無考，僅知爲元人者，列最後。又因遼金元筆記多有撰者生卒年不詳或佚名者，故適當考慮以類相從。

四、元人陶宗儀所輯《説郛》，爲一部大型筆記。其中所收遼金元筆記，原書存者另行收録，原書不存但有相當規模者，單獨收録。僅有《説郛》本，篇幅過小且撰者生平不詳者，集中輯録。

五、在本叢編整理過程中有新補入者，集中編排。

六、本叢編爲遼金元筆記之全輯録，以向讀者提供較全之可靠文獻爲宗旨，故版本選擇以較全版本、通行版本爲主，凡有近人、今人完整且嚴謹整理本者，其中近人整理本亦可選爲底本，今人整理本則吸收其校勘成果并註明。

七、遵循大象出版社歷代筆記文獻彙編總體例，本叢編校勘記力求簡明。凡底本不誤者從底本，他本異文一般不出校。確需説明之異文，簡要介紹，不做考證。底本誤、缺、衍而從他本改、補、删者，出校。明顯書寫、刊刻錯誤，徑改，不出校。異體字、俗字，除個別需保留者外，改規範繁體字，不出校。

八、凡有一定規模之作，由整理者撰寫一篇提要性點校説明，内容包括撰者小傳、成書情況、内容與價值評介、版本情況、所用底本與校勘概況，以及其他需介紹之情況。規模過小、僅有若干則者，則簡單介紹撰者生平與版本情況。

九、書中蒙古、色目人名，以及其他專用名，底本爲清人改譯者，儘量依校本、參校本或其他可參考之文獻改回，無據不能改但知其原譯名者，不改，在校記中説明。不知其原譯名者，依底本也不做説明。

十、近人整理本有據相關文獻做有價值夾註、夾校者，夾註依舊，并在點校説明中説明，有學術價值之重要夾校移出，標明「×校」。

第一輯總目

第四册

第五册

第十册

目録

焚椒録

◉王　鼎撰

點校説明

《焚椒録》一卷，遼王鼎撰。王鼎（?—一一〇六），字虚中，涿州（今屬河北）人。遼道宗清寧五年（一〇五九）進士，官至觀書殿學士。坐怨上，流鎮州。後召還復職。乾統六年（一一〇六）卒。《遼史》卷一〇四有傳。

是書作於大安五年（一〇八九），述遼道宗懿德皇后蕭氏事。懿德皇后蕭觀音，能詩善書，姿容端麗。曾奉敕賦詩，道宗譽爲「女中才子」。後漸失寵，因作《回心院》詞十首。權臣耶律乙辛與后家有隙，使人造《十香詞》，語涉猥褻，遣宫婢騙后手書其詞。乙辛以手書爲據，誣后與伶人私通。道宗怒，賜后自盡。

全書叙事詳盡，前人以爲可證《契丹國志》之疏。書中蕭后應制詩、《回心院》等，均爲遼代詩歌重要文獻。乙辛誣后之奏文，用筆細微，有傳奇風調。

是書最早應收録於明萬曆中陳繼儒輯《寶顔堂秘笈》正集，此後收載於吴永《續百川學海》乙集、毛晉《津逮秘書》第十集、宛委山堂本重編《説郛》卷一一〇、《無一是齋叢鈔》及《香艷叢書》第三集等。本次整理以《寶顔堂秘笈》本爲底本，以《津逮秘書》本、《説郛》本爲校本。

校勘記

懿德皇后蕭氏，爲北面官南院樞密使惠之少女。母耶律氏，夢月墜懷，已復東升，光輝照爛，不可仰視；漸升中天，忽爲天狗所食。驚寤而后生，時重熙九年五月己未也。母以語惠，惠曰：「此女必大貴而不得令終。且五日生女，古人所忌。命已定矣，將復奈何！」后幼能誦詩，旁及經子。及長，姿容端麗，爲蕭氏稱首，皆以觀音目之，因小字觀音。

二十二年，今上在青宮，進封燕趙國王，慕后賢淑，聘納爲妃。后婉順，善承上意，復能歌詩，而彈箏、琵琶，尤爲當時第一。由是愛幸，遂傾後宮。及上即位，以清寧元年十二月戊子册爲皇后。后方出閣升坐，扇開簾捲，忽有白練一段，自空吹至后褥位前，上有「三十六」三字。后問：「此何也？」左右曰：「此天書，命可敦領三十六宮也。」后大喜。宮中爲語曰：「孤穩壓帕女古靴，菩薩喚作耨斡麽。」蓋言以玉飾首，以金飾足，以觀音作皇后也。

二年八月，上獵秋山，后率妃嬪從行在所，至伏虎林，上命后賦詩。后應聲曰：「威風萬里壓南邦，東去能翻鴨緑江。靈怪百千都破膽，那教猛虎不投降。」上大喜，出示群臣曰：「皇后可謂女中才子。」次日，上親御弓矢射獵，有虎突林而出。上曰：「朕射得此虎，可謂不愧后詩。」一發而殪，群臣皆呼萬歲。是歲十一月，群臣上皇帝尊號曰天祐皇帝，后曰懿德皇后。三年秋，上作《君臣同志華夷同風》詩，后應制屬和曰：「虞廷開盛軌，王會合奇琛。到處承天意，皆同捧日心。文章通鹿蠡，聲教薄雞林。大寓看交泰，應知無古今。」

明年，后生皇子濬。皇太叔重元妃入賀，每顧影自矜，流目送媚。后語之曰：「貴家婦宜以莊臨下，何必如此！」妃銜之，歸罵重元曰：「汝是聖宗兒，豈虎斯不若，使教坊奴得以可敦加吾。汝若有志，當除此帳，笞撻此婢！」於是重元父子合定叛謀，於九年七月駕幸灤水，聚兵作逆。須臾軍潰，父子伏誅。而討平此亂，則知北樞密院事趙王耶律乙辛與有功焉。尋進南院樞密使，威權震灼，傾動一時。惟后家不肯相下，乙辛每爲怏怏。及咸雍初，皇子濬册爲皇太子，益復蓄奸爲圖后計矣。

后常慕唐徐賢妃行事，每於當御之夕，進諫得失。國俗君臣尚獵，故有四時捺鉢。上既擅聖藻，而尤長弓馬，往往以國服先驅，所乘馬號飛電，瞬息百里，常馳入深林邃谷，扈從求之不得。后患之，乃上疏諫曰：「妾聞穆王遠駕，周德用衰；太康佚豫【一】，夏社幾危。此游佃之往戒，帝王之龜鑑也。頃見駕幸秋山，不閑六御，特以單騎從禽，深入不測。此雖威神所届，萬靈自爲擁護。倘有絶群之獸，果如東方所言，則溝中之豕，必敗簡子之駕矣。妾雖愚闇，竊爲社稷憂之。惟陛下尊老氏馳騁之戒，用漢文吉行之旨，不以其言爲牝雞之晨而納之。」上雖嘉納，心頗厭遠；故咸雍之末，遂稀幸御。后因作詞曰《回心院》，被之管絃，以寓望幸之意。曰：「掃深殿，閉久金鋪暗。游絲絡網塵作堆，積歲青苔

【一】太康佚豫　「佚」原作「伕」，據《津逮秘書》本改。

厚揩面。掃深殿，待君宴。拂象牀，憑夢借高唐。敲壞半邊知妾臥，恰當天處少輝光。拂象牀，待君王。換香枕，一半無雲錦。爲是秋來轉展多，更有雙雙淚痕滲。換香枕，待君寢。鋪翠被，羞殺鴛鴦對。猶憶當時叫合歡，而今獨覆相思塊。鋪翠被，待君睡。裝繡帳，金鈎未敢上。解却四角夜光珠，不教照見愁模樣。裝繡帳，待君貺。疊錦茵，重重空自陳。只願身當白玉體，不願伊當薄命人。疊錦茵，待君臨。展瑶席，花笑三韓碧。笑妾新鋪玉一牀，從來婦歡不終夕。展瑶席，待君息。剔銀燈，須知一樣明。偏是君來生彩暈，對妾故作青熒熒。剔銀燈，待君行。爇熏爐，能將孤悶蘇。若道妾身多穢賤，自沾御香香徹膚。爇熏爐，待君娱。張鳴箏，恰恰語嬌鶯。一從彈作房中曲，常和窗前風雨聲。張鳴箏，待君聽。」

時諸伶無能奏演此曲者，獨伶官趙惟一能之。而宫婢單登，故重元家婢，亦善箏及琵琶，每與惟一争能，怨后不知己。后乃召登，與對彈四旦二十八調，皆不及后，單媿耻拜服。於時上常召登彈箏，后諫曰：「此叛家婢女中獨無豫讓乎？安得輕近御前。」因遣直外别院，登深怨嫉之。而登妹清子，嫁爲教坊朱頂鶴妻，方爲耶律乙辛所暱。登每向清子誣后與惟一淫通，乙辛具知之，欲乘此害后，以爲不足證實，更命他人作《十香》淫詞，用爲誣案。云：「青絲七尺長，挽出内家裝。不知眠枕上，倍覺緑雲香。紅綃一幅强【二】，輕闌白玉光。試開胸探取，尤比顫酥香。芙蓉失新艷，蓮花落故妝。兩般總堪

【二】紅綃一幅强　「綃」原作「銷」，據《津逮秘書》本改。

比，可似粉腮香。蝤蠐那足并，長須學鳳凰。昨宵歡臂上，應惹領邊香。和羹好滋味，送語出宮商。定知郎口內，含有煖甘香。非關兼酒氣，不是口脂芳。却疑花解語，風送過來香。既摘上林蕊，還親御苑桑。歸來便攜手，纖纖春筍香。鳳靴抛合縫，羅襪卸輕霜。誰將煖白玉，雕出軟鈎香。解帶色已戰，觸手心愈忙。那識羅裙內，消魂別有香。咳唾千花釀，肌膚百和裝。元非噉沉水，生得滿身香。」

乙辛陰屬清子，使登乞后手書。登時雖外直，常得見后。后善書，登紿后曰：「此宋國忒里蹇所作，更得御書，便稱二絶。」后讀而喜之，即爲手書一紙。紙尾復書己所作《懷古》詩一絶云：「宮中只數趙家妝，敗雨殘雲誤漢王。惟有知情一片月，曾窺飛鳥入昭陽。」登得后手書，持出與清子云：「老婢淫案已得。况可汗性忌，早晚見其白練掛粉脰也。」乙辛已得書，遂構詞，命登與朱頂鶴赴北院，陳首伶官趙惟一私侍懿德皇后，有《十香》淫詞爲證。

乙辛乃密奏上曰：「太康元年十月二十三日，據外直別院宮婢單登及教坊朱頂鶴陳首：本坊伶官趙惟一，向要結本坊入內承直高長命，以彈箏、琵琶，得召入內。沐上恩寵，乃輒干冒禁典，謀侍懿德皇后御前。忽於咸雍六年九月駕幸木葉山，惟一公稱有懿德皇后旨，召入彈箏。於時皇后以御製《回心院》曲十首付惟一入調，自辰至酉，調成。皇后向簾下目之，遂隔簾與惟一對彈。及昏命燭，傳命惟一去官服，着緑巾金抹額、窄袖紫羅衫、珠帶、烏靴。皇后亦着紫金百鳳衫、杏黄金縷裙，上戴百寶花髻，下穿紅鳳花靴。召惟一更入内帳，對彈琵琶，命酒對飲，或飲或彈。至院鼓三下，敕内侍出帳。登時當直帳，不復聞帳内彈飲，但聞笑聲。登亦心動，密從帳外聽之。聞后言曰：『可封有用郎君。』惟一低聲言曰：『奴具雖健，小蛇耳，自不敵可汗真龍。』后曰：『小猛蛇却賽真懶龍。』此後但聞惺惺若小兒夢中啼而已。院鼓四下，后唤登揭帳，曰：『惟一醉不起，可爲我唤醒。』登叫惟一百通，始爲醒狀。乃起，拜辭。后賜金帛一篋，謝恩而出。其後駕還，雖時召見，不敢入帳。后深懷思，因作《十香詞》賜惟一。惟一持出，誇示同官朱頂鶴，朱頂鶴遂手奪其詞，使婦清子問登。登懼事發連坐，乘暇泣諫。后怒，痛笞，遂斥外直。但朱頂鶴與登共悉此事，使含忍不言，一朝敗壞，安免株坐；故敢首陳，乞爲轉奏，以正刑誅。臣惟皇帝以至德統天，化及無外；寡妻匹婦，莫不刑于。今宫帳深密，忽有異言，其有關治化，良非渺小。故不忍隱諱，輒據詞并手書《十香詞》一紙，密奏以聞。」

上覽奏大怒，即召后對詰。后痛哭轉辨曰：「妾托體國家，已造婦人之極。况誕育儲貳，近且生孫。兒女滿前，何忍更作淫奔失行之人乎！」上出《十香詞》曰：「此是汝作手書，更復何辭！」后曰：「此宋國忒里蹇所作，妾即從單登得而書賜之耳。且國家無親蚕事，妾作那得有親桑語？」上曰：「詩正不妨以無爲有。如詞中『合縫靴』，亦非汝所着，爲宋國服邪！」上怒甚，因以鐵骨朵擊后，后幾至殞。即下其事，使參知政事張孝傑與乙辛窮治之。乙辛乃繫械惟一、長命等訊鞫，加以釘灼盪錯等刑，皆爲誣服。

獄成將奏，樞密副使蕭惟信馳語乙辛、孝傑曰：「懿德賢明端重，化行宮帳；且誕育儲君，爲國大本。此天下母也，而可以叛家仇婢一語動摇之乎！公等身爲大臣，方當燭照奸宄，洗雪冤誣，烹滅此輩，以報國家，以正國體，奈何欣然以爲得其情也！公等幸更爲思之。」不聽，遂具獄上之。上猶未決，指後《懷古》一詩曰：「此是皇后駡飛燕也，如何更作十詞？」孝傑進曰：「此正皇后懷趙惟一耳。」上曰：「何以見之？」孝傑曰：「『宮中只數趙家妝』『惟有知情一片月』，是以二句中包含『趙惟一』三字也。」上意遂決，即日族誅惟一，併斬長命，敕后自盡。

時皇太子及齊國諸宮主，咸被髪流涕，乞代母死。上曰：「朕親臨天下，臣妾億兆，而不能防閑一婦，更何施眉目靦然南面乎！」后乞更面可汗，一言而死，不許。后乃望帝所而拜，作《絶命詞》曰：「嗟薄祐兮多幸，羌作儷兮皇家。承昊穹兮下覆，近日月兮分華。托後鈞兮凝位，忽前星兮啓耀。雖釁纍兮黄牀，庶無罪兮宗廟。欲貫魚兮上進，乘陽德兮天飛。豈禍生兮無朕，蒙穢惡兮宮闈。將剖心兮自陳，冀回照兮白日。寧庶女兮多慚，遏飛霜兮下擊。顧子女兮哀頓，對左右兮摧傷。共西曜兮將墜，忽吾去乎椒房。呼天地兮慘悴，恨今古兮安極。知吾生兮必死【三】，又焉愛兮旦夕。」遂閉宮，以白練自經。上怒猶未解，命裸后屍，以葦席裹還其家。春秋三十有六，正符白練之語，聞者莫不

【三】知吾生兮必死　「死」原作「或」，據《津逮秘書》本改。

冤之。皇太子投地大叫曰：「殺吾母者，耶律乙辛也！他日不門誅此賊，不爲人子！」乙辛遂謀害太子無虚日矣。

嗟嗟！自古國家之禍，未嘗不起於纖纖也。鼎觀懿德之變，固皆成於乙辛，然其始也，由於伶官得入宮帳，其次則叛家之婢使得近左右，此禍之所由生也。第乙辛凶慘無匹，固無論；而孝傑以儒業起家，必明於大義者。使如惟信直言，毅然諍之，后必不死；后不死，則太子可保無恙，而上亦何慚於少恩骨肉哉！乃亦昧心同聲，自保禄位，卒使母后、儲君與諸老成，一旦皆死於非辜，此史册所書未有之禍也。二人者可謂罪通於天者乎！然懿德所以取禍者有三，曰好音樂，與能詩、善書耳。假令不作《回心院》，則《十香詞》安得誣出后手乎？至於《懷古》一詩，則天實爲之。而月食、飛練，先命之矣。

附録

自序

鼎於咸太之際，方侍禁近，會有懿德皇后之變。一時南北面官，悉以異説赴權，互爲證足。遂使懿德蒙被淫醜，不可湔浣。嗟嗟，大黑蔽天，白日不照，其能户説以相白乎！鼎婦乳媪之女蒙哥，爲耶律乙辛寵婢，知其奸構最詳；而蕭司徒復爲鼎道其始末，更有加於媪者，因相與執手歎其冤誣，至爲涕淫淫下也。觀變已來，忽復數載。頃以待罪可敦城，去鄉數千里，視日如歲，觸景興懷，舊感來集。乃直書其事，用俟後之良史。若夫少海翻波，變爲險陸，則有司徒公之實録在。大安五年春三月，前觀書殿學士臣王鼎謹序。

（《寶顔堂秘笈》本卷首）

西園歸老跋

余讀《焚椒録》，乃知元人修史之謬也。即如宣懿皇后諫道宗單騎馳獵，僅百二十餘言，其辭意并到，有宋人所不及者。其他若陰屬單登索后書及證《懷古》詩於帝前，此乙辛、孝傑罪案也，可削而不載乎？一書去取如此，其他掛漏可知矣。惟此録言皇后生於五月五日，而道宗本紀稱坤寧節在十二月；又云重元父子伏誅，則重元走出大漠自殺耳，豈别有所據邪？至於録中所載詩詞，雖淫靡不足道，如「解却四角夜光珠，不教照見愁模樣」「只願身當白玉體，不願伊當薄命人」「偏是君來生彩暈，對妾故作青熒熒」「若道妾身多穢賤，自沾御香香徹膚」，此等皆有唐人遺意，恐有宋英、神之際諸大家無此四對也。併識於此，以俟博雅君子。西園歸老題。

（《寶顔堂秘笈》本卷尾）

吴寬跋

予得《焚椒録》讀之，何讒人罔極，戕害天倫，一至於此！亦宇宙一大變也。然與漢武前後一轍，惟道宗因妻以及其子，漢武因子以及其妻。而兩孫亦皆嗣位。第天祚不敢望孝宣耳。荀卿氏曰：「雖有親父，安知其不爲虎？」予於此録而益信矣。吴寬記。

（《寶顔堂秘笈》本卷尾）

姚士粦跋

此録有西園歸老跋，不知爲誰，當是國初儒舊。其品鑒亦當，但謂坤寧節在十二月，則彼不詳考。清寧八年十二月，行道宗母仁懿皇太后册生禮耳。且曆象朔日考，重熙九年五月乙卯朔則且日正己未也。至若后疏以絶群之獸爲東方朔所言，此乃后誤以相如爲東方也，不可不一正之。更按《王鼎傳》云「清寧五年擢進士第」，乃八年放進士王鼎等，則五年爲誤矣。不然，豈有兩王鼎邪？又按，鼎作此録，在謫居鎮州時。時乙辛已囚萊州，孝傑亦死，故敢實録其事。但天祚時，鼎尚在，如懿德皇后第二女趙國公主以匡救天祚，竟誅乙辛，及乙辛、孝傑剖棺戮屍，以家屬分賜群臣事，并不補録，一快觀者，亦此録一不了公案也。海鹽姚士粦叔祥跋。

（《寶顔堂秘笈》本卷尾）

毛晉跋

讀《焚椒》者，輒酸鼻切齒爲蕭氏惜，余竊爲蕭氏幸。凡古來才貌女子，多不克令終。倘蕭氏不有乙辛、單登輩奸構《十香》淫案詞，則《回心》《懷古》諸篇亦泯没無傳，而《絶命》二十餘言又何自發詠耶！此不過終身受幸而史臣筆之曰懿德皇后云爾，何以使後之騷人韵士，欽其德、美其才、悲其遇，嘖嘖不去口哉？人曰乙辛、單登，后之罪人；余曰乙辛、單登，后之功臣云。湖南毛晉識。

（《津逮秘書》本卷尾）

《四庫全書總目》提要

《焚椒録》一卷。内府藏本。遼王鼎撰。鼎字虚中，涿州人，清寧五年進士，官至觀書殿學士。事蹟具《遼史·文學傳》。是書紀道宗懿德皇后蕭氏爲宫婢單登構陷事。前有大安五年自序，稱待罪可敦城，蓋謫居鎮州時也。王士禛《居易録》曰：「《契丹國志·后妃傳·道宗蕭皇后》本傳云『性恬寡欲。魯王宗元之亂，道宗因亂，未知音耗。后勒兵鎮帖中外，甚有聲稱。崩葬祖州』云云而已。」《焚椒録》所紀，絶無一字及之。又《録》稱南院樞密使惠之少女，而《志》云同平章事顯然之女。《志》云勒兵，似嫻武略，而《録》言幼能誦詩，旁及經史。所載射虎應制諸詩及《回心院》詞，皆極工，而無一語及武事。且本紀道宗在位四十七年，改元者三：清寧、咸雍、壽昌，初無太康之號。而耶律乙辛密奏「太康元年十月」云云，皆牴牾不合。按《遼史·宣懿皇后傳》雖略，而與《焚椒録》所紀同。蓋《契丹志》之疎耳。今考葉隆禮《契丹國志》，皆雜采宋人史傳而作，故蘇天爵《三史質疑》譏其未見國史，傳聞失實。又沈括《夢溪筆談》稱遼人書禁甚嚴，傳至中國者法皆死。是書事涉宫闈，在當日益不敢宣布，宋人自無由而知。士禛以史證隆禮之疎，誠爲確論。或執《契丹國志》以疑此書，則誤矣。

（《四庫全書總目》卷五十二史部八雜史類存目，清乾隆武英殿刻本）

殷仲春《國語解附》

南北面官：遼制，北面治宫帳，南面治漢人。耶律：遼始興地曰「世里」，譯曰「耶律」，因爲國姓。蕭氏【一】：述律皇后兄子名蕭翰，后族因以爲姓。可敦：突厥皇后之稱。孤穩：玉也。女古：金也。耨斡：后土也。麽：母也。虎斯：有力也。四時捺鉢：謂四時畋漁行在所也。四旦二十八調：遼大樂也。忒里蹇：皇后也。有用郎君：遼有著帳郎君，皇太后等帳皆有，蓋宦官也。宫帳：遼宫中亦有帳房。合縫靴：遼后服，有雙同心帕絡合縫靴。鐵骨朵：遼刑法有鐵骨朵之數，擊之或五或七也。秀水殷仲春方叔識。

（《寶顔堂秘笈》本卷尾）

【一】蕭氏　「蕭」上原衍「何」字，據《説郛》本删。

亡遼録

◉史 愿撰

點校説明

《亡遼録》，又題《遼國遺事》《金人亡遼録》《北遼遺事》，《直齋書録解題》著録爲二卷，遼史愿撰。史愿，燕山人，遼國進士，遼保大二年（一一二二）納土歸宋。歷官中山府司録、衢州通判。紹興中，添差通判建康府、嚴州、平江府，紹興九年（一一三九）賜同進士出身。是書今殘，係自《三朝北盟會編》輯出。全書記女真滅遼事。今殘本尚存耶律淳妻蕭后事及天祚帝先國本末，并載遼國行政區劃與官僚編制，頗具史料價值。其述完顔阿骨打在燕京行事與天祚帝對諸臣言語，情態宛然。

《亡遼録》今有傅朗雲輯注長白叢書《金史輯佚》本，係據海天書店本《三朝北盟會編》輯佚。本次整理以上海古籍出版社影印許涵度刻本《三朝北盟會編》爲底本，參考《金史輯佚》本，翻檢《契丹國志》等書校正文字舛訛。

蕭后纔聞居庸失險，夜率契丹并老幼車帳駐城下，聲言札野寨迎敵，其實避竄。宰相左企弓以下拜辭於門外。蕭后諭曰：「國難至此，我親統大軍，盡死一戰。爲社稷計，勝，則再與卿等見；萬一失利，則我誓死於陣前，卿等多方保全合境漢民，無使濫被殘害。」遂泣下數行。行至松亭關，議所往。耶律大石林牙者，契丹也，欲歸天祚；四軍大王蕭幹，欲就奚王府立國。於是契丹、奚軍列陣相拒而分矣。奚、渤海諸軍從蕭幹留奚王府，大石林牙挾蕭后歸陰山見天祚，取蕭后殺之。

蕭后行五十里，金人遊騎已到城下。左企弓等語百官共議力拒，未定，已報統軍副使蕭乙信開啓夏門，放入婁宿孛堇軍。登城，續遣先被虜人、知宣徽北樞密院事韓秉傳令：「若即拜降，我不殺一人。」催促宰相、文武百僚、僧道父老出丹鳳門毬場内投拜。阿骨打戎服，已坐萬勝殿，皆拜服罪。於是使譯者宣曰：「我見城頭砲繩、蓆角都不曾解動，是無拒我意也。」并放罪。纔撫定燕山府，即遣五百騎，護送馬擴至涿州，牒報宣撫司，請發兵前來交割。

張瑴之拒金人也，外則送款於大宋，通好於蕭幹，而緩急求援；内則奉天祚畫像，舉事白而後行，詐遣人奉迎，以圖興復。有燕人李安弼者，翰林學士李石也；有高黨者，乃三司使高履也。二人者，皆先嘗被虜，後緣張瑴放歸。恐金人來捕，意欲大宋與金人變盟，則雖後來取之不發。纔見王安中，共爲游説曰：「平州自古形勝之地，地方百餘里，帶甲十萬餘。張瑴文武全材，足以禦金人、制藥師。幸招致之，不然，則復恐西迎天祚、北合蕭幹，并爲我患。燕山豈得而安？」安中入其語，深以爲然，勸朝廷納之：「有臣身任其責，事關軍國利害大計，不敢不言。」差官伴送李安弼等，賫奏赴闕。趙良嗣力争，以爲不可，恐必招女真之兵。乞斬安弼以徇，朝廷不從。又有延康殿學士提舉太一宫趙敏修，遼國宰相李儼之子處能也。先在海島，蕭太后詔令歸俗，乘驛騎赴闕，將復用。行次平州，聞金人已下燕，因越境歸朝，在京師賜第，有母國夫人邢氏等骨肉亦自平州歸，三人旦夕出入王黼、蔡攸府第議事，朝廷遂信其説。通平州，納燕人，豈偶然哉？良有以也。

二太子攻破平州，知張瑴爲郭藥師所獲，藏常勝軍中，差人移文索取。即具申稟朝廷，累奉道君皇帝詔，不令發遣。安中與藥師再三論奏，若不與，則無以塞責。不得已而縊殺之。以水銀漬其首，函送平州。二太子復遣使索燕人之歸者。宣撫司初答以下郡邑浩瀚，莫知所往，已指揮根括發遣。終歲之間，使者四至，而意在探軍數多寡、倉庫虚實，并密賫文字到燕中，招諭遼國文武官，若復歸金國者，於舊官上超轉三資【二】，依格任用。中亦有不得赴朝廷换官窮困者，如趙公巖、趙公倫、姚企望，越境逃走去。

天祚即位，禽荒失御，諸部怨叛，潛附阿骨打，咸稱兵以拒之。天慶四年，阿骨打會集女真諸部全裝軍馬二千餘騎，首犯混同江之甯江州。東北路統軍司遽具狀以聞。時天祚方慶州秋山射鹿，聞之，不介意。仰北樞密院劄付東京兵馬都部署司量遣渤海子弟一千

【二】於舊官上超轉三資　「舊官上超」原作「舊上超官」，據《金史輯佚》本改。

人，以海州刺史高仙壽充統領官，應援甯江州。遇女真軍於州東，渤海大敗，或陣没，或就擒獲，免者無幾。復攻破甯江州，無少長悉殺之。是月，天祚出秋山，赴顯州冬山射虎，聞攻陷甯江州，中輟不行。差守司空殿前都點檢蕭嗣先充北路都統，静江軍節度使蕭撻勃也副之，發契丹、奚軍三千騎，中京禁軍三千人，别選諸路武勇人賈庭等三百餘人，以中京諸路都虞候安州防禦使崔公義充都管押侍衛，控鶴都指揮使商州刺史刑穎副之，到幽州店駐兵。女真潛渡混同江，掩其不備。諸軍未及陣，而爲女真所敗，骨肉輜械、牛羊金帛，悉皆棄於女真。

天祚自兩戰之敗，召宰相張琳、吴庸，付以東征事。以漢軍二十萬，分路進討，雜以番軍，分爲四路：北樞密副使耶律斡勃朵，流涞河路都統，以衛尉卿蘇壽吉副之；黄龍府尹耶律甯，黄龍府路都統，以桂州觀察耿欽副之；復州節度使蕭湼曷，咸州路都統，以將作監龔誼副之；左祇候郎君詳穩司蕭阿姑，好草峪都統，以商州團練使張惟協副之。自春涉夏，盡爲女真攻陷。

天慶五年春，天祚下詔親征。率番漢兵十餘萬，出長春路。樞密使蕭奉先充御營都統，同知南面諸行營都部署司事耶律章奴副之。以精兵二萬爲先鋒，餘軍分五路，爲正兵。諸大臣貴族子弟千餘人爲硬軍；扈從百司，爲護衛軍。以漢軍步騎三萬人，别遣殿前副都點檢蕭胡覩姑充都統，以樞密直學士柴誼副之。分路進發，與女真兵馬會。契丹未陣，女真三面急擊之。天祚御旗向西南出，衆軍從而敗潰。天祚一日夜走三百里，退保長春州。是歲，大宋遣羅選、侯益等充生辰正旦使，入國，道路爲賊所阻，中京頓程，兩月不得見天祚而回。

夏國人皆稱皇叔燕王忠義且賢，若付以東征，是必樂爲之用。兼之遼民自渤海之叛，渡遼避難而流落失所者甚衆，於今若招收爲軍，上者可以報國家，下可以報私怨，必能效死力。天祚授燕王以諸路兵馬都元帥，北宰相兼殿前都點檢蕭德恭副之。永興宮使耶律佛頂、延昌宮使蕭昂并充監軍，聽辟官屬，召募遼東饑民，得二萬餘，始謂之「怨軍」，如郭藥師者是也。别選燕雲平山路禁軍五千人，并勸誘三路富民，依等第進獻武勇軍馬二千人，如董龐兒、張關羽者是也，期會四路軍馬防秋。

天慶八年，遇女真，兵陣未交而怨軍先潰，燕王與麾下五百餘騎退長漁泊務，女真入新川州。天祚幸中京，晝夜憂懼，莫知所措，多發間探，潛令内庫三局提舉官打包珠玉珍玩等物五百餘袋，揀御馬二千匹入飛龍院餵養爲備。私謂左右曰：「今日苟能却强敵、安宗社，使吾終身不食亦足矣。若女真必來，我有日行三五百里馬若干，又與大朝爲弟兄，夏國爲甥舅，皆可以歸，亦不失一生富貴。惟恐軍民被害耳。」有識私相謂左右曰：「契丹必亡矣。自古人主，豈有委棄軍民而自爲身謀者，其能享國乎？」秋，女真陷東京黄龍府，如咸、信、蘇、復、辰、海、同、銀、通、韓、烏、遂、春、靖、泰五十餘州，遂又陷遼東、長春兩路。天慶九年夏，金人攻陷上京路。祖州則太祖阿保機之天膳堂，懷州則太宗德光之崇元殿，慶州則望聖、神仙、坤儀三殿，乾州則凝神、宜福殿，顯州則安元、安聖殿，木葉山之世祖享殿諸陵，并皇妃、子弟影堂，焚燒略盡，發掘金銀珠玉器物。

保大元年，余覩叛歸金國。保大二年，金人陷中京。天祚幸燕，聞余覩爲金人前鋒，引導婁宿孛堇騎兵掩至，驚駭，率衛兵五千騎，西走雲中府。應行宮内三局珍寶庫，祖宗二百年所有珠玉金銀、疋帛皮毛之類，莫知其數，盡爲金人所掠。道中衛兵稍稍引去，天祚與諸王并長公主、駙馬、諸子弟三百餘騎，由石窟寺遁去。過雲中城下，留守蕭查剌以下接見，有旨：「賊馬不遠，好與軍民守城。」但取馬五十匹隨行，迤邐入天德軍。雲中、雲外得土豪二百餘騎，護衛趨漁陽嶺，入夾山四部族帳。保大四年，得大石林牙兵歸，又得陰山韃靼毛割石兵，自謂天助，謀出兵收復燕、雲。大石林牙力諫曰：「自金人初陷長春、遼陽兩路，則車駕不幸廣平淀，而都中京；及陷上京，則都燕山；及陷中京，則都雲中；及陷雲中，則奔夾山。向以全師不謀戰備，以至舉國漢地全爲金人所有。國勢微弱至此，而力求戰，非計也。當養兵待時而動，不可輕舉。」斥而不從，遂率諸軍，乘粘罕之歸，出夾山，下漁陽嶺，取天德軍、東勝、甯邊、雲内等州。南下武州，遇金人，戰於遼水，復潰，遂奔山金司小胡虜。小胡虜密遣人報粘罕，遣五百騎劫遷入雲中。初見待頗有禮，即降，封海濱王，差兵護送長白山東，築城居之，遼國亡矣。

遼國自太祖阿保機創業於其前，太宗耶律德光擴境於其後，吞并諸番，割據漢界，南北開疆五千里。分置南面漢官：左右相、參知政事、樞密院直學士，主治漢事州縣。中書、門下共一省，兼禮部，有堂後主事守擋官各一員。尚書省併入樞密院，有副都承旨，吏房、兵房、刑房承旨。户房、廳房，即工部也，主事各一員。北面契丹樞密院，或知或簽書樞密院事，移离畢林牙，如兵機差除錢穀群牧事等隸樞密院，刑獄隸移離畢院，主治番界部落。又有南面都部署司，治諸番官院。諸行宫都部署司，主管宫院漢民。建五京五計司，如燕王司、兩轉運、中度支、上鹽鐵、東户部；三路錢帛司：長春、遼西、平州。大藩府六【二】：黄龍、興中、奚王、南、北王府、乙室王府；節鎮州四十三：平、奉聖、蔚、應、朔、豐、雲中、雲内【三】、宜、錦、乾、顯、雙、遼、咸、瀋、蘇、復、辰、興、同、信、長春、慶、饒、驤、祖、川、成、業、懿、龍化、宜坤、建、秦、高、利、歸、允、吉、安、武、甯江。刺史州七十，觀察團練防禦使州八：涿、易、檀、順、景、薊、營、灤。可汗歸化武、德、慎、陳勝、甯邊、遷潤、温、嚴、降聖、北安、松山、恩、通、韓、烏、靖、寅、祥、雍、新、衛、招、燕、海、渌、遼西、海北、安、德、黔【四】、澤、榆、銀、鐵、保、賓、田、石、嘉、集、連、演、康、蕭、賦吉、文、蘭、桓、拱、安遠、榆、河、金肅、河清、馬董、五花、振武。下州二十三：徽、濠、驩、衡、間、隨、澄、金、義、遂、昌、豫、圓、福、榮、康、蕭、里、河、茂、麓、宗。縣二百餘。如沙漠之北，則置西北路都招討府、奥隗烏隗部族衙、蘆溝河統軍司、倒撻嶺部衙，以鎮攝韃靼、蒙古、迪烈諸國。雲中路

【二】大藩府六　「六」原作「八」，據文意及《契丹國志·州縣載記》改。

【三】雲内　底本删「雲」字，據《契丹國志·州縣載記》補。

【四】黔　原作「點」，據《金史輯佚》本改。

則置西南面都招討府、西京兵馬都部署司、金肅、河清軍、五花城、南北大王府、乙室王府、山金司，控制夏國。燕山路則燕京都總管府、侍衛馬步軍控鶴都指揮使、都統軍司、牛欄軍寨、石門詳穩司、南北皮室司、猛拽剌司，并隸總管府，備禦大宋。中、上京路則有諸軍都虞侯司、奚王府大詳穩司、大國舅司、大常衮司、五院、六院、沓温司。遼陽路則東京兵馬都部署司、契丹奚漢渤海四軍都指揮使【五】、保州都統軍司、湯河詳穩司、金吾營、杓窊司，空扼高麗。上京長春路，則黄龍府兵馬都部署司、咸州兵馬詳穩司、東北路都統軍司，鎮撫女真、室韋諸部。所在分布諸番與漢軍，咸以牙爪相制，戎器之備，戰馬之多，前古未有。子孫繼統二百三十餘年，嘗與中原抗衡，曾無一日秋毫之警。祖宗功業規模，可謂宏遠矣。迨至天祚失御，女真稱兵，首尾攻戰，十二年間，舉國土崩瓦解。古人所謂得之難而失之易者，非虚言耳。可不哀哉！

【五】契丹奚漢渤海四軍都指揮使　「漢」字原脱，據文意及《契丹國志·州縣載記》補。

大金弔伐録

◉佚　名撰

點校説明

《大金弔伐録》四卷，不著撰人名氏。是書記金人用兵克宋事，取「弔民伐罪」之意，故名「弔伐」。薈萃故府案籍，依時序編次成帙，自金太祖天輔七年（一一二三）金宋交割燕雲起，及金太宗天會五年（一一二七）廢宋立僞楚事，終於僞齊劉豫建國始末。書中所録均爲官方文書，全據舊文，不加增損，臚列文獻如國書、詔册、誓表、文狀、指揮、牒檄等，多有不見載於他書，或與他書詳略互見，可互校闕訛者，足以補正史之不逮。

《永樂大典》著録是書，不分篇目。清修《四庫全書》，自《永樂大典》輯出，分爲四卷。《守山閣叢書》據此收入，另有《墨海金壺》本分爲二卷。此外尚有穴硯齋鈔本、涵芬樓影印錢遵王鈔本、文淵閣四庫本。本次整理以《守山閣叢書》本爲底本，以四庫本、《墨海金壺》本、錢遵王鈔本爲校本。底本所據四庫本題注，以小字形式保留。另據《三朝北盟會編》《揮麈後録》《北狩行録》等補入多篇，輯佚附後。

底本人名及稱謂爲清人改譯者，依校本改回。如「和勒博」「斡離不」，依校本改回「回離保」「斡離不」。稱謂如「貝勒」者，依校本改回「孛菫」「勃極烈」等。

今有金少英校補、李慶善整理《大金弔伐録校補》，在《守山閣叢書》本基礎上多有輯補，并重新編排目次，各篇加以考釋，内容豐贍。本次整理中附録材料搜集，多有參考。

目録

卷二　八一

卷三　一一三

卷四

輯佚

朝廷國書據《三朝北盟會編》許涵度刻本卷五宣和三年八月二十日壬子補　一九〇
代州奏得金人邊牒據《三朝北盟會編》許涵度刻本卷五宣和四年三月補　一九一
金人國書據《三朝北盟會編》許涵度刻本卷七宣和四年五月十八日補　一九一
朝廷國書據《三朝北盟會編》許涵度刻本卷九宣和四年九月十八日甲戌補　一九二
事目據《三朝北盟會編》許涵度刻本卷九宣和四年九月十八日甲戌補　一九三
金人國書據《三朝北盟會編》許涵度刻本卷十一宣和四年十一月一日丙辰補　一九四
朝廷國書據《三朝北盟會編》許涵度刻本卷十二宣和四年十二月三日戊子補　一九五
金人國書據《三朝北盟會編》許涵度刻本卷十二宣和四年十二月十五日庚子補　一九七
朝廷國書據《三朝北盟會編》許涵度刻本卷十三宣和五年正月初五日己未補　一九八
金人國書據《三朝北盟會編》許涵度刻本卷十三宣和五年正月二十七日辛亥補　一九九
朝廷國書據《三朝北盟會編》許涵度刻本卷十四宣和五年二月六日庚寅補　二〇一
誓草據《三朝北盟會編》許涵度刻本卷十四宣和五年二月九日癸巳補　二〇二
朝廷賜書據《三朝北盟會編》許涵度刻本卷三十靖康元年正月十八日甲申補　二〇三
斡离不回謝賜物上奏據《三朝北盟會編》許涵度刻本卷三十靖康元年正月二十日丙戌補　二〇三
又別遣肅王爲質請歸康王據《三朝北盟會編》許涵度刻本卷三十一靖康元年正月二十

四日庚寅補　二〇三

斡离不以崇義軍節度使大安仁龍州團練使耶律忠充使副送還康王據《三朝北盟會編》許涵度刻本卷三十一靖康元年正月二十四日庚寅補　二〇四

僉書樞密院事宇文虚中、知東上閤門使王球，充送路使副，持書叙別據《三朝北盟會編》許涵度刻本卷三十六靖康元年二月八日甲辰補　二〇四

詔河北三帥固守三鎮據《三朝北盟會編》許涵度刻本卷四十三靖康元年三月十六日壬午補　二〇五

遣使與金人元帥皇子書據《三朝北盟會編》許涵度刻本卷五十靖康元年七月二十九日癸巳引《宣和録》補　二〇五

以工部侍郎王雲借尚書持書從王汭使於軍前據《三朝北盟會編》許涵度刻本卷五十八靖康元年十月十八日庚戌補　二〇六

金人遣使致書請唤回康王據《三朝北盟會編》許涵度刻本卷七十一靖康元年十二月三日甲子引《泣血録》補　二〇七

粘罕斡离不遣書來索金銀表段犒軍書據《三朝北盟會編》許涵度刻本卷七十三靖康元年十二月二十四日乙酉引《朝野僉言》補　二〇七

再詔諭河北河東割地據《三朝北盟會編》許涵度刻本卷七十四靖康二年正月四日甲

午補　二〇八
太學生汪若海上粘罕書據《三朝北盟會編》許涵度刻本卷七十六靖康二年正月十七日丁未補　二〇八
上軍前批付留守孫傅據《三朝北盟會編》許涵度刻本卷七十八靖康二年二月六日丙寅引《僞楚録》補　二一二
以二酋文字來留守司曉示榜據《三朝北盟會編》許涵度刻本卷八十靖康二年二月十二日壬申補　二一二
大金元帥府劄據《三朝北盟會編》許涵度刻本卷八十三靖康二年三月三日癸巳補　二一三
邦昌遣使致書於軍前懇免征催金銀據《三朝北盟會編》許涵度刻本卷八十五靖康二年三月十四日甲辰引《僞楚録》補　二一三
邦昌與二酋書乞還馮澥郭仲荀等據《三朝北盟會編》許涵度刻本卷八十六靖康二年三月二十三日癸丑補　二一四
邦昌與二酋書乞免括金銀據《三朝北盟會編》許涵度刻本卷八十六靖康二年三月二十三日癸丑補　二一五
邦昌以書謝二酋還馮澥郭仲荀免金銀等據《三朝北盟會編》許涵度刻本卷八十六靖康二年三月二十四日甲寅補　二一六

張邦昌與二酋書求還孫傅張叔夜秦檜三人據《三朝北盟會編》許涵度刻本卷八十七靖康二年三月二十八日戊午補　二一六
金人回書據《三朝北盟會編》許涵度刻本卷八十七靖康二年三月二十八日戊午補　二一七
軍前已議北遷，令姜堯臣書寫劄目，投達上粘罕國相據《三朝北盟會編》許涵度刻本卷八十九靖康二年三月二十九日己未引蔡絛《北狩行録》補　二一七
上皇到寨中餘日自製劄子一通與國相據《三朝北盟會編》許涵度刻本卷八十九靖康二年三月二十九日己未引曹勛《北狩見聞録》補　二一七
廢劉豫爲蜀王詔據《三朝北盟會編》許涵度刻本卷一八一紹興七年十一月十八日丙午補　二一八
金人廢劉豫指揮據《三朝北盟會編》許涵度刻本卷一八二紹興七年十一月十八日丙午補　二一八
進士黄時偁徐揆段光遠三人所上虜酋書據王明清《揮麈後録》卷四補　二二一
宋前主與粘罕書據《叢書集成初編》本蔡絛《北狩行録》補　二二六
附録　二二八
沈純祉李盛鐸題跋　千禾氏是閒氏跋　錢熙祚跋　張元濟跋　鄧邦述跋　潘景鄭跋　《四庫全書總目》提要　胡玉縉《四庫全書總目提要補正》提要　余嘉錫《四庫提要辨證》提要　周中孚《鄭堂讀書記》提要　瞿鏞《鐵琴銅劍樓藏書目録》提要　丁丙《善本書室藏書志》提

校勘記

卷一

與宋主書天輔七年正月己卯，其已前者軍上不留

天輔元年十二月，宋主遣登州防禦使馬政來，曰：「日出之分，實生聖人。竊聞征遼，屢敗勍敵。若尅遼之後，五代時所取燕雲兩京地土，願畀下邑。」二年正月乙巳，宋使馬政回。遣撒覩報聘，與宋約：「夾攻燕、西二京，隨得者取其地。若出國所取，即不在分割。」三年夏四月丙子朔，使南宋撒覩回，同宋使趙良嗣及其子宏來。撒覩見受宋國團練使官，上命杖而削之。南使回，遣孛堇廝勒、曷魯等同往。四年二月己亥，使南宋廝勒、曷魯等回，同宋使趙良嗣、王暉，復以祈請燕、西二京地界書來。六月庚午朔，遣宋使趙良嗣等回，以所獲上京同知蘇守告與宋，且約夾攻，取燕、西二京地，如約議。十二月丁卯朔，宋使馬政復來，請燕地，命如前約。六年夏四月壬辰，遣徒單烏賈、高信哥使於宋。七年正月己卯，與宋書，略曰：「往歲越海計議，興兵夾攻，每有克獲，所得者取。後違此約，獨乘遼勢已衰，始行侵討，而乃反被追襲，聞軍帥劉延慶等已坐責罰。又燕京僭號普賢女上表，再三乞請，稱：『有南兵入城，力戰破之，殺戮殆盡。歸命上國，願爲附

庸。』猶存大信，以先許宋人之請。若彼能如元約，夾攻克捷，則事在不言；既此間得而分付，理應有報。是以宣諭趙良嗣等，合取時貢銀絹共准一百萬貫。良嗣等言：『奉旨并請西京路地界，若不從所請，止得燕京，即納二十萬疋兩；設猶未允，更加綾二萬疋，外不敢擅加。』今相度燕京諸州土廣人衆，今取與未決，豈可輕易便行分付？請抽退臨邊士卒。」按以上俱係原起事由，即所載正月己卯一書，亦僅存其略。自二月癸卯以後，均就原書年月排次，始見詳備。

答宋主書天輔七年二月十九日

二月癸卯，遣孛堇銀术可、鐸剌爲宋使副，以烏凌噶思謀爲議事，答宋主書曰：使軺薦届，榮訊迭承。既增歲幣之儀，深悉善鄰之意。俟成誓約，永保惟和【一】。來書云「所言代稅物貨，并事目所載色數價值、交割月日處所，與畫定界至、遣使賀正旦生辰及置榷場事，并如來示所諭」，備悉美意。外今年合交銀絹，稱「候到，依契丹舊交月日交割」，特異元書，理合一就。重念春農搬運不易，曲從來意。其銀絹請自前來與契丹物色一般者交送。所有燕城，候各立盟誓，然後交割。今立誓草，付國信使副，到請依草著誓，至日當議復盟。春律在中，冀膺多福。今差孛堇銀术可、鐸剌爲國信使副，及思謀充議事。有少禮物，具諸別幅。專奉書陳達，不宣。謹白。

【一】使軺薦届榮訊迭承既增歲幣之儀深悉善鄰之意俟成誓約永保惟和　此二十八字原無，據《三朝北盟會編》補。

白劄子與書同封

昨者趙良嗣到上京軍前，計議五代以後陷入契丹舊漢地州縣，時止許燕京。及再差馬政，更議西京，回書只請就便計度收復。尋爲彼不能取，致本朝自行撫定。又差趙良嗣等來議，稱燕、西兩京已曾計議。緣爲西京不在許限，只許燕京所轄六州，來書云其西京別作一段。今來又令良嗣等計議西京，欲一就收復。雖貴朝不經夾攻，而念兩朝通和，實同一家，必務交歡，篤於往日。今特許與西京武、應、朔、蔚、奉聖、歸化、儒、嬀等州，并地土民户。其已西并北一帶，接連山後州縣地土人民，不在許與之限。據所許民户地土甚多，自來攻伐撫慰，將帥士卒艱苦不少。今來別無再索經略，請差人交割。其諸事理已宣諭趙良嗣去訖。來書稱契丹出没，今差人押領大軍往彼，幸踏地里。交割發行月日，已諭使人省會。所有盟誓，候交割了日議定。

南宋回書

三月戊午，命馬同權管勾燕京事，將以其地付宋故也。丙寅，宋使盧益、趙良嗣、馬擴以回書來。三月日，大宋皇帝致書於大金大聖皇帝闕下：華緘薦至，契好增勤，爰馳預政之臣，共著約神之誓。惟兩朝弔民伐罪之舉，振古所無；而萬世講信修睦之誠，自今伊始。用堅盟載，永洽鄰歡。來書云：「燕城候各立盟誓，然後交割。今立誓草，付國信使副，到請依草著誓，至日當議復盟。銀絹請自前來與契丹物色一般者交送。」并如來諭。順履融和，茂迎福祉。今差中大夫試工部尚書盧益，龍圖閣直學士、大中大夫趙良嗣，充國信使，閤門宣贊舍人馬擴，充國信副使。有少禮物，具諸別幅。專奉書陳達，不宣。謹白。

白劄子同書封來

所諭西京、武、應、朔、蔚、奉聖、歸化、儒、嬀等州并地土民户，本朝撫定，備荷美意。已令盧益等持銀絹往軍前賞設。夏國素號狡獪，唯務詐誕，與昏主實甥舅脣齒之國。日近上表，乞本朝勾退北邊兵馬，文字内指言貴朝，仍自云與昏主累世姻親，詢訪得知處所；及稱奉昏主之命，軍州及土地人民，權令守護招集，無使叛賊一向擄掠。故夏國起集援兵，屯於境上。并據邊臣累奏：夏國見勾集重兵，廣備糧食，借助昏主，軍聲甚大，用意非淺。除已指揮河東等路整備禦逐外，深恐貴朝欲知其詳，所有真本文字，今付去人。西京管下州縣，前書已言，非務廣土，實欲備禦昏主，爲彼此之利。今若將已西并北一帶州縣土地付與夏國，則不特昏主見在天德、雲内地分出没，若使夏國據黄河以東州縣，必與昏主合力，爲害不細。夏國自去歲已輒占據清肅、河清兩軍，如欲與此兩處，請貴朝詳度外，其寧邊、天德、雲内已西并北一帶州縣土地，合以黄河及漢地爲界。漢地外以北土地，如欲付與他國，并從貴朝。又，持到誓書，其間事理，并依貴朝誓草。

又白劄子

兩朝交往禮儀，除合依見行禮儀外，傳聞已上尊號，今議特稱尊號，以表交歡。他日本朝如上尊號，貴朝亦合相稱。近累據河北、河東帥司沿邊之州軍探報，契丹昏主見在天德、雲内地分出没，已逼近應、朔等州。繳到昏主招諭軍民、補授官職真本文字，已令宣撫司移文貴朝照會，及已指揮河東路遣發兵馬，救助應州一帶極力備禦外，請貴朝早發大軍，往彼掩襲，因以照應。交割發行月日，從貴朝所便。傳聞四軍蕭幹已即位，號神聖皇帝，改年天嗣。如所傳是實，所當至慮，早議招捉。使人銀术可等已待以厚禮，用示誠意。自此使聘往來禮數，彼此并依契丹舊例，亦如來諭。但契丹往還舊禮，有不繫事繁複者，合行裁定，庶彼此爲便。置榷場去處，從貴朝所便，交易并如契丹體例。

南宋誓書係依草再立

維宣和五年，歲次癸卯，三月甲寅朔四日丁巳，大宋皇帝致誓書於大金大聖皇帝闕下：天之所助者順，人之所助者信。履信思乎順，則自天祐之，吉無不利。昨以大金大聖皇帝創興，并有遼國。遣使計議五代以後陷入契丹燕地，幸感好意，特與燕京、涿、易、檀、順、景、薊并屬縣及所管民户。緣遼國尚爲大金所有，以自來與契丹銀二十萬兩，絹三十萬疋，并燕京每年所出税利，五六分中只算一分，計錢一百萬貫文合值物色，常年搬送南京界首交割。色數已載前後往復議定國書。每年并交緑礬二千栲栳。兩界側近人户，不得交侵；盜賊逃人，彼此無令停止；亦不得密切間諜，誘擾邊人。若盜賊并贓捉敗，各依本朝法令科罪訖，贓罰。雖盜賊不獲，蹤跡到處，便勒留償。若有暴盜或因別故，合舉兵衆，須得官報沿邊官司。兩國疆界，各令防守。兩朝界内地各如舊，不得遮堵道路。至如將來殊方異域使人往還，無得禁阻。所貴久通懽好，庶保萬世。苟違此約，天地鑒察，神明速殃，子孫不紹，社稷傾危。專具披述，不宣。謹白。

一、下項物計錢九十八萬七千二百四十貫文，内除綾羅錦圈線不見分兩外，計重二十五萬九千五百觔，准一萬七千三百秤。

回南宋國書

夏四月壬辰復宋書。癸巳，以宋所增銀絹令於燕地交付。壬辰係初九日

累交聘禮，敦講世和。復紓使傳之華，克示載書之信。指以萬祀，昭然一言。兹見繼好息民之心，而得親仁善鄰之美。義欲存於堅久，事更宜於宣陳。據燕京疆界，只依兩朝差去人員同行檢視交割爲定。所云交付西京邊界并夾攻契丹皇帝事，已遣近上官員押令

大軍，勒於今月十一日於彼應會，仍報宣撫司。凡關夾攻事件，須令與差去官員計議，從長施行。其邊界亦依割定領受。仍已諭使人，却合有回謝禮數并報復文字，送付差去軍下官員。前次議取被掠并逃去人户，雖令宣撫司交付，却只推延，不肯早行發遣，至今一未結絶。必若邊吏徼功，違約展轉，如上不切禀從，實關引惹紊亂，有失將來久結歡好。若是再取如此人口，亦仰所司疾速發遣。又以契丹皇帝在陰山，回離保在奚部山谷，以此兩處勾當軍事。今取嶺北鴛鴦濼坐夏相度，所謀雖同，如或不泯後患，地里咫尺，特關貴國。自餘分遣别路兵馬，須是當朝供給。只據收捕回離保、契丹皇帝兩路兵馬糧食，合銷米一十萬石，宜早處分，取月日於檀州、歸化州兩處分路般送到。佇俟回報。炎歊在候，保嗇是期。有少禮物，具諸别幅。專奉書陳達，不宣。謹白【二】。

回賜誓書

維天輔七年，歲次癸卯，四月甲申朔八日辛卯，大金皇帝致書於大宋皇帝闕下【三】：惟信與義，取天下之大器也；以通神明之心，以除天地之害。昨以契丹國主失道，民墜塗炭，肆用興師，事在誅弔。貴國遣使航海計議，若將來併有遼國，願還幽燕故地，當時曾有依允。乃者親領兵馬，已至全燕，一方城池，不攻自下。尚念始欲敦好，特以燕京、涿、易、檀、順、景、薊并屬縣及所管民户，與之如約。今承來書：「緣爲遼國尚爲大金所有，以自

【二】有少禮物具諸别幅專奉書陳達不宣謹白　此十七字原無，據《三朝北盟會編》補。

【三】維天輔七年歲次癸卯四月甲申朔八日辛卯大金皇帝致書於大宋皇帝闕下　此三十一字原無，據《三朝北盟會編》補。

來交與契丹銀二十萬兩，絹三十萬疋，并燕京每年所出税利，五六分中只算一分，計錢一百萬貫文合值物色，常年搬送南京界首交割。色數已載前後往復議定國書。每年并交緑礬二千栲栳。兩界側近人户，不得交侵；盗賊逃人，彼此無令停止；亦不得密切間諜，誘擾邊人。若盗賊并贓捉敗，各依本朝法令科罪訖，贓罰。賊雖不獲，蹤跡到處，便勒留償。若有暴盗或因別故，合舉兵衆，須得官報沿邊官司。兩國疆界，各令防守。兩朝界内地各如舊，不得遮堵道路。至如將來殊方異域使人往來，無得禁阻。所貴久通懽好，庶保萬世。苟違此約，天地鑒察，神明速殃，子孫不紹，社稷傾危。」本朝志欲協和萬邦，大示誠信，故與燕地，兼同誓約。苟或違之，天地鑒察，神明速殃，子孫不紹，社稷傾危。如變渝在彼，一准誓約，不以所與爲定。專具披述，不宣。謹白【四】。

【四】專具披述不宣謹白　此八字原無，據《三朝北盟會編》補。

南宋國書 已上并在燕京往復

四月日，大宋皇帝致書於大金大聖皇帝闕下：使車復至，聘問彌殷。式馳約載之嚴，共著齊盟之重。誠參天地，惠浹神人。取亂侮亡，遂底六師之績；敦信明義，共圖萬世之安。仍睠雲中，外虞昏主。併沐親仁之好，獲從恢復之心。遠稔忱恂，倍增感懌，用傳於後，永寘於懷。兩朝著誓之後，所務通懽繼好，以保永世。末節細故，各不須較。邀功生事構造之人，彼此所宜深察。所云糧食，燕雲兩處無可計辦。今特於内地掇那米五萬石，二萬石令河北路宣撫司於古北口外交割，三萬石令河東路宣撫司於歸化州或應州以北道路通快處交割。并於七月一日以前節次輦致前去，計會貴國軍下官員般取。餘事悉如來諭。順綏炎律，茂履純休。今孛堇楊璞等回，有少禮物，具諸別幅。專奉書陳謝，不宣。謹白。

與南宋書草係天會二年正月二十七日西南、西北兩路都統所草定，申乞具此理索

西南、西北兩路都統并奚王府路都統撻懶，南路都統闍母：節次由前後各管處所亡去張覺、李石、裊思，并招過及自南京回去。又張覺等邀截下郎君習姑，及援送燕京遺發統軍司所管以上逐起職官、百姓、工匠，及諸軍下亡去驅使人口、軍人妻室，并劫掠偷遞過孳畜、財物。自來累具文字，移牒大宋河北河東路宣撫司、河東雲中府經略安撫使等司、燕山府代應朔武等州取索，皆推註不爲分白憑驗。伏乞朝廷詳酌。勘會兩朝誓書：「盜賊逃亡，無令停止，亦不得密切間諜，誘擾邊人。」及約定所許州縣所管民户，其餘色人户，并不在許與之限。今據逐處奏前件因依緣由，稱見獲憑驗，由自推註，不爲分付，係違負自彼顯然。若只以違約推延，便望休止，亦不誤矣。所據隨處州縣因官寄客居契丹人户，并逃亡招過，及上件邀回劫掠偷遞職官、百姓、工匠，驅使婦女、孳畜、財物等，如敦守誓約，請依在邊帥臣所諜數目交付，仍指揮逐處禁止。乞回示。

報南宋獲契丹昏主書係裏面抄白降到

六月日，大金皇帝致書於大宋皇帝闕下：大寶之尊，允歸公授。守不以道，怒集人神。故先皇帝舉問罪之師，迨眇躬盡繼述之略。尤賴仁鄰之睦，生獲昏王之身。人心既以懽和，天下得以治定。爰馳使介，庸示披陳。逖惟聞知，諒同慶慰。今差復州管内都孛堇李用和，朝散大夫、守鴻臚寺卿、知太常禮院、騎都尉、太原縣開國伯、食邑七百户【五】、賜紫金魚袋王永福，充告慶國信使副。有少禮物，具諸別幅。專奉書陳謝，不宣。謹白。

【五】食邑七百户　「七」字原脱，據四庫本、《墨海金壺》本、錢遵王鈔本及《金史》卷五十五補。

與宋閹人河北河東陝西等處宣撫使廣陽郡王童貫書

天會三年十一月三十日，大金骨盧你移賚勃極烈左副元帥致書於大宋宣撫郡王閤下：既憑來信，復沐使音。未孚結納之誠，難避重煩之議。領兵前去之由，已載別牒。且兩朝之事，若不互相容會，須至戰争。夫如是，則豈惟萏危轉甚，更恐生靈枉罹塗炭。是用遣人，以俟雅報。蓋以宣撫郡王所爲結約和會，契義最舊。况承來文：「若謂更有可議，務在通融商量。」伏念宣撫郡王有輔立之功，位望所推，必謂議以讜言，扶斯將墜。與其交鋒争戰以傷生民，寧若酌中兩便爲計。果能如此，其於貴朝非止社稷久享安全，更獲兩下益固懽和。然後郡王忠孝，克保終始，長守富貴，民賴其善，爲天下之幸甚，豈不美哉！昔契丹請和之日，朝廷限以遼爲界，不見聽從，乃及今日。所望取爲前鑒，審觀事勢，與差去官員，評議定一。律正嚴凝，佇膺多福。今差昭文館直學士王介儒、孛堇撒離母，專奉書披述，不宣。白。

牒南宋宣撫司問罪係元帥府天會三年十一月三十日前書所謂領兵前去之由，已載別牒

大金元帥府牒大宋宣撫使司：近差寧昌軍節度使蕭慶、孛堇撒離母，專往理會所索户口事。所准回牒稱：「本朝幅員萬里，人居散漫，若再行根究，難指有無。」又據差馬擴、辛興宗所説，與上亦同。往者，大宋與遼爲鄰也，因争疆埸，歲輸金帛，不獲厭足，遜辭添納。百餘年間，勤於朝聘，每事姑息，不可殫言。想其屈志，實不獲已。由此而言，其苦於屈辱，亦已深矣。幸遇我先皇帝天縱英謨，神資睿略，方經營天下之初，大宋遣使請雪前耻。由朝廷以恩化爲務，親幸幽薊，才下全燕，即時割賜。此朝廷所以大造於大宋，使大宋不勞而立其功，以伸祖宗之屈，自此始也。大宋皇帝感斯大義，遂立嚴誓，卜於子孫，久敦信約。何期立渝盟誓，手書稱詔，構我邊京，使爲叛亂；賊殺宰輔，邀回户口。聖上以含容爲德，取索户口之外，一無理會。尚自不知悔過，及於沿邊多方作過，暫無自戢。爲此依准所降宣旨，移牒回取確實有無歸還，却稱「本朝幅員萬里，人居散漫」。豈期縱驕誇謾、棄德負義如此之甚也！酌其所意，謂我土地之廣，但得户口，縱違誓約，畢竟何

爲？有此横暴顯然，而覺其姦回，容俟至今，已爲枉矣！若依前索以道理，實慮空逗歲月。今聊整問罪之師，且報納土之由。仍依回誓，收復元賜京鎮州縣。今月二十九日起發前進，須議公文牒具如前。今差昭文館直學士王介儒、孛菫撒離母等前去。事須牒大宋河北河東陝西等處宣撫使司，到請照驗。先行歸還朔、武等州，陳其罪戾，具一切聽命無違公文回示【六】。仍請貴司自就相近，親見商議，容會結約。如或難以依應，即請剋期甚地，以決勝負。幸不疑惑住滯，以至別議施行。謹牒。

【六】具一切聽命無違公文回示　「具」原作「其」，據四庫本、錢遵王鈔本改。

元帥府左副元帥右監軍右都監下所部事跡檄書

往者遼國運衰，是生昏德，自爲戎首，先啓釁端。朝廷爰舉義師，奉天伐罪。緊爾宋人，浮海計議：候併遼國，願割幽燕，歲納金縑，自依舊例。先皇帝有客爲德，嘉其來意，置以不疑，即時允應。爾後全燕既下，割之如約。其爲恩信，不謂不多。於是要之以天地，質之以神明，乃立誓文：「盜賊逃人，無令停止，亦不得間諜，誘擾邊民。俾傳之子孫，守而勿失。」洎宸輿北返，宰輔東行，不意宋人貪婪無厭，稔其姦惡，忽忘前施之義，潛包幸亂之謀。遽瀆誓約，結構罪人，使圖不軌，據京爲叛，賊殺大臣，邀回户口，啖以官秩，反令納土，仍示手詔，竊行撫諭。遂使京畿之地，鞠爲寇場。纔天兵臨境，魁首奔亡，而又接引，輒相保蔽，更易姓名，授之官爵。及至追索，傳以僞首。既殺無辜，又貸有罪，不仁不恥，於此可知。朝廷方務含容，不彰其惡，但誡邊臣，户口之外，一無理辨。此所以必欲久通懽好之故也。彼尚飾以僞辭，終爲隱諱，仍招納逋逃，擾及居民，更使盜賊出没爲患。所有歲貢，又多愆期，背恩莫斯之甚。朝廷亦不咎之，依前催索，猶不聽從。牒稱「本朝幅員萬里，人居散漫，若再行根究，難指有無。况事皆已往，請别計議」，據彼迷辭，意涉誇謾。至於本境行發文字，輒敢指斥朝廷，言多侮謗。雖累曾移文，俟其改過，終然不悟，罔有悛心。矧又夏臺，實惟藩輔，忱誠既獻，土民是賜。而彼宋人，忽起無名之衆，輒行侵擾之事。因其告援，遂降朝旨，移牒解和，俾復疆土。仍以狂辭，不爲依應，反云夏人納款，曲有陳請。大金方務恩撫初附之國，且料不無曲意，姑行順從，既出一時私恩，晝與夏人，則大金順從夏人，已爲周至。自今不煩干預，自當以道理所在【七】。且朝廷方隆恩造，下浹群邦，彼之兩國，各蒙其賜。所與之地，裁之在我，肯致私曲，以爲周至。豈期詭詐，昧於道理，不爲禀從，如是之甚者哉！斯則非止侵陵夏國，實關不懼朝廷，此朝廷所以罪也。蓋聞古所重慎者，兵也。兵而無名，非三代仁義之謂也。其或仗順臨逆，以直加曲，斯用兵之王道焉。反是，則甚無謂也。今奉宣命，興師問罪。東自南京以來，西接夏軍一帶，諸路并進，固不獲已。况趙佶越自藩邸，包藏禍心，陰假黄門之力，賊其冢嗣，盜爲元首。因而熾其惡心，日甚一日，昏迷不恭，侮慢自賢，謂己有天命，謂作虐無傷。當其伐遼之日，官軍所至有逆拒者，或至傷殘，皆非我所欲爲，是其自速禍敗也。或有舉城舉

【七】自當以道理所在　「理」原作「里」，據四庫本、《墨海金壺》本、錢遵王鈔本改。

邑，以部以伍，效順歸款者，前官如舊，厚加恩撫，立其勞績，不次録用。居民則省徭役，輕刑罰，各安其業，諒已知悉。今亦如前，宜相爲鑒。昔彼納平山，是圖我疆；今伐汴宋，是圖彼地。玆所謂出乎爾，反乎爾者也。若趙佶深悔前非，聽命不違，則雖云無外，且未深圖，止以黄河爲界，聊報納叛之由。是知自黄河以來，皆係我民。夫人已有之物，安肯自爲殘毁？再念其民居無道之國，煩徭重役，從來久矣；况遭閹竪要功喜事，近歲而下，苦於飛輓，流離道路，曾不聊生。今來若不預先曉告，竊慮其間别有牽迷，枉陷討伐，須議指揮。

右下宋國諸路官僚、僧道、耆老、軍人、百姓等，指揮到日，就便遞相曉示，善爲去就。擇其曲直，審其强弱，度其逆順，各以所部京州縣鎮、村野邑社、部伍寺觀、蘭若埸山，迎軍納款，必加恩賞。所有各手下軍人、百姓、僧尼、道士、女冠等類，一切如舊，更不遷徙。仍具頭領見帶名銜狀申，以憑依上施行。如或權不在手，惸獨鰥寡以身歸誠，厚爲存恤。所據隨處關市之徵，山澤之禁，前來須爲急務。内有於民不便，無名之斂，仍仰所在官司開立狀申，當議從便削去。仍委本處就便開具文解，申報所在路分軍前照驗。據已上處分條件，出自至誠，必不昧其神理，亦仰子細省會。兼已指軍南京路都統所依上施行去訖。付逐處，准此。

天會三年十一月日。

次事目劄子 係差孛堇吳孝民等持去

肇我大聖皇帝起義兵，弔伐亡遼，燕薊一方，最爲强大。天兵一日忽至城下，不血一刃，俯首順命。爰念有宋航海遣使，起初結好，請復幽燕舊地，即時割與。惟少摘官吏、强族、工役，并不滿萬數，徙之東行。良不得已，乃常勝軍相易之故。著定誓書：「盜賊逃人，彼此無令容納。苟有違者，社稷傾覆，子孫不紹。」曾不踰月，棄德背惠。手詔逆賊張覺，陰相結構，殺我四執政大臣，邀迫我官民以歸。歲交金幣，罔不踰時。及正旦使賀允中御前奏達，「傳語」二字，深涉輕易。其於本國，窮奢極侈，上下相蒙，恣行無道，不忍多言。殘虐海内，人怨神怒。此天奪之鑒，假手於我大金。前月二十九日，師次邯鄲，才有使人李鄴等將到三省樞密院所奉聖旨文牒，歸罪邊臣，全非當理。洎審求的意，方云：「前主自省愆尤，不敢扳負大變，前月二十三日當已傳禪。」兩項歸過，特有不同，難爲准信。又奈使人悃愊辭酸【八】，懇言本國君臣深自責恨前日之非，但言人誰無過，過而能改，善莫大焉。兼所奉宣旨，「如趙主深自悔過，再乞懽好，仰就便酌中施行」，宜加恕道，用存大義。若果能誠心悔罪，重乞懽盟，可囚縛首先謀取平山童貫、詹度，并逆賊張覺、李石、衛甫、趙仁彦等來詣軍前，謝天下罪。應自北界亂離南來，及南京叛亡諸職官、工匠、教坊、百姓續次發遣前來，仍以黃河爲界。先請皇弟鄆王與太少宰科一員權且爲

【八】又奈使人悃愊辭酸　「愊」原作「幅」，據《墨海金壺》本改。

質，亦候交割了絶，審觀情狀，别無猜忌，即便遣還外，歲輸金幣并賞軍物，然後計議施行。如或不欲依從，可預爲備捍，指日相見。却冀端的回示。

宋三省樞密院劄子天會四年正月七日，汴京城下受得下項

三省樞密院：據探報到，大金人馬漸次前來，侵近京城。欲行禦逐，緣大金已差人使，見到國門講和。未委上件人馬前來，有何因依者。

右差魏康、劉鎬前去，直至大金人馬見今盤泊去處取回文，速申。

靖康元年正月七日。

回劄子

肇我大聖皇帝，爲契丹主容納叛人阿合占大王，不行交送，又多無道，應天順人，起兵弔伐。是後不忍覆滅，欲與通好，終不聽從，直至亡國，方始投降。尚猶釋罪，特加王爵。又燕京留守秦晉國王耶律淳、遼陽渤海高永昌、奚蕭良等，各賜本部地界，仍以世爵。例皆執迷，竟取滅亡。夏國王李乾順、達靼韃靼舌，并助亡遼，犯我行陣，未鼓而破。爲能改過，各復舊居，分裂契丹邊土，以濟其地。趙宋前者航海遣使，請復幽燕舊疆。當此之時，分白約誓，同力收取，爾來竟無接應行跡。一旦天兵忽至，不血一刃，舉土向風。蓋自契

丹二百餘年，遠近無敢回顧。爰念從初結好，姑務懽和，即時割與，恩義非輕。著定誓書：「若納逃人，社稷傾危，子孫不紹。」曾未踰月，棄德背惠。手詔逆賊張覺，害我四執政大臣，邀我百官，更易姓名，公然任使。歲交金幣，并不如期。及正旦使賀允中御前奏達，「傳語」二字，特越舊例，深涉輕易。其於本國，窮奢極侈，上下相蒙，閹豎擅權，作爲奇巧，尅取民間財玩，至有家室懸罄，人曷聊生。往往弊源，萬莫言一。我皇帝審是數端，亡盟失道。上符天心，爰赫斯怒，大舉天兵，數路并進，理當問罪。面奉聖旨：「如趙主能悔己過，再乞懽盟，仰就便酌中施行。」當司引領大軍，取幽燕一路。自入貴境，必爲遣使，來賫御筆，改責前非，縱横待命，不至深入。豈期直至邯鄲，才有人使李鄴等，却只將到省院所奉聖旨文牒，又言歸罪邊臣，全非當理。洎詰求的意，方言「前主自省愆尤，不敢扳負大變，已至傳禪」。兩項歸責，全是不同，難爲准信。緣差來人使不能騎馬，事致淹留，兼恐塗次别有錯失，乃摘留從軍。先令孛堇吴孝民等持白劄子專去奏聞，路次及城門首遮堵，早不放入。今及城下，猶未遣還。今上年少，因亂登基，詳度軍國社稷，子孫禍福，未能裁决。新任大臣，例不賢明，鮮能英斷。且前朝作孽，既爲人子，未曾切諫，至今據捨崇高，逃竄無地。爲子之罪，莫大於此。今可追悔往咎，卑辭改責，手筆誓書，乞中舊好，於義爲然。今執政臣屬，不念前日清平，姦賊同惡相濟，棄之於市，快天下心。止以放逐爲大罰，又使宸顔憂辱不暇，亦宜同力敷奏，親詣軍前，重求通好。爲臣之罪，復何可言！當計在久遠，依應當司所請事目，不但拔出生靈塗炭，抑宗廟血食，園陵安寢，豈非幸甚！苟或不然，反令海内百姓肝膽塗地，鬼神乏主，後嗣零落。蓋臣主俱新，虚負英氣，不畫遠略，謀取艱難。乃前朝作鬭亂之始，今日成滅亡之禍，其爲大過，更踰前日。歷觀自古不道君臣，於此爲甚！兼貴朝兵將與亡遼士馬，優劣可見；亡遼與本朝士馬，勝負明知。即目簽揀到舊遼契丹、奚、漢、渤海軍衆不少，其本國大軍，未足稱數。且當司一路，除所經州郡并餘路軍兵亦約定於汴京會齊安置外，見節次前來，未斷頭尾。雖不欲一一分白，貴朝亦必詳悉。又自來邊方守備兵衆，不能捍禦，侵及國門，能免其難，未曾或有。貴國太平積有歲年，止以奢華適意，人民柔脆，不習騎射，創初設教，以不知兵之衆而拒我熟練征伐强勇之士，望求可濟，往昔無聞。更恐淺近官民間言當司應以堅城不下求請和好，勿宜輕信。緣是與大聖皇帝結好修盟，痛可哀憫，宗社傾覆，子孫謝絶。今皇帝正統天下，高視諸邦，其惟有宋，不可無主。然摧滅大權，已入握内。又爲元奉旨諭叮嚀，屢遣人使，遂與安和。惟求轉禍成福，勿有疑惑。請准前去文字，別遣大臣，將呈御筆，早圖萬世之利。若大禍已成，須至自取滅亡，今後斷絶往來。緣大軍速至，難以停滯，却請執定，疾速見示。

宋主書

契勘自太上皇與大聖皇帝，浮海結約，歲月已深。遂割燕雲，恩義至厚。質諸天地，共著誓書，使聘交馳，懽盟無間。止緣姦臣誤國，容納叛亡，歲幣愆期，物貨麤惡，遂令信誓，殆成空文。鄰國興師，職由於此。重念大聖皇帝從初講好，欲卜萬年，事至於今，雖悔何及。太上皇深自尅責，乃付神器。纘服之始，不遑康寧。夙夜以思，宜伸舊好。果蒙使价，遠達信誠，結約之辭，悉以面諭。自今以始，傳之無窮，共庇生靈，永同金石。緬惟英鑒，必諒茲懷。今差樞密院事李棁、尚書工部侍郎鄭望之，充計議使副。事目具如別幅，想加照察。

事目

投拜職官人口，盡行發遣。大金國人馬抽回。議定更不以黄河爲界，只將地土税賦所出，改添歲幣七百萬貫。今來河北、河東人馬抽回，賞軍銀五百萬兩，絹五百萬疋，金五十萬兩。

回宋書天會四年正月九日，與前文字一就發，先來李鄴回去

承計議使副知樞密院事李棁、尚書工部侍郎鄭望之，賫到御寶文字，深悔前非，再求盟好，傳之無窮，永同金石。仰稔至誠，實爲大利。雖有報復之心，載惟元從大聖皇帝結好，曁我今聖皇帝旨諭叮嚀，德義寬大，拯救生靈塗炭，宜舒舊憤，以示新恩。當開誠心，與修和睦。今差元部族節度使伯哩、復州管内觀察使高永義、諸軍都部署判官司農少卿張愿恭，與前次差來人使，同去計議。其諸事條，具如别幅。若可依從，請皇弟鄆王并太少宰科一員，不踰是日，來赴軍前，權且爲質。更或不欲施行，無煩理會，伏候端的。鄆王權質，候過黄河，便議歸還。太少宰科一員，祇候交撥定疆界，亦便放還。

事目并入御筆誓書

自新結好已後，凡圖書往復，并依伯姪禮體施行。今放黄河，更不爲界。可太原、中山、河間等府一帶所有地分，畫立疆至，將來撥屬本朝。於内城池别有變亂，貴朝應管擒制交送。來示改添歲幣七百萬貫，今減五百萬貫。除自來已合交送銀絹兩項外，擬只歲輸二百萬貫。合要賞軍物帛并書籍下項：

書五監　　金五百萬兩　　銀五千萬兩

雜色表段一百萬疋　裹絹一百萬疋

馬牛騾各一萬頭匹　駝一千頭

回書誓文及差康王少宰出質係正月十二日

契勘太上皇與大聖皇帝，浮海結約，欲卜萬年。偶因手詔平山張覺招納叛亡，至使懽盟變爲兵革，遂至大金數路興師。今大聖皇帝次子郎君先及京城，事至於今，雖悔何及！專差知樞密院事李棁、尚書工部侍郎鄭望之等趨詣軍前，引過乞和。正月十日，乃承計議使高永義等賫到文字，大開容允，備諒純誠，拯救生靈，敦結盟好，載惟高誼，深感劇悰。已戒攸司，悉從定約。太上皇帝與大金大聖皇帝、今皇帝義同兄弟，今來國書，當依契丹舊例，禮從伯姪施行。已許放黄河，更不爲界。可太原、中山、河間等府一帶所轄縣鎮，分畫疆至，係自大金。後比至立了疆界，屯兵已前，於内别有變亂處所，當朝自當應管擒制交送。至於尺土一民，不令侵犯招納。若是與三府以南州軍犬牙出入不齊去處，臨時兩平兑易。應自亡遼播越之時，北界流離向南并係大金叛亡諸職官、工匠、教坊、百姓，除元不曾到并已死亡外，應見在盡數遺還，在京令隨逐前去，在外接續逐處發遣，一無停匿、殘害、錯失。除自來合交銀二十萬兩、絹三十萬疋外，更歲輸二百萬貫，以金銀疋帛并雜物折納，决無矗惡愆期。斯言之信，金石不渝。有違此誓，神殛無赦，宗社傾覆，子孫不享。

所有其餘該載不盡合約事件，并依前立誓書施行。遠冀英懷，永同重誓。今差通直郎試給事中李鄴、右武大夫康州防禦使西山閤門事高世則，充計議使副，伏惟炤察。謹白。

事目

皇弟康王、少宰科一員，前去相見，以示信好，便請遣回。賞散河北、河東路軍物帛并書籍下項：

書五監　　金五百萬兩　　銀五千萬兩

雜色表段一百萬疋　　裹絹一百萬疋

馬牛騾各一萬頭匹　　駝一千頭

右即今盡據城中所有，內自宮禁，係官司與士民、宮觀、寺院等處，已行根刷。慮或不足，須至稍寬期限，更於河北州縣及外路州軍起發送去。

回奏宋主係正月十四日

大金都經略處置使兩路都統所：正月十二日，大宋皇帝遣來使副李鄴、高世則等降到誓文，大開詳審，推見聖意，勇於改悔，求踐舊好，叙定兄弟之義，卜於萬代，更不渝變，斯乃社稷生靈之福也。當司深爲感切，遽解重圍，收聚兵馬，鈐束將校，更不令驅虜殺戮。

所承誓旨具載：「太上皇手詔平山張覺招納叛亡，遂至大金數路興師。今大聖皇帝次子郎君先及京畿，事至於今，雖悔何及！太上皇舊與大聖皇帝及今皇帝義同兄弟，今來國書，當依契丹舊例，禮從伯姪施行。已許放黃河，更不爲界，可太原、中山、河間等府一帶所轄縣鎮，分畫疆至，係自大金。後比至立了疆界，屯兵已前，於内別有變亂處所，當朝自當應管擒制交送。至於尺土一民，不令侵犯招納。若是與三府以南州軍犬牙出入不齊去處，臨時兩平兑易。應自亡遼播越之時，北界流離南來并係大金叛亡諸職官、工匠、教坊、百姓，除元不曾到并已死亡外，應見在并盡數遣還，在京令隨逐前去，在外接續逐處發遣，一無停匿、殘害、錯失。除自來合交銀二十萬兩、絹三十萬疋外，更歲輸二百萬貫，以金銀疋帛并雜物折納，決無麤惡愆期。斯言之信，金石不渝。有違此盟，神殛無赦，宗社傾覆，子孫不享。所有其餘該載不盡合約事件，并依前立誓書施行。」既復舊約，欲成長久。竊慮歲輸物多，難以經遠施行，兼奉宣命：「若能悔責，委酌中理會」，今又特減放一百萬貫，常年只許納一百萬貫折納，并銀二十萬兩，絹三十萬疋。仍爲今歲分撥疆至事忙，直候次年正月依舊例交納。所有誓書，乞早賜差遣國信使副就赴闕下，告回誓書，當司亦准備具此申奏。次如交割結絶之後，苟有違變，神明殛之，俾墜其師。今差都管契丹兵馬輔國上將軍耶律度、復州管内觀察使隨駕教坊都提點王汭【九】，充計議使副，伏乞照驗。

【九】復州管内觀察使隨駕教坊都提點王汭　「復」原作「福」，據四庫本改。

别上書

正月日，大金皇子都經略處置使斡離不，上書於大宋皇帝闕下：今月十二日，差李鄴等賜到誓文，暨皇弟康王并少宰一員至。仰體聖慈，深增信喜。事苟不然，其如社稷生靈何！今轉禍爲福，重踐舊好，惟望貴朝不失農事，早令當司兵馬無稽駐泊，益彰至德。當司已鈐束逐處軍兵，不令驅虜殺戮。所有國書再立誓約，乞賜盡言，差遣信使將擎來付當司，待憑發遣赴闕。即日一見康王，便如兄弟。相次事過，即時遣還，願勿憂疑。更有但係亡遼契丹、奚、漢、渤海雜類人等，無令劫掠傷殘【一〇】，早爲交割。今月十一日夜，南方天見赤氣，直至天曉。詳其分野，正臨都邑。能盡至誠，務敷大信。反身修德，必底消禳。緣念義同一家，别白奏達。謹上。

【一〇】無令劫掠傷殘　「劫」原作「却」，據四庫本、《墨海金壺》本、錢遵王鈔本改。

報進誓書及乞約束書

靖康元年正月十五日，大宋皇帝致書於大金皇子都經略處置使軍前：特承書示，備諒勤誠。以康王、少宰至彼，灼知美意，深增信喜。兼念本朝不失農事，早爲罷兵，鈐束既明，更不殺戮。凡兹來諭，益重懽盟。所言國書再立誓約，見今差遣信使賫詣大金皇帝闕下，煩爲差人同往。歲輸特承放減一百萬貫，深荷恩意，已於國書具載。若非惇示大信，欲保萬年，何以及此！亡遼契丹、奚、漢、渤海雜類等，自當發遣，豈敢傷殘。天象示戒，所宜反身修德，以銷去之。重蒙來示，尤誌不忘。近聞大兵已到太原，攻圍未下。和好之後，義同一家，願速約攔人兵，以全一城生靈之命。兼恐河西兵馬乘隙深入，亦望早與約回。諒惟英懷，必加深察。謹白。

宋主致謝書及報因便附問

大宋皇帝致問大金皇子都經略處置使軍前：自承大軍遠臨，獲惇舊契，永懷恩義，寤寐不忘。叙好云初，無以將意，輒有薄禮，具如别幅。言念懽盟既定，盡出周旋，此恩何窮，眷想深甚。自此每遇生辰聖節及正旦，遣使專附問信之儀，想當照察。雪塗寒凛，更加珍重。白。

别幅

珍珠碾鏤金雞竿百戲人物腰帶一條，黑漆匣全。

珍珠鼊圈夾袋子一副，上有北珠二十三顆，麻調珠全。

珍珠玉夾口篦，靶子全。

細色并雜物

緊絲五十疋　　金錦五十疋

素絲綾五十疋　紅錦五十疋
鹿胎一百疋
興國茶場揀芽小龍團一大角
建州壑源夸茶三十夸共二百角，每角一夸
龍腦一百兩　薰香二十帖
劄毬二十副每副五事　論棒二十條
右請檢留。白。

回謝宋主書

大金皇子都經略處置使斡離不謹奏謝大宋皇帝：今承復降御寶文字爲問報，「每遇生辰聖節及正旦，遣使專附問信之儀」，并賜到珠玉段疋等物，稠重恩德，何可勝言！又言「懽盟既定，盡出周旋」。循省以來，頗多惶懼。此蓋皇帝英明獨斷，歡好再成，社稷永安，生靈賴慶。斡離不依本朝皇帝宣命施行，恩從聖造，事靡己爲，永念於兹，難當旨意。惟願兩朝久惇信義，世固和成，下順人情，上協天意。今既事同一家，仍慮百姓有妨農務。所索牛一萬頭，乞行罷去。伏乞照察。向融春律，加裕宸襟。謹謝。

宋少主新立誓書

靖康元年正月十五日，姪大宋皇帝桓謹致書於伯大金皇帝闕下：昨自太上皇帝遣使結約，請復幽燕舊地，交割之後，著定誓書。不踰月，手詔平山張覺招納叛亡，歲輸之物愆期，正旦使賀允中致「傳語」二字。由此伯大金皇帝遠遣數路重兵，入境問罪。太上皇帝自省前非，傳付神器。適有大聖皇帝次子郎君一路兵馬先到京城之下，遂專差知樞密院事李棁、尚書工部侍郎鄭望之，趨詣軍前，代上皇引過自悔，告和乞盟。乃承二郎君遣使賫到文字，開諭恩旨：「如到日深悔前非，再乞懽和，即委就便酌中施行。」今已計議定：可中山、太原、河間府南一帶所轄縣鎮、以北州軍，分畫疆至。別有地圖。仍比至定了疆界，屯兵以前，於内別有變亂處所，當朝自當應管擒制交送；已後，至於尺土一民，不令侵犯招納。若三府已南犬牙出入不齊去處，臨時兩平兑易。外據往復國書，伯姪施行。并應係亡遼官吏、僧道、教坊、工匠、百姓等，除元不曾到并已死亡外，并行遣還，在京令隨逐前去，在外接續逐處起發，一無停匿。爲放河北、河東土地，每歲輸送銀二十萬兩、絹三十萬疋、錢一百萬貫，以金銀疋帛并雜物折納，無依前鸁惡愆期，以報重恩，再結懽好。斯言之信，金石不渝。有違此盟，天地鑒察，神殛無赦，宗社傾覆，子孫不享。所有其餘該載不盡合約事件，并依前立誓書施行。伏惟聖明，永同重誓。倘蒙允諾，佇候回音。今差通直郎試給事中、文安縣開國男、食邑三百户、賜紫金魚袋沈晦，右武大夫、康州防禦使、武功縣開國男、食邑三百户王仲通，充賫誓書國信使副。有少禮物，具如别幅。專奉書陳達，不宣。白。

宋少主敕太原守臣詔

敕太原府守臣：應中山、河間、太原府并屬縣鎮及以北州軍，已於誓書議定，合交割與大金事。昨者大金以朝廷招納叛亡，有渝信誓，因舉大軍，直至京畿。重以社稷爲念，所繫甚大，遂割三府，以尋懽盟。庶銷兵革之憂，以固兩朝之好。其犬牙不齊去處，并兩平兑易，合照誓書施行。如有州軍未便聽從，仰將此詔書遍行告諭，各務遵禀。毋或拒違，自取塗炭。兩朝封疆接畛，義同一家，各寧爾居，永保信睦。其中山、河間、太原府并屬縣鎮及以北州軍見任寄居職官，不係本土及從内地差去者，不在交割之例。今差朝奉大夫、資政殿學士、簽書樞密院事、充神霄玉清萬壽宫使副、文安縣開國伯、食邑七百户、實封一百户、賜紫金魚袋路允迪，賫詔宣諭。咨爾守臣，體予至意。故兹詔示，想宜知悉。春暄，卿等各比平安，遣書指不多及。

宋少主與左副元帥府報和書

靖康元年正月十五日，大宋皇帝致問大金元帥移賚勃極烈軍前：頃者，太上皇與大聖皇帝浮海結約，情義至重。偶緣手詔平山張覺招納叛亡，遂致懽盟變爲兵革。屬太上皇傳位眇躬，方閱旬浹，皇子郎君大軍已至京畿。即遣知樞密院事李棁、尚書工部侍郎鄭望之，備攄情懇，復講懽盟。皇子郎君惇兩朝和好之重，特爲開允，許以退師。本朝尋遣宰相親王詣軍相見，土疆歲幣，并以議定，兩路賞金帛萬數至多。尚慮元帥在遠，未知的實，今遣使人同皇子郎君所差親信，尋詣軍前諮白。惟冀早爲抽回軍馬，免致殘害生靈。諒惟英懷，必能洞照。春首尚寒，更加保重。微物將誠，具如別幅。今差朝奉大夫、充右文殿修撰、廣平縣開國男、食邑三百户、賜紫金魚袋宋彦通，武翼大夫、成州刺史、汝陽縣開國男、食邑三百户郝抃，充河東軍前報和使副。白。

別幅

細物五百疋

錦一百疋　　鹿胎一百疋　　金錦一百疋

緊絲一百疋　　青絲綾一百疋

茶五十觔

上等揀芽小龍團一十觔　小團一十觔

大團三十觔

龍腦一百兩　椽燭三百條　薰香三百帖

右請檢留。白。

回謝書

天會四年正月十七日，大金皇子都經略處置使斡離不謹上書於大宋皇帝闕下：伏沐聖慈，以御書見賜，諭言委曲，存問稠重，揣分尋涯，何以勝此！云「大軍已到太原，抑恐河西兵馬乘隙深入，願速約攔」。恭奉敕旨，非敢怠慢。當司已准備發遣先來計議王介儒、撒離母及在此親信人，與御前差到宋彥通等，同去融會河西軍兵，請元帥府就使攔約次。再立到誓約國書，言出至誠，可傳萬世。本朝興復，焉敢異斯？所保懽和，必深曩昔。據安置定圍城兵馬，今月日并勾抽還營，應在城側近者，十八日亦令退去。於後輜重已差約頓，更不許過河。信德、真定等路駐下軍兵，嚴行鈐束，不得虜掠。燕京知院侍中統押漢軍，續次待來，近已差人止約去訖。伏惟聖鑒照察【一一】。謹上。

【一一】伏惟聖鑒照察　「照」原作「盟」，據四庫本、錢遵王鈔本改。

宋主回書

正月十九日，大宋皇帝致問大金皇子郎君：薦示書詞，備照情懇。春雪寒冱，匽薄近坰。寢興之間，諒惟勞止。所諭「已准備發遣王介儒、撒離母及親信人，與宋彥通等同去融會太原軍前，并請元帥府就便約回河西軍兵，勾抽處所圍城兵馬還營，應在城側近，亦已退去。於後輜重約回，不許過河。鈐束諸路劄下軍兵，不得虜掠。及約止燕京知院侍中所統漢軍」，載詳恩義，備極周旋。非誠貫金石，義均一家，安能復通信好。軫念生靈，委曲如是，感悰所集，毫楮奚殫。誓約國書，實盡誠意，願保懽好，傳之萬年。更荷英仁，曲垂惠諭。誓心修睦，永愜至懷。白。

別幅

信使王汭至，承惠及人參一十秤【一二】，至於多感。有少微物，回答下項：

沉香山子五百兩，作一匣。

花犀酒杯二十隻，作一合。

玳瑁酒瓶二隻，托裹并蓋全，作一合。

撥花犀注椀一副二件，托裹全，作一合。

右請檢留。白。

【一二】承惠及人參一十秤　「十」原作「千」，據四庫本、錢遵王鈔本改。

遣計議使副及回謝書

大金皇子都經略處置使斡離不謹上書於大宋皇帝闕下：差去人使李士遷等回，伏承御書，特加温諭。尋繹研味，言悉由衷。敦固懽盟，益光聖德。陛下既全終始，質諸天神，斡離不等永念同盟，敢不祗畏。近知樞密院事李梲等至，懇以金銀闕數，欲將寶貨折充，理當循從。奈士卒輩有失元望，可否之間，實難於心。復蒙示諭，謂髮膚可捐，猶且不吝。言極意切，感惻倍深。静而思之，兢惶交至。竊緣大議已定，豈可因兹細故，不終恩意。乃於金内特減一萬錠，准五十萬兩。兼爲講和已後，大軍根取糧草，雖經嚴切鈐束，不得非分，其間不無侵耗，亦合約量更減銀一十萬錠，准五十萬兩，表裏十萬段疋。上件所減物色，并係合節次交送四停之數，仍於見交六停金色内，更許准一萬錠者外，乞依所指，五日盡數賫送。所索驢馬，幸在京取刷肥壯交送。如或決難及數，當依駝畜例抵折起運前來。外中山、河間兩府，亦望差遣近上親信之臣，嚴賜敕旨，令從隨少宰專行管勾交撥疆界。及就便於河北至真定府，其間州軍應有係官金帛，取索充填歇下之數。更或難可應送，擬准見奉御寶文字續次交送。近者猥被聖恩，賜到内樂百餘人，不欲使去父母之邦，尋用放還。辱從所請，感戴之至，無任下情。外據所轄三府見在職官内不係本土之人，恐有聖人知識欲要者，椿定姓名垂示【一三】，即當發遣。如不見公據，請不收留。内太原一

【一三】椿定姓名垂示　「椿」原作「椿」，據四庫本、錢遵王鈔本改。下同。

路官員，乞便於交割宣内分明開指，亦憑依應施行。令差韶陽軍節度使耶律忠、少府監充乾文閣待制太平甫充計議使副，奉書奏聞。

遺李棁持寶貨物折充金銀書係二十八日

大宋皇帝致問大金皇子郎君：輒有誠意，幸加聰察。兹者大軍南來，再約盟好，恩義之厚，筆舌難言。賞軍之物，又蒙減定，深見委曲懽和之意，叙佩不已。累日下令，於民間根刷金銀。告諭之法，不問奴婢親戚；隱藏之罪，至於籍没家貲。專命大臣，明諭禍福。分遣庶僚，廣行斂取。再得金二十餘萬兩，銀二百餘萬兩，通前已報之數，金共五十一萬七千餘兩，銀共一千四百三十萬二千餘兩。雖未足六停之數，而實已竭盡公私之藏。金銀地寶，生發有時；鑛淘沙漬，計以銖兩。自非中都寶貨所聚，太平積累之久，亦何能有萬數之多也！自此朝廷宴設，止有丹漆之器；而市肆飲酌，皆埏埴之資。諒惟皇子郎君通明，必知此詳盡而不在多辭。今者通和大事，既荷講成，賞軍物色，豈敢較計多寡！但以力屈財殫，無可求索，其肯吝惜，以取疑貳？若蒙仁哲，深照此情，伏惟大軍旋旆，且無留滯，又使本朝誓言，永無虧失。全此二美，不亦善乎！竊惟皇子郎君之意，必謂既已施此惠好，亦要寬假圓融，以盡終始。表段皆新好之物，可及四十餘萬；馬騾駝數，不惟多少，類皆病瘦，恐或不堪。并冀寬明，許以續發准折。今有府庫累世所藏珠玉犀象寶器等物，并金銀絲合等物，悉令知樞密院事李棁持去。倘蒙容留，許以准折，尤所願幸，一聽裁決也。其餘細瑣，令李棁等面布，并少微意，亦令就達左右，伏幸照察。春律尚寒，惟冀加慎。白。

又書

大宋皇帝致問於大金皇子郎君：比者盟書既定，和議方深，用孚千載之期，永保兩朝之好。輒因使介，以物將誠。今有寶物數件，元係樁出送皇子郎君軍前，今差李棁就便持送左右。詳具別紙，惟冀檢留。白。

別幅

珍珠束帶一條，上有北珠二十五顆。
正透飛鳳犀腰帶一條，花藤匣絲盒全。
金棱真玉注碗一副，彙盠。
玉酒杯十隻，金托裏玳瑁盒全。
細鞍轡一副，烏銀間金鍍作子架坐全。
琥珀假竹鞭一條，絲稍匣全。

宋主爲分畫疆界書

大宋皇帝致書於大金皇子郎君：比嘗具書，審達清視。復承翰墨，深佩勤情。詞意稠密，欽味不已，心腹相照，了無疑間。永同信約，懽好益深。所示「大議已定，豈可因兹細故，不終恩惠」，減定金銀表段數目，及許折騾馬之數，比擬曲盡，周達事理，尤見仁哲之用心也。金銀再取於民間，根刷詳盡，委無遺漏。所得之數不能敷足，遂以歷世寶藏珠玉犀象珍器等悉數持送。本朝所貴，不敢愛重，因物顯意，可諒此誠。專有一書布叙，令李棁等持達，更不再述，惟幸乎察。見諭中山、河間府差官分畫疆界，今差官兩員付張邦昌下，可令分遣勾當。三府詔書圖本，更不候分畫，先持去。令張邦昌、路允迪一依所議定，「犬牙不齊處，兩平兑易」施行。其真定府以南至黄河州軍應係官金帛，已降劄子付邦昌，并逐處照會，令盡取送。先遣去女樂百餘人，本示通和一家之好，今來放還。自非皇子郎君明英豪邁，其誰能此！欽嘆欽嘆！李棁回珠玉等物，已承留納，聊充贐路之儀，豈勝感愧！犒賞闕數，誠以公私竭盡，無可取刷。候軍回路通，四方計置，逐旋持送。尚冀高明有以裁處。其詳累具前幅，不復多叙。春寒氣候未常，惟冀加衛饗寢。白。

卷二

上宋主書為二月一日夜犯軍營事

大金皇子都經略處置使兩路都統斡離不等謹上書於大宋皇帝闕下：今月一日夜四更時，有步騎軍沿孟陽河東南二處向北奪橋，詰朝又於大軍營西南劫陣前來。當司量差兵馬隨路禦逐，曾未逾時，殺傷兵卒洎所獲器甲鞍馬，其數甚多。緣當司不識是甚兵馬及從何來，願示其詳。李棁、王汭所計議事，亦望端的垂諭。日近所送元定賞軍物貨，其闕甚多，幸無依前稽滯。今差檀州刺史張恭禮充計議使，謹奉書奏聞。

宋主回書

大宋皇帝致書於大金皇子郎君：比者大軍遽至京城，方懷憂恐，乃承寬仁，盡洗宿愆，許修新好，獲安宗社，貽慶子孫。恩義之重，實同天地。前日觀察王汭來，審所持犀玉等盡蒙留納，并金銀等數亦從寬假，尤荷恩意。自非惇懽好之重，何以及此！所諭前書所陳，未盡明白，謹依來旨，悉從改易，并交割三鎮詔書。初二日早，方欲坐朝，遣來使還一并持去，忽報初一日夜有兵馬在城外作鬧，本朝不知來因。繼聞輒至大金軍前，不勝驚駭。尋遣人根問止約，至暮乃知姚平仲率城外諸路軍馬作過。尋令勾捉，稱本人未回軍寨。亦見令人擒捕，候見即正典刑，以戒貪功誤國之士。又執政問有素與姚平仲相善者，形迹可疑，恐相協助，已先黜責了當。且本朝自度事理，其不敢輕舉妄動者有三：論彼此强弱之勢，則本朝兵力寡薄，難以迎敵，一也；前此敗盟，煩大軍遠來，逼近京城，惴恐失措，荷恩德再造，豈敢復有負約之理，二也；宰相、親王特遣詣軍中爲質，又遣執政大臣奉使，事體至重，豈忍置而不恤，有傷君臣之義、骨肉之愛，三也。皇子郎君仗義而來，聰明果斷，必能察此。方城外有亂兵，故當日未敢遣使便還，深愧遲滯，尚冀深照。其他一如誓書所載。天實臨之，永永萬年，罔復有渝。今差資政殿大學士宇文虛中持書布叙，并賫所换國書及三府詔書、地圖等前去，諒惟洞照。白。

又書係同日至

大宋皇帝致書問大金皇子郎君：特承書翰，銘感實深。所示初一日四更有軍兵輒犯營寨，初聞甚駭，寢食俱廢。更蒙垂問，但切悚惶。今已根究，蓋是西兵初來，貪利要功，統制姚平仲妄作生事。見收身不到，候捉至，明正典刑。李棁、王汭所議事，一如來意，一一當報。候王汭看定文字了當，同遣人附達。賞軍物亦在書中備細陳聞。和好事重，既荷周旋，切望終始成之。白。

再上書别索犯夜者

天會四年二月五日，大金皇子都經略處置使斡離不謹上書於大宋皇帝闕下：昨以太上皇誣神瀆盟，奉命致討。正月七日，大軍直抵都城。方謀攻拔，特承遣知樞密院事李棁等具言上皇自省前非，傳位播越，以代上皇引過求誠。遂依元奉宣命，酌中計議，復尋舊好。明著誓書，有如皎日。始者不忍貴朝宗社顛覆、生靈塗炭，遂用解圍。至於四面園館屋宇，都無所毁。及放黄河，更不爲界。元許歲輸七百萬貫，仍於見交金帛之數，減免頗多。本欲貴朝知此大義，結以至誠。矧誓墨未乾，神聽甚邇，理當祗畏，豈可背違？何期倏爾發兵，竊犯營壘，自取速禍！前日之事，起自上皇；今日之爲，其咎安在？遂使師徒疑撓，别欲施行。差去人王汭回狀，審皇帝召以面諭，言輒流涕。及承所賜書云「初聞甚駭，寢食俱廢」，謂以執政姦臣姚平仲等妄作生事，貪功誤國。及陳所不敢興舉者三，詞意懇切，聞之惻然。當司詳認，實自向誤國者不度强弱之勢、禍福之理，徒以弄兵殘民，欲僥一日之幸。重念皇帝即位日淺，斷不自衷，而宗廟社稷幾爲此輩所隕，實可傷惜！乃令諸軍特罷攻取，仍依已立誓書一切爲定。其造意執政姦臣及姚平仲等，可日下執送軍前，以塞衆怨。從來雖以康王、少宰爲質，决是無敢顧惜，輒敢有此侵犯。更以皇叔越王、駙馬曹都尉同質軍前，并於太宰李邦彦、樞密吴敏二人内科發遣一員，交换少宰張邦昌，亦候割定疆界，同時發遣。外據歇下騾馬金帛，疾速交送。如或有所不從，幸賜端的垂示。今差復州管内觀察使隨駕教坊都提點王汭、安州團練使耶律寧充計議使副，謹奉聞。白。

宋主遣報謝使副回書

大宋皇帝致書於大金皇子郎君：蒙遣計議使副王汭、耶律寧同宇文虛中至。伏承書翰，辭情懇曲，深佩忱誠。兹者大軍南來，自抵京邑，敦講舊好，許約盟書，宗社載安，生靈寧息。是皆不貲之恩，懷感何已！使節往還，既同絡繹，和好之厚，誓信彌堅。豈意城外軍兵輒敢不遵號令，妄舉甲兵，夜犯軍寨，以卵投石，自取敗亡。初聞驚駭，不知所措，惟恐貽怒皇子郎君，來責敗盟之咎。疑似難明，煩辭何益？今者乃蒙仁哲，深諒此情。自非曲示懽和之意，何以能此！愧謝之深，言不能究。且强弱之形、多寡之勢，三尺之童，可料而知。以弱敵强，以寡犯衆，雖甚愚者皆知不可。況講信修睦，今將一月，彼此相照，大事已成。豈忍以目前小利，失久遠之計，而違其初心哉！此理灼然，不待辨析。又且心膂之臣、手足之愛，爲質軍中，寧不愛惜？前書具白，已蒙垂照。且聞軍兵聚集，約日攻城，嚴令一宣，尋即退散。既欽約束之明，仍荷恩德之厚。所諭「皇叔越王、駙馬曹都尉同質軍中，并於太宰李邦彦、樞密吴敏二人内科發遣一員，交换少宰張邦昌，亦候定疆界，同時發遣」，曹都尉今謹遣行。昨者城中軍民數萬赴闕，詆罵宰執，殺戮宦官數人。兩日之間，輔臣罷免甚衆。太宰李邦彦已屢乞致仕，門下侍郎趙野亦在假不出，中書侍郎王孝迪、左丞蔡懋皆罷政事，樞密李綱除知大名。王汭見止有樞密吴敏、新除左丞耿南仲、新除樞密宇文虚中及李棁四人在列。事至於斯，惟有誠實。若皇子郎君不念孤危之迹，不諒哀痛之誠，雖罄竭語言，無復可望。倘蒙矜念，許存趙氏社稷，保全億萬生靈，敢祈大恩，存留見在政執官，粗立朝廷，稍安衆望。即欲除張邦昌大宰，且令前去交割地界，或更遣門下侍郎趙野爲質，亦取高裁。惟越王以叔父之尊，平日每所奉侍，以姪遣叔，情理不遑。已遣弟肅王樞前去，幸依元約，只至黄河。所有康王，却望先次遣回，以副手足念。姚平仲逆天誤國，誅殛是宜。比令之四遠根尋，已聞隕於鋒鏑【一】。凡爲執政，事涉可疑，雖領行營之權，實無結構之迹。雖自臣下違命要功，亦由渺躬有失照察。負慙飲涕，無以自明。尚冀廓山藪之容，俾獲全君臣之義，止從貶責，庶免嚴誅。况邯鄲軍役失守，尚蒙放還，在於近臣，終祈矜免。所論騍馬金帛事，已納金五十一萬七千三百兩，銀一千四百三十萬二千六百兩，絹一十萬疋，表四十七萬疋。竭盡府庫舊積，仍歛民間所藏，盡數於斯，無可再得。只候軍回之後，道路稍通，取之四方，旋充元數。騍已納六百頭，馬五百四十七匹之外，餘皆尫瘁瘦疲，素不養在城中。縱復有馬千餘，亦乞留爲禁衛。事至今

【一】已聞隕於鋒鏑　「鋒」原作「鐸」，據四庫本、《墨海金壺》本、錢遵王鈔本改。下同。

日，豈敢不從。苟再造則天地同功，蒙一譴則社稷立隕。惟有投誠，且實盟言。幸今日之矜容，觀他時之改悔。或有違誓約，不顧大恩，天實臨之，禍敗不悔。今遣簽書樞密院事宇文虚中、知東上閤門事王球充報謝計議使副，緬惟英明，必加孚照。白。

上書兵回，差使副代辭

天會四年二月八日，大金皇子都經略處置使兩路都統斡離不等謹上書於大宋皇帝闕下：昨者受命專征，以太上皇渝盟是問。靈旗南向，直抵京城。伏承皇帝嗣位，再請修好，遂依元奉詔旨，酌中計議，著定盟約。日復貴朝姦臣誤國，妄起釁端，於是當司實懷疑憤。乃蒙宸翰，諭以孤危哀痛之誠，重遣同氣近姻之質。深諒大信，克保有終。前日之盟，非此爲比。且自大軍之來，資索頗多，上瀆聰明，下匱民庶，事在不已，固非樂爲。竊惟兵火一縱，收之實難。自非皇帝仁明遠略，屈己愛民，安能使此禍危翻然爲福？今兹大計已定，而後無以舊事爲念。惟其永惇誠義，共保生靈。又承所賜書内，謂：越王以叔父之尊，平日奉事；姚平仲死於鋒鏑；李綱止從貶責；其餘宰執，近間求退罷免者甚衆。既聞兹命，敢不孚聽。及蒙諭城中軍民，不遵號令，實恐轉生變亂，以貽聖憂。當司本圖安定貴朝社稷，永固和好，遂令城下諸軍退保舊寨，須是即日班師。伏念陛下即位之初，必欲推恩布澤，以悦衆志。特於元定賞軍物内減金一萬鋌，銀一十萬鋌，表一十萬段，以充振乏廣施之用。外有歇下金帛頭疋，更望止於今歲逐月接續交送。今方言還，非不欲詣闕展辭，少叙悃愊，以在軍中，不克如願。謹遣左金吾衛大將軍權宣徽北院使韓鼎裔、信州管内觀察使耶律克恭充代辭使副。有少禮物，具如别幅。謹奉書奏辭以聞。謹白。

別幅

人參二十秤

宋主回謝書為放還康王及減免金數

大宋皇帝致書於大金皇子郎君：使崇義軍節度副使高安仁、隴州防禦使耶律忠來，承惠書翰，豈勝愧感之情。比者大軍南來，獲修盟約，信義之重，情愛爲深。嘗遣皇弟康王、少宰張邦昌詣軍帳前，以示誠懇之實，萬年之歡，永以交孚。不期姦臣誤國，邀功生事，輒出士卒，夜犯軍營。初聞駭愕，實恐有害盟誓，且以短書備叙誠懇。伏承皇子郎君，契同一家，深照悃愊，具知臣下之姦，非出眇躬之意，解疑息怒，復固懽和。既寬責問，三軍之士，亦罷攻圍。感激之心，言何可既。承諭「本不欲貴朝有蹙迫之危，故更不移前約，稍有變渝，斷以限河爲定」。果能永惇大信，將來别有裁酌」。味讀再三，深稔美意。康王留軍前幾月，極荷管顧，今蒙還歸，甚慰顒顒。更承減金萬鋌，兹爲厚惠，益稔眷存。姑此叙謝，言不究悉。

又書乞寬限送納賞物

大宋皇帝致書於大金皇子郎君：茲者危難之邦，既蒙恩於矜貸【二】，纖悉之懇，敢避瀆於再三。昨者李棁續起金二十萬兩，其金俱係拘刷到民間稜稻釵釧器物之類，旋行折剥鋌銷，遂有折耗。實起發金一十九萬四千四百兩，係欠五千六百兩。續起銀二百萬兩，爲金有欠數，却起過銀二百八十四萬二千六百餘兩，係大起過八十四萬餘兩。至於都數之中更減免外，通計所欠之數甚多。又有騾馬名件不一。茲審大軍將還，理當送納。屬以城中圍閉，道路不通，至於掌管之人，亦多逃匿。若會見備細實數，又須數日遲留。敢望矜憐，許令於軍行之後，逐旋算計送納。三府地圖，本合通作一本，又緣中有真定府路邊疆不齊，曾令宇文虛中面懇英聽，令只作三圖繪畫。其分畫界至，自有里堠分明，踏行之時，一一可見。今者城中疑阻，不保朝夕，尚冀終惠，俾早安寧。至於纖悉曲折，有應副未至之事，凡百皆望矜貸。此後比至交割疆封、金帛、騾馬未了之間，應有往復文字，當親加點閱，達於上聞。伏祈照察。白。

【二】既蒙恩於矜貸　「貸」原作「貨」，據四庫本、《墨海金壺》本、錢遵王鈔本改。

謝宋主餞禮書

天會四年二月十日，大金皇子都經略處置使兩路都統斡離不等謹致書於大宋皇帝闕下：比者已復舊好，即議還師。伏望聖慈，特差開封府少尹就軍中賜斡離不等茶果龍腦酒藥，并差去使人韓鼎裔等回，復承賜通犀御帶一條，以隆餞別之禮。仍被旨稠重，昭宣大信。仰稔聖意曲周，用殫底裏。欽領之餘，尤增感劇。當司遂促歸期，今月十日已令大軍旋旆。所祈陛下社稷載寧，生靈休息。今差静江軍節度使高僧奴、隴州防禦使大迎充賀。有少禮物，具如別副。謹奉書奏謝以聞。

別幅

人參一十秤

宋主遣計議使副書乞免割三鎮更增歲幣等事

大宋皇帝致書於大金皇子郎君：比者駐軍近境，屢致尺書，旋旆踰河，嘗馳信使。春和届序，福履增隆。既舊好之復修，宜誠言之盡布。太原、中山、高陽三鎮，雖限大河，不遠京邑。其間有遠祖陵域、太宗祠宫，在於子孫，忍不保守？高陽一帶税賦，舊已收在納銀絹數中，今復重割疆封，非敢有愛，惟河外人民不安生業，其間親戚境土相鄰，一有往還，動干盟誓，所憂小事，馴致大愆。今欲更增歲輸銀絹，以代三鎮租賦。兼前來犒軍金銀、表段、騾馬等，除已交過及將府庫珠玉等，并已送納，向來使人回，許盡充折。雖行減損，餘數尚多，候事平取之外郡。而累年以來，用度窘乏。兵革之後，又益空虚。若取於民，必生變亂。前日汴城之事，憂悸至今。況自頃時歲幣麤惡，皆因燕山之後，民力凋殘，盜賊縱横，公私勞費。今若歲輸金帛雜物，又復補發犒軍餘數，物力不逮，恐失前言。所有歲輸百萬，折爲雜物，名件瑣細，道里阻修，每歲困竭民力，終不能足。已令使人一一回達。若許折爲綿帛，却令沿邊依舊設置榷場，許通商賈販賣，庶得兩便，其利久長。若必欲補此難足之數，則力所不能，釁隙常在，恐非和好之意，望加照察。兼昨蒙貽書，許以「果能永惇大信，將來別有裁酌」，使人傳言，亦諭此意。今若覆露情實，隱忍不言，雖從一時之宜，恐有後來之悔。況高明英偉，惟義是從，想遂慨然，寬其迫遽。今差中大夫試工部尚書王雲、定國軍承宣使曹曚充軍前計議使副，專書爲懇。尚勤保毓，益介壽祺。白。

又乞放肅王書

大宋皇帝致書於大金皇子郎君：春暄伏候福履具宜。比遣肅王餞送還師【三】，期渡大河，即令先返。今聞行李已過邢、趙，夙夜傒望，未聞還音。又聞肅王踐履跋涉，寢食失時，宜近藥餌。手足之愛，實切於心。今差使人躬詣和門，懇尋前約，早賜還歸。諒守盟言，必無留滯。今遣王雲、曹曚充奉迎肅王使副，專書爲懇，尚冀保綏。白。

【三】比遣肅王餞送還師　「比」原作「此」，據四庫本、《墨海金壺》本、錢遵王鈔本改。

宋主與左副元帥書在高平

大宋皇帝致書於大金元帥移賚勃極列：遜聞高誼，未覩英標。茲再講於懽盟，獲永依於鄰庇。興言載戢，未易叙陳。今因分地界官僉書樞密院事路允迪往軍前，親解玉帶一條，真珠雙圈直繫勒帛一副，遠將信意。并令皇弟康王亦親解玉帶玉魚一副，同致謝緘。緬惟孚察。白。

回宋主書謝宋彦通報和，同帶一牒

天會四年三月日，大金骨魯你移賚勃極列左副元帥致書於大宋皇帝闕下：頃雖結釁，即復尋盟，爰遣使以報成，遂致書而爲問。更多賜遺，已劇感藏。所有事理，別差官賚牒三省樞密院去訖。淑律正融，佇膺多福。今差利州管内觀察使、銀青榮禄大夫、檢校工部尚書兼侍御史、上騎都尉、蘭陵縣開國男、食邑七百户蕭仲恭，朝議大夫守太僕少卿、驍騎尉、天水郡開國男、食邑三百户、賜紫金魚袋趙倫，充回謝使副。謹奉書陳達以聞，不宣。

元帥府與宋三省樞密院牒【四】

大金元帥府牒大宋三省樞密院：近簽書樞密院事路允迪、右文殿修撰宋彥通等，前次賫到大宋皇帝聖書，方知河北路軍已至京畿，割太原、中山、河間三府，復講歡盟，許以退師者。會驗其所和會之事，即與當府元奉宣意不協。然以河北軍前別有續奉宣命，發自太原，前來攻掠，至隆德府，不伏招諭，縱兵攻下。曉示宣命，別差官員撫定了當，申奏朝廷，未降指揮，難便倒移歸還。尋具申奏，仍留逐官依舊管勾，才候奉到朝命，即當移報。次須至公文，牒具如前。事須牒大宋三省樞密院，到請照驗。比至當府別有移報以來，勿以隆德、威勝軍府并屬縣鎮不係割數，一似夜犯河北軍營，多方謀害。前件軍府官員，別惹生事。儻有如此，難保忱盟。外據路樞密專來交割太原府界至，候軍回到彼，從長商議。亦請照驗。

天會四年三月日。

與南宋書為太原府不伏交割

三月十七日，大金骨魯你移賚勃極列左副元帥謹致書於大宋皇帝闕下：近准簽書樞密院事路允迪賫書前來，稱「河北路軍前講和了當，議定割太原、中山、河間三府，允迪

【四】元帥府與宋三省樞密院牒　「牒」上原衍「事」字，據四庫本刪。

奉差交割太原府界至」。今月初四日，重兵將回，以道路隘窄住滯，計會允迪、宋彦通、滕茂實同當府差下官員先赴太原交割施行。今月十七日，師次南關。比有路允迪使臣談某、何偉來到軍前，稱太原府今來所降詔書與先奉指揮不同，不肯出迎詔書，不伏交割。申議合交界至，未見了絶，難便退師。見於太原府并左右州縣逐有草料屯駐，幸無疑惑。律正暄和，願膺多福。今因人使請，奉書陳達，不宣。謹白。

元帥府再與宋三省樞密院牒

大金元帥府牒大宋三省樞密院：當府會驗，自重兵進攻，招下太原府已南軍府縣鎮，差下官員管勾撫定之後，准大宋皇帝遣簽書樞密院事路允迪賫書，前次報與河北路軍前講和，議定割太原、中山、河間三府，已載誓書。却爲前件州軍不在來書，除申奏外，一面回書大宋，報逐處差下官員，依舊管勾其事，説諭報和使郝刺史，非不委細。近日有隆德府路户曹田子儀【五】、工曹何企常等來到，告稱大宋人馬入府，拏了知府姚璠、通判郝伸，子儀等透身前來。又據威勝軍司録王孝悌稱，探知大宋人馬特來本軍收拏，以此走來。才待移文理會次，今年三月二十八日，遊騎來報，巡到團柏鎮南，不覺撞出南軍，環帶衣甲衝突，先放弓箭，不免迎戰，退敗。捉得軍人一名，問稱隆德府官員已經拏下前來到南關駐劄者，須至公文牒。勘會太原府雖承國書交割，其府稱有所奉指揮，不伏交割。兼前件

【五】近日有隆德府路户曹田子儀　「子」下原衍「正」字，據四庫本删。

軍府又是官軍所到攻略下處所，并係申奏，該在回書，未經了絶，今來如何便縱軍兵强拏留下管勾官員及前來屯駐？似屬變渝誓約。況當府重兵，本爲分畫之事不肯了絶，久駐此地，所藉草料，須因土民。洎縱人民般取，其中多有無知之人，拒抗不服，以至軍兵忿争。又知諸處救軍前來，不免遣軍體探，致有累各路居民，相驚作過。凡此等并關引惹生事，及關分畫之事早不了絶，致有如此。若不移文會理，實慮不見分白。事須牒大宋三省樞密院，到請照驗。前件州軍，并係已具申奏書報【六】，見今分畫未見，如何輒縱軍兵收拏留下官員及前來屯駐？早具端的公文回示，故牒。

天會四年四月日。

宋主回書 係因使副蕭仲恭、趙倫回，并附黄絹書【七】

四月七日，大宋皇帝致書於大金國相元帥：重尋盟好，當修往問之儀；申遣使華，來示交歡之意。允懷信義，良用嘆嘉。方此清和，勉綏福祉。白。

黄絹間牒結構書【八】

大宋皇帝致書於左金吾衛上將軍元帥右都監耶律太師：昔我烈祖章聖皇帝與大遼結好澶淵，敦信修睦，百有餘年。邊境宴然，蒼生蒙福，義同一家，靡有兵革鬭争之事。通

【六】前件州軍并係已具申奏書報　「前」原作「并」，據四庫本改。

【七】本篇有題無文，據四庫本、《墨海金壺》本、錢遵王鈔本補。

【八】本篇有文無題，原接於前《宋主回書》篇目下，據四庫本、《墨海金壺》本、錢遵王鈔本補。

和之久，振古所無。金人不道，稱兵朔方。拘縻天祚，翦滅其國。在於中國，誓和之舊，義當興師，以拯顛危。而姦臣童貫等違國擅命，沮遏信使，結納仇讎，購以金繒，分據燕土。金匱之約，藏在廟祧，委棄不遵，人神恫怨。致金人强暴，敢肆陸梁，俶擾邊境，達於都畿，則惟此之故。道君太上皇帝深悼前非，因成内禪。肆朕初即大位，惟懷永圖。念烈祖之遺德，思大遼之舊好，輟食興嘆，無時暫忘。凡前日大臣之誤國構禍者，皆已竄誅，思欲興亡繼絶，親仁善鄰，以爲兩國無窮之福。此志既定，未有以達。而使人蕭仲恭、趙倫之來，能道遼國與燕雲之遺民不忘耶律氏之德，冀假中國詔令，擁立耆哲。衆望所屬，宜乎國人，無如金吾都監太師者。適諧至意，良用忻懌。嘗聞金吾都監太師前爲遼國將兵，數有大功，謀立晉王，實爲大遼宗社之計。不幸事不克就，避禍去國。向使前日之謀行，晉王有國，則天祚安享榮養，耶律氏不亡。然則於天祚不害其爲忠，而於耶律氏之計，則至忠矣。宗室之英，天人所相，是宜繼有遼國，克紹前休，以慰遺民之思。方今總兵於外，且有西南招討太師同姓之助，雲中留守尚書願忠之佐，一德同心，足以共成大事。以中國之勢，竭力擁衛，何有不成？謀事貴斷，時不可失，惟太師圖之。書不盡言，已令蕭仲恭【九】、趙倫面道委曲。天時蒸溽，更冀保綏。白。

靖康元年四月日。

【九】已令蕭仲恭　「令」原作「今」，據四庫本、《墨海金壺》本、錢遵王鈔本改。

宋主再乞免割三鎮書

靖康元年六月九日，大宋皇帝致書於大金國相元帥：本朝講鄰國之懽，累年於兹矣。歲時之聘，金繒之奉，所以結好於無窮者，禮未嘗有闕，而日加於前。謂宜共保懽盟，萬世永賴。比因邊方邀功生事，遂致傳疑，連兵構禍，冞入郊甸。深惟厲階，生自叛將，而首開邊釁者，乃異時主兵之臣。原其誤國之罪，不可勝誅，既正典刑，以謝天下矣。皇子郎君尋承通好，以致退師。固常遣使申諭三鎮，及戒所過不得邀遏回兵。而三鎮之民，以死固拒，且復懷戀，堅守不下。大朝雖欲令之，固不能使之必從。再念邊釁之啓，在於往年之姦臣；而兹用兵之端，不自本朝之今日。兩國之人，披堅執鋭，皆以忠孝，各爲其主。乃使暴露原野，肝膽塗地，恐非上天好生之德，亦非彼此愛民之意。是以復遣使介，請以三鎮租税納充歲幣。其燕雲舊地，則不敢有愛。用使南北之民，各得其宜，上合天德，下當人意。永享長久之安利，固亦仁明之用心。深惟忻代之師，專從統帥，想於議和之事，或未詳知，重使來師，淹留吾地。兹因聞命，專使詳告本末。想惟聰亮，亦所樂聞。有少禮物，具如别幅。

别幅

真珠蹙結束帶一條

左副元帥回書

七月二十三日，大金骨盧你移賚勃極烈左副元帥謹致書於大宋皇帝闕下：適因專介，祇受緘封。既蒙示其忱悰，疊承遺以聘幣。禮宜復辨，乃具敝章。謹按今年正月十五日誓書，「分畫太原、中山、河間一帶，比至立了疆界，屯兵以來，於内別有變亂，當朝應管擒制交送」者。今雖未服，向所言出於至誠，則縱此不服【一〇】，亦宜自制，副於前言，以示篤和。反云「戒所過不得邀遏回兵」。當府故謂若不蒙戒嚴，則想皇姪之師未克易退乎！況竊三府以死力抗，而云「非自本朝之今日」，失言如此，誠意安在！燕雲之地，係皇姪已言之事，何由再舉？又來書「再念邊釁之啓，在往年之姦臣」，今復不守約，累遣兵衆寇援太原，目下又聞人馬前來，徒使愚民遭罹孥戮，此實可愍，繫自於誰？的非仁明之用心也！若長懷此志，果爲後悔。當府已具細申奏，取候指揮次，伏惟照察。律啓微涼，佇膺多福。今因閤門宣贊舍人張亢等回，謹奉書陳謝以聞。謹白。

兩路元帥府差官問罪書

先爲遣使人蕭仲恭、趙倫報復割三鎮，回授黄絹書，及三省印御寶分印結構間諜之事，至是告發

天會四年八月十四日，大金骨盧你移賚勃極烈左副元帥、皇子右副元帥，同致書於大

【一〇】則縱此不服　「服」原作「報」，據四庫本、錢遵王鈔本改。

宋皇帝闕下：頃因起釁，以至連兵。曲直所歸，彼此自見。思得尋盟之計，用申割地之言。厥後事固稽留，約復渝變。況上皇之鑒未遠，抑亡遼之戒在前。誠思再造之恩，可忽輕忘之意【一二】。將久保有成之信，盍早畫元議之疆？曾自爲辭，管行制送。今則反假土民之固守，更張軍勢以解圍。茲事難圖，昔言安在？乃者差蕭仲恭、趙倫等賫書報復，回日輒授間諜之語，陰傳結構之文。敢蹈前非，又在今日。爲此申過朝廷，奉到宣命：「據茲釁惡，更踰上皇。仰就便差官問罪，從長相度施行。」今差保靜軍節度使楊天吉、昭德軍節度使王汭充問罪使副前去。若深悔前非，請速令皇叔越王、皇弟鄆王、太少宰一員同詣行府，賫書陳謝過咎。仍據元割三府，即行戒諭，并令開門，以待撫定。苟不能此，的示所圖。白。

書外聞達事件

一、昨據當府領兵至高平縣，有元差去人使王介儒、撒離母，與差來宋彥通、郝抃等同報講和，備領旨意。續次路允迪至，既言交割太原府，請先去計會本府官員開門。仍遣郝抃復報，依准施行。去時尋差附奏：「竊以太上皇承先皇帝之恩，言不盡意。後因棄德，結絕信使。事至於今，蓋邊臣與執政通連邀功所致。」具此奏聞去來。

一、據前項報和使副此時備言：「上皇自省前非，傳付今上。應有誤國姦臣，并已

【一二】可忽輕忘之意　「忽」原作「稔」，據錢遵王鈔本改。

貶竄，顯是至誠。」看詳和事，未審能保。願以永敦大信，是爲長計。亦委具此附奏去來。

一、遣郝抃回，領兵至太原府，見依舊堅守。尋問路允迪如何不行交割，却稱：「回到本府文字，言交割朝命在先，所奉堅守朝命是後，致難開門。」兼姦細人等處獲得真定府劉鞈蠟書云：「李綱密奉聖旨，委令堅守，隨宜措置。」當府爲數處議同。及路允迪告乞申覆朝廷，諭允迪以上皇自省前非，已經禪位，今次決無再有渝盟，定是姦臣依前邀功所致。若欲申禀，請就便施行。由此路允迪曾經奏審，日後更無來耗。此上量摘軍馬，屯駐圍守，本軍還赴西京。前次太原府都統所申：「宋兵數路屢來援府，足稔先發釁端。事不得已，遣兵迎敵，并皆掃滅。」又於七月遣到張亢計議三府，續發大兵，節次前來，亦戰殺殆盡。看詳來意，全是隱誤敵情，潛蓄毒惡，欲解重圍，非是誠實。與當府預測詐和，先於郝抃處所言并同。

一、當府切念昨以上皇禪位，蓋撫邊帥臣誤國；今即屢發大兵來援太原府，亦是姦臣所造。深慮蔽蒙，前後敗亡諸路軍兵，巧誕奏聞，不使上知。

一、貴朝若欲復尋舊好，慮以止圖益己，或不從本朝所欲，決難休和。因何舉此？若許貴朝謀，便終歲連兵，又似今日。願不聽納姦臣，乞以至誠修睦，勿虚示甘言，包藏異心。非惟貴朝利便，兩朝各有益，國計決千萬年。

一、若欲准前休和，乞依差去使副所賫書内事意施行。除書事目外，攻下太原，續有聞達事理。

一、當府依准所奉聖旨，委差楊天吉、王汭等充問罪使副，元限行府，比到太原府，却管回來。洎到太原，其人等猶未過界，稱早已牒取接伴去訖。當府看詳，應是爲已密令堅守，猶有謀圖，復故止人使，不早過界。緣太原已是割屬本朝，理當存惜，却爲終不從順，於九月三日因怒縱軍攻取，晝時便下。闔城大小職官軍民，并依軍法施行訖。外張孝純并男浹二人，爲是故違再結懽好，爲首柄定府人不令依准交割，殘損了太原府路生靈無數，其罪并在前人父子。合要張孝純在南骨肉，以此留在軍前。唯守候家屬，乞賜發遣。更慮姦臣奏言：「張孝純是爲國盡節忠臣，不可分付。」儻或聽納，終難杜絶渝盟，必難休和。若是依准發遣，今後奸臣無敢再犯。須是事出至誠，使鄰國可以信重。

宋遣和議國信使副書

九月日，姪大宋皇帝桓謹致書於伯大金皇帝闕下：昨因告發，知有絹書，姦人作僞，何所不至！若兩國通和，貼然無事，則無隙可乘，姦臣不利。緣此構造，意在離間，頃者按治，已正典刑。諒惟聖明【一二】，特加洞照。遣王雲去，面道其詳。

【一二】諒惟聖明　「明」原作「朝」，據四庫本改。

王雲呈覆

雲等奉本朝皇帝口宣：「自今春大兵至城下，荷大金皇帝許再結懽盟，皇子郎君成此恩惠。社稷再安，生民休息。但本朝大臣有懷姦之人，致信義有虧，今盡行竄逐。專遣使三番陳謝。」有下項事，令雲等告求皇子郎君：「三鎮有本朝太宗皇帝行宮、祖先陵寢在内，及諸州民情愚迷顧戀，若行討伐，百萬生靈性命可憫。欲以税租折爲銀絹三十萬，代割三鎮。通舊來歲幣銀絹五十萬，每年共計八十萬。又犒賞金銀，初承示及大數，當時大臣不契勘的實回報。尋以庫藏所有及宗廟器物，又搜索民間，只得已納之數。已荷皇子郎君矜察，量減金銀表段，及許以珠玉寶器等充折，大臣又不曾開具所折之數。後來取於外郡，亦以自前姦臣用事，費耗略盡。今罄竭府庫應副犒軍之用，恐必不能如數，實出窘匱。若不披露，又恐食言。曉夕念慮，惟皇子郎君仁明，裁恕減免。其歸朝官昨已指揮發遣，亦緣姦臣奉行稽滯，今令所在隨遠近津遣前去。」自大聖皇帝通好結盟，中間本朝姦臣誤國【一三】，致煩用兵來城下，荷皇子郎君傳大金皇帝宣命，許酌中講和。今增歲幣銀絹，代割三鎮，減免犒軍物數，則恩惠深厚，珠玉幣帛，不足以昭致謝之意。兼此日皇子郎君曾舉言下項禮數：今惟大金皇帝開境數萬里，撫有諸國，欲以皇帝車輅、衮冕等物爲謝，及令使人附宰臣等表，奉册寶，增上尊號，仍令三鎮之人，遇大金皇帝生辰，齋僧十萬

【一三】中間本朝姦臣誤國　「間」原作「問」，據四庫本、《墨海金壺》本、錢遵王鈔本改。

人祝延聖壽。已上物儀，候得皇子郎君允許增歲幣代割三鎮，及減免犒軍物數書，即專遣使賫詣大金皇帝闕下。右謹具呈，伏望皇子郎君體諒本朝皇帝遣使三番，告求和議，免割三鎮等事，特賜垂允，大軍早回，恕貸真定等處生靈之命。乞令雲等先回奏，伏候令旨。

靖康元年九月日呈覆。和議國信副使武翼大夫馬識遠，和議國信使大中大夫試禮部尚書王雲。

宋再遣使乞免割三鎮增歲幣書

靖康元年七月日，大宋皇帝致書大金國相元帥：比因專使，嘗已布書，具載悃誠，想加通亮。但以三鎮之民，懷土顧戀，以死堅守，雖令不從，遂致宿師引日已久。重惟兵馬各爲其主，困於暴露，深可憫傷。是用欲以三鎮税租，納充歲幣。既不失通和之議，抑亦爲長久之圖。諒惟仁明，必能矜察。已遣使大金皇帝及皇子郎君，今再命單車，復陳本末，願加聰亮。有少禮物，具諸別幅。秋暑尚煩，更希保護。白。

左副元帥回書

天會四年九月十六日，大金骨盧你移賫勃極烈左副元帥致書於大宋皇帝闕下：謹按來書，「已别遣使大金皇帝」者。竊見大朝凡有事繫於聞上者，臣子之分，不得輒自施行。但不知貴朝體例如何。然其赴闕人使具申奏，取候指揮，蓋不敢擅爲接引。外三鎮堅守事，粗知仔細。今來却稱「三鎮之民，懷土顧戀，以死固守，雖令不從」，誠意安在？若欲以稅充歲幣，肯於從初議約交割？已立嚴誓。嚴誓纔立，今又別議，想其用意，徒然以僞計苟望歸復，終不克遂，傾斃土民。觀其太原誤於前謀，堅壁不降，盡遭屠戮。此之事節，猶未理辨。況先准已降聖旨，遣使問罪去訖。所望諸事，并依去書意分白垂報。仍自今後，似此無信事理，幸無遣使，虛勞往復。律正極凉，佇膺多福。今因太原少卿陳之詳等回，專奉書陳謝以聞。

宋復遣使告免割三鎮書

靖康元年七月日，大宋皇帝致書大金國相元帥：間常遣使，咸得及疆，往布斯誠，諒惟深察。情義既接，和好斯通。初兩軍元帥許割地而盟，聞大金皇帝有「酌中」之語，因知令德，信是寶鄰。既而太原士民，嬰城固守，雖遣大臣特詔，戀土終深。遂致攻圍之師，不免暴露於野。守臣求救，既以忠孝爲言，將士請行，欲展急難之義。雖非元約，乃亦常情。事須改圖，可令永久。願以賦租之入，增爲歲幣之常。還守舊疆，別爲信誓。盡除疑梗，幸不置於胸中；雖有長短，冀亦忘於度外。如其聞可，將見平寧。博易交通，不乏四方之貨；耕耘自若，遂安兩境之民。可保千年，定如一日。上符天道，下順人心。竊計高情，實同至願。有少禮物，具如別幅。今差秘書少監李若水。

別幅

金廂正透犀帶一條　玉酒器五件

琉璃器一十五件　瑪瑙器一十五件

玳瑁器一十五件　珊瑚七枝内二枝

沉香五十兩

右謹專獻上國相元帥，請檢留。白。

回南宋書

天會四年十月二十日，大金骨魯你移賚勃極烈左副元帥致書於大宋皇帝闕下：會驗今年正月十五日誓書，「三鎮比至立了疆界，屯兵已前，於内若有變亂處所，當朝自當應管擒制交送」者。今承來書，「守臣求救，既以忠孝爲言；將士請行，欲展急難之義」，則上所立嚴誓，大宋皇帝自爲渝變。而王雲等至皇子右副元帥軍前所呈事目，稱「奉本朝皇帝口宣，本朝大臣有懷姦之人，致信義有虧」。由此而言，則罪歸於臣下也。豈其事中異端，若此之多！因未知所言孰是可取。來書云「願以稅租之入，增爲歲幣之常」者，且以三鎮之土地人民既割爲我有，其所出租稅必竟何歸？此雖不敏，亦望粗曉，況聰明者乎！又王雲事目：「今罄竭府庫應副犒軍之用，恐不能如數，實出窘匱。」以此詳味，特謂敝府惟貪犒軍之用。且官兵之所以舉者，蓋行弔伐之義也。尚所見如彼，是知貴朝之不知罪己，而惑之甚也。此中事理，早遣人使入國問罪，日月淹久，猶不回程。幸望高懷，從其弊幅。微寒屆候，善保多福。今因秘書少監李若水等回，專奉書陳謝。

宋宣撫判官書

九月十五日，朝議大夫充徽猷閣待制樞密院都承旨河北河東路宣撫判官折彥質，謹遣修武郎吳革、修武郎李鋭，致書於大金元帥國相閣下：彥質聞和久而不能信，則必戰；戰久而不息，則必復和。自古簡冊所載多矣，不特今也。自頃兵連而不解，三軍暴骨，已歷三時。此亦上穹悔禍，兩國結好息民之時也。恭惟主上皇帝，恭儉愛人，出於天性；視民如傷，無此疆彼界之異。二邊構兵，非其本心。凡近日將相大臣弗克欽承，與夫謀國不臧，爲天下生事者，皆已黜之遠方，永不復用。彥質亦新命來典兵戎之寄。陛辭之日，仰承聖旨：深念生靈蹈兹塗炭，至勞寤寐惻怛之訓，叮寧切至，皇天后土，實鑒臨之。比遣信使三輩王雲等躬詣大金皇帝闕下，遣楊節度使及燕雲中軍前，且道永結歡盟之好。計其道里，當已有達乎國都者。又會闕下遣楊節度使至威勝軍前，邊吏以聞，此固以契主上皇帝聖心之所憫矣。已聞臨遣官僚，往迓信使，又飭邊吏，日俟動息。其誠意端慤，亦可見矣。彦質以不材謬當斯任，竊料天地鬼神已有休息生靈之意，故兩國皇帝各形至誠惻怛之心，棄捐細故，永保大和。斯民大會，可勝言哉！彦質與閣下俱在疆埸，儻各能體國，願戒守兵之官，按兵不動，勿相侵擾，以俟盟誓之必成，和好之永結。則北方軍民，又免鋒鏑之禍，流離之苦，其受閣下陰德大賜，豈有窮已！伏想仁明，必能垂聽，洞然而不疑也。秋氣已凉，伏冀善護寢餗，以介福履。謹奉狀布執事，不宣。

宋謝過書

靖康元年九月二十八日，大宋皇帝致書大金國相元帥：近者李若水去，想已伏謁麾下。奉書以道其略，遣使以陳其詳，諒惟英明，特加周察。昔在潛邸，講學惟勤，其於政事，一不與聞。忽蒙内禪，驟攬萬機。適當多事之搶攘，未嘗諳練；不免大臣之獻納，悉以聽從。無何姦邪，輒生詿誤。逮言章之交擊，方悔悟於前非。隨加竄流，使瀕於死。然亦晚矣，追之何及！唯國相元帥器度宏遠，智略沉雄，他邦之人，莫不欽重。回賜薦至，情義藹然，感憮之私，言不能既。或聞統聚入至真定。嘗遣請和之使，往詣闕庭；當蒙從欲之仁，各安疆埸。幸收兵而静謐，必俟命於斯須。頃被初恩，更祈終惠。克符願望，豈勝感銘！

别幅

本朝和議使鄧紹密回日，皇子郎君令館伴蕭賓導意，欲得白花蛇。除已附一合送皇子郎君外，恐國相元帥亦欲得之，以一合附送。

酒五十瓶　果子四合　茶一合
風藥一合　白花蛇一合

右請檢留。白。

宋宣撫司牒

大宋宣撫使司牒大金國軍前：契勘日近准朝旨，已與大金國議和，約束諸道不令進兵。及於九月中旬，大金國所遣和使赴闕去訖。今又據河北路開報稱，所有大金國人兵，昨曾在真定府等處，日近并各未聞抽回。詳此，兩朝信約，固以堅明；兼不住承准朝旨，惟務約束，不得生事。日近據汾州、平陽府等處申報，各有大金國人馬抄略，致人户驚擾不安。緣此深恐有害和議，須至移牒者。右牒專差人賫牒前去，請詳此速行約束彼處人馬，務在戢斂，各守信約，無致抄略驚擾，致有害兩國講和大議。謹牒。

靖康元年十月三日牒。

朝議大夫充徽猷閣待制樞密院都承旨河北河東宣撫判官折。

資政殿學士銀青光禄大夫河北河東路安撫副使劉。

太尉鎮洮軍節度使同知樞密院河北河東路宣撫使种。

都部署司回牒

大金山西兵馬都部署司牒宋宣撫司：准來文云云，須議回文。契勘近奉元帥府露布：「左副元帥報，今月十五日，占真定府先鋒軍都統申，汾州不伏招誘，今月八日攻下。當司想其真定必不願歸，益以大軍攻下，一同汾州。」況近日元帥府已遣使往貴國問罪，雖知前去，至今尚未回來，是致大軍未聞抽回。今承來牒，既與議和，應是貴國自以渝變前盟爲罪，添割土地請和，交過本朝，遂致開門引納重兵，撫馴了當。則其餘應合本府占守州軍縣鎮寨關隘【一四】，亦宜逐旋交割，接納王師【一五】，益協所請議和，得息生靈。不然，則不止有傷朝廷合撫人民，亦恐貴國不獲安便，自兹愈深。事須回牒大宋國宣撫司，到請照驗施行。

天會四年十月日牒。

宋宣撫判官書此書不答，以其僭越無謂，不足與論故也

十月十日，朝議大夫充徽猷閣待制樞密院都承旨河北河東路宣撫判官折彦質，謹遣

【一四】則其餘應合本府占守州軍縣鎮寨關隘　「占」原作「古」，據四庫本、《墨海金壺》本、錢遵王鈔本改。

【一五】接納王師　「接」原作「按」，據四庫本、錢遵王鈔本改。

修武郎劉寶，致書於大金元帥國相閤下：彦質聞古者交兵，使在其間，此言小忿不廢大信也。今兩朝構難，逾三時矣。而信使載馳，禮聘交修，則知王者舉事，信義爲本，非若尋常貪土地、矜殺伐之流可比方也。故日者輒以尺牘，具言本朝叮寧懇惻之旨。竊意上天悔禍，欲令兩朝皇帝捐細故、保太和，其旨甚明。僕，仁人也。既乏蘇秦、犀首之辨口，以更移從約；又無燕丹、齊慶之誠心，以感動物象【一六】。徒以區區之志，猥瑣之論，側聽逾旬，無所發明。懷不能已，復進狂瞽。夫好生者，帝王之大德也；體國者，人臣之至分也。故上有不忍之仁，則下行愛民之政；上有不貪之惠，則下盡無求之節。況於居輔相弼諧之任，當疆埸爪牙之寄，不肆欲以窮取，惟内恕而及物。此固賢達明智、挺立古今之表者，固閤下胸中素定，而兩地之人所望於閤下者也。僕於平昔，竊欽高義。幸得備綏靖之職，居顧盼之地，望旌旗而係心，聞金鼓而增氣。今信使入朝，話言方洽；惟須遠圖，以答天意。幕府所以日夜警勵，切戒吏兵，帖焉自戢，義不當以又使北向而關弓者也。今游騎騣騣，時獵於近郊；細民無辜，或困於劫執。徬徉乎雞肋之獲，而忽眇乎邱山之重。竊仰閤下之謀猷，義不出此。意者偏裨未達兩朝之大計也。伏惟閤下以高世之才，居特尊之位，舒慘歸其嚬笑，安危係於静作。號令所留，草木慺然，亦何惜隻使一箭之令，使兩地生靈得以泰然，歌詠閤下之功德無窮【一七】，而報施不匱者也。僕雖不才，願附羊陸之義，惟閤下裁之，不宣。彦質再拜。

【一六】以感動物象　「象」原作「蒙」，據《墨海金壺》本、錢遵王鈔本改。

【一七】歌詠閤下之功德無窮　「詠」原作「訂」，據四庫本、《墨海金壺》本、錢遵王鈔本改。

宋復遣陳謝請和使書係楊天吉等問罪回書

靖康元年十月日，大宋皇帝致書於大金國相元帥、皇子郎君：累常遣使，相繼奉書，今已淹時，想必聞鑒。意雖難盡，言亦頗周【一八】。儻爲繹思，必加孚察。大抵人誰無過，固貴自知。既克改於前非，當徐觀其後蹈。在昔東宫之日，但歷覽於群書；逮登寶位之初，乃乍臨於庶政。姑聽從於宰輔，不億度其姦欺。難掩臺評，尋加憲責。静言既往，雖悔何追！今者惠書，意皆切理。但三府乃祖宗之地，況本土有陵廟之存。當務安寧，乃經驚擾。興言及此，爲緒無聊。雖殫累百之詞，更致再三之懇。是望高明之德，易知愛孝之情。當愠而和，式見包容之量；既取而與，尤爲特達之恩。厚有被蒙，終期報稱。初冬尚寒，更希保護。大宋陳謝請和使、朝信郎試尚書吏部侍郎、武功縣開國子、食邑五百户、賜紫金魚袋王及之等。

別幅

青絲綾五十疋　紅錦五十疋
鹿胎五十疋　合錦五十疋
藥一合　龍腦二百兩
荔枝一千顆　生薑五十觔

【一八】言亦頗周　「周」下原衍「詳」字，據四庫本删。

乳塘獅子一百顆　　橙子五十對
汾州蒲桃五十斛　　小龍團茶一十斛
大龍團茶一十斛　　夸子正焙茶一十斛

右謹專獻上國相元帥，伏惟令慈，俯賜容納。謹具狀申聞。謹狀。

回答書外事件

一、諭及「上皇自省前非，傳付今上，應有誤國姦臣，并令貶竄」。勘會議和文字，別有貶竄，此亦誠如來諭。蓋緣初膺傳國，姦邪未見，刑誅之事，難以遽加。然亦不久漸逐，不令在內。今則或竄或誅，既已久矣。後以不明，繼用吴敏、李綱。吴敏則爲少宰，李綱則知樞密，皆居要地，親執政柄【一九】。不知元乃蔡京、蔡攸之黨，陰相交結，欲報蔡氏之恩，希冀復用。其所妄作，一體蔡氏，其所稱「密奉聖旨」，皆其專輒所爲。承差信使，面出帛書半印，見之悚然，豈不慚負！此吴敏、李綱相協爲之，初不加察，爲所詿誤。昨因言章交攻，因先遣李綱在外爲宣撫使，雖是總兵，其實不令在朝。然吴敏猶爲少宰，中外相應，爲姦不已。自古將臣總兵，不從中制，故得自閫以外，將軍制之。所以李綱在外，擅自發兵。若論誤國之罪，可擢二人之髮。今則吴敏、李綱皆已竄逐遐裔。

一、見諭「願不聽納姦臣，至誠修睦」。此乃善言見誨，德意甚美，豈勝感服！大

【一九】親執政柄　「政」原作「攻」，據四庫本、《墨海金壺》本、錢遵王鈔本改。

抵天道昭然，咫尺可畏，况爲人主，臨御萬民，一言一語，何可不思？既許講和，願觀其後。

一、天下之情，遠近皆一，睽間則疑生，和會則疑釋。兩朝構兵，初因睽間，雖有使人去來，書辭往返，然言不盡意，未免生疑。惟在聰明，深加孚察。

一、承差信使人未至，本朝聞先遣二人持牒威勝軍界。威勝軍小處，不敢便申朝廷，先申宣撫使。是時宣撫李綱身在懷州，見牒有問罪之名，知罪在己，畏懼朝廷必治其罪，於是巧説遷延，不以聞達。其後威勝軍奏到，即便時發遣接伴，在河陽等候多日，不聞來耗。朝廷再三催促，方知軍前信使入界。古者交兵，使在其間。若非李綱挾情，豈有稽留之理？

一、發遣張孝純家屬。垂情講好，蓋亦憐無罪之民；爲首就誅，宜可緩也。已孤之旅，使悲號而載路，宜慈惠之動懷。彼微類何足以除，况威聲已著於遠。聰明幸察，旨意無他。

一、亡遼人有未發遣。契勘亡遼人在此，遠近有之。其有官人，皆是額外添差，并不令管勾職事。無補州縣，徒費禄廩。自欲發遣，非所占吝。向者發遣，正在擾攘之際，寇盜縱横，塗路艱澀【二〇】，多遭攘奪，以被殘害，致老幼失所，深可憫憐。一等生靈，更無彼此。只候通和既定，兩境帖然，即資給逐人，安穩發遣。

【二〇】塗路艱澀　「艱」原作「姦」，據錢遵王鈔本改。

卷三

元帥府書以黄河爲界

大金骨盧你移賚勃極烈左副元帥致書於大宋皇帝闕下：近日恭依宣旨，遣使問罪。來意雖以委任不當爲辭，然未肯服罪，致令重兵河北、河東兩路齊進。所經州縣軍府，服者撫之，拒者攻之。今月初六日已到澤州界，不往前進。及所遣先鋒，今月十四日過黄河。不施船栰【一】，不由渡口，直涉洪水，諒亦洞悉。載惟大宋屢變盟言，若不以黄河爲界，終不能久。故今議定河北、河東兩路先行收撫。其中或有來自河外者，不拘甚處人民，并許放回。所有見在職官兵卒，并合一例存撫。然念拋鄉之人，亦議定與河外見在兩路未下州府官員兵人，并許放回。請差近上官員前來交割引出，俾見家小。仍服罪訖，一面先具凡所聽命不違國書回示。如或不見依從，稍爲遷延，將恐別招悔咎。律正凝寒，善祈多福。今差保静軍節度使楊天吉、昭德軍節度使王汭、孛堇撒離母前去，奉書陳達，不宣。

校勘記

【一】不施船栰　「不」上原衍「河」字，據四庫本、《墨海金壺》本、錢遵王鈔本刪。

李若水狀

大宋河東大金軍前告和副使、徽猷閣學士、朝奉郎、隴西縣開國男、食邑三百户、賜紫金魚袋李若水，准敕再差充河東大金軍前告和副使，與告和使知樞密院事馮澥同行。今月十五日起程，賫奉本國皇帝交割三鎮國書、曉諭三鎮敕榜及詔路允迪、張邦昌依元約施行文字。竊恐遲滯，若水已兼程先來，差使臣王深、尹宣、蔡松及邱吉、吕青前去軍前報信。伏望令慈，特賜照會施行。

靖康元年十一月日狀。

大宋河東大金軍前告和參議、武翼大夫、武功縣開國男、食邑三百户王履。

大宋河東大金軍前告和副使、徽猷閣學士、朝奉郎、隴西縣開國男、食邑三百户、賜紫金魚袋李若水。

馮澥狀

大宋告和河東大金軍前國信使、中大夫、知樞密院事、安西縣開國子、食邑四百户、賜紫金魚袋馮澥。右澥祇承朝命，恭造行臺，輒犯威顔，冀尋信誓。赦既往之不咎，許惟新之是圖。二境兵戈，庶有息肩之漸；兩朝懽好，寧無握手之期。冒昧而來，匍匐以請。澥年當衰邁，位忝樞機。得罪先朝，幾死凶邪之手；受知今聖，誤叨將相之權。常懷欲報之心，遂備告和之役。趨瞻在邇，喜懼交深。謹具狀申大金國相元帥，伏候令旨。

靖康元年十一月日。

大宋告和河東大金軍前國信使、中大夫、知樞密院事、安西縣開國子、食邑四百户、賜紫金魚袋馮澥狀。

宋主書告和，願割三鎮

靖康元年十一月日，大宋皇帝致書大金國相元帥：專馳使介，遠布悃誠。今春大軍俯臨郊甸，尋以上皇傳位之意，引過請和。承大金皇子元帥奉伯大金皇帝「酌中」之命，特修舊好；尋報知大金國相元帥，并令班師。信義之重，比堅金石。於是宗廟再安，生民賴慶，乃割三鎮，以謝德惠。既而諸州民情愚執，群臣議論二三，往復告求，致淹時月。蓋緣寡昧，失不詳思。誓約之明，豈敢輒易？果煩大軍，來詰兹事，中外震動，不遑寧居。禮既有虧，追悔何及！過而能改，請踐斯言。其三鎮之地，今并依正月所立誓書交割施行。惟冀兩路大軍早回，使趙氏二百年社稷永寧，億萬生靈全其性命。仁恩之大，山海難喻。自此傾誠，萬世不易。上天實臨，百神在列，何敢背違，自取殃禍？今遣知樞密院事馮澥、徽猷閣學士李若水，充告和使副。緬惟英哲，必爲矜從。寒律方嚴，倍加珍攝。白。

事目

一、今來交割三鎮，并依今年正月誓書，已詔路允迪依應施行。其交地官就差滕茂實。

一、交割三鎮，慮人民堅守，已出敕榜告諭開門。其帥臣守令以下官吏兵民及其家屬財物，并客旅、道、僧，隨行物色，凡係内地人，依今奉貴朝曉諭發回。更煩詳諭所委官員，如數放行。

一、交割三鎮，諭令開門，若甲兵稍近，即人生疑懼，莫敢便出。須煩令旨移兵近北稍遠，止令貴朝官員好語説諭，即一方安心。兼若擁併而出，顛沛於路，無不受弊。幸不催促，令其收拾，和欵而歸。將來發遣北地官民，敢不如是。

一、北地官民，已委隨處提刑責知，通令佐隨近次第，盡數發遣。仍給盤纏，差人防護，至界交割。

一、犒設兩軍金銀。初，大軍到城下，庫藏所積，既已罄竭，遂取宗廟祭器及宫中所用應干器物，又搜索民間，雖釵釧之類，亦已鋌銷。至如宰相及百官所繫金帶，并括取不遺，然止得昨來已送之數。後來取於遠方州軍，亦是日前耗費略盡。今盡底搜索，止有金二萬五千兩，銀三十萬兩，見續次發遣。自知微細，不足犒設大軍。諒惟特加矜察，貸免所欠【二】，不勝慙怍。

宋主書

靖康元年十一月二十二日，大宋皇帝致書大金國相元帥：昨自太上皇航海遣使【三】，請求舊地，特承大聖皇帝異恩，委割燕雲兩路。猶爲不足，手詔平山張覺，招納叛亡，由此遂致興師。今春河北路皇子郎君兵馬先至城下，太上皇自省前非，尋行禪位。遣執政以下屢告：爲有再造之恩，割以三鎮酬謝。又蒙國相元帥雖已撫定威勝、隆德、汾澤、高平等處，爲念大義已定，秋毫不犯，亦便班師，止以太原爲界。續承使人蕭仲恭、趙倫等至，報諭恩義。被姦臣邀功，復便聽從，依前附使間諜大金功臣；及舉國動兵以援太原，詔所割州府，堅守不從。及承問罪，不勝惶恐。今蒙惠書，兼來使保静軍節度使楊天吉、昭德軍節度使王汭、孛堇撒離母，疏問過惡，皆有事實。每進一語，愧仄愈增。今日之咎，自知甚明。今准割黄河爲界，貴圖兩朝安便。所有蔡京身亡，王黼、童貫已誅，馬擴不知所在，吴敏涪州安置，李綱夔州安置，張孝純先知太平府，詹度河南安置，陳遘見知中山。其中有係在遠不知去處，便當根逐，一依來命。今遣門下侍郎耿南仲、同知樞密院事聶昌，賫送詔命，令黄河東北兩路州府軍縣人民悉歸大金。仍依來示，一一專聽從命，不敢依前有違已立信書。今乞早爲班師，以安社稷，至願至懇。白。

【二】貸免所欠　「欠」原作「次」，據四庫本、錢遵王鈔本改。

【三】昨自太上皇航海遣使　「自」原作「目」，據四庫本、《墨海金壺》本、錢遵王鈔本改。

今具下項：

蔡京責授節度副使，昌化軍安置。已死。

童貫責授節度副使，吉陽軍安置。已誅。

王黼責授節度副使，衛州安置。已誅。

李綱責授節度副使，夔州安置。

吴敏責授節度副使，涪州安置。

馬擴昨任真定州路廉訪使，今不知存亡。

詹度河南安置。

陳遘見在中山。

張孝純家屬聞在徐州或南京。

河北、河東兩路州府軍縣人民：河東，聶昌前去交割；河北，耿南仲前去交割。

聶昌説諭河東士民

昌啓：守土之臣，自合遵奉朝命。今守則守，令棄則棄。今既有敕書令割與大金，何必區區堅守？即今若堅守，則必招大兵攻打殘破。應河南官員軍人、百姓商旅，既不得南還，而土人又不免屠戮之禍，何可遂復舊業耶！况於京城危迫如此，方藉交割以退師，儻若稽緩，豈不誤國大事？今交割兩路，河北則差耿門下，河東則親賫詔書。朝廷危迫之意可知矣。昨者備坐聖旨約知，通以次出城面議。既不略至城外審驗是非，諭問端的，輒下矢石，引兵出戰，殆非體認朝廷危迫之意。昨晚又遣三輩賫敕書往，又復無報。不知公等意欲何爲！今交割，大帥亦不以城中拒守爲怪，但欲疾速交割，以了國家大事。開門之日，秋毫一無所犯，放官兵商旅南歸。皇天后土，實鑒臨之。幸早爲之所，無復疑慮。若稍遲遲，大兵一至，悔無及矣。昌舊名山，六月間賜今名，恐公等未知，故以奉聞。古者交兵，使在其間，蓋欲通彼此之情也。昨晚親詣城下，遣使臣賫劄子奉聞，輒下矢石；再遣三介賫敕書去，亦未見還。豈非爲所傷乎！雖他邦遣人，尚不可如此，況本朝皇帝遣一樞密親行，而所差去皆朝廷之人，不知輒固拒何也！請深思之，無貽禍。

宋主與河北河東敕

敕官吏軍民等：頃者有渝盟約，致大金興師。朕初嗣位，許割三鎮，以酬前恩。偶緣姦臣貽誤，三府不割；又間諜大金功臣，再致興師。使河北、河東之民，父子兄弟，暴骨原野。夙夜以思，罪在朕躬。念欲息生靈鋒鏑之禍，使斯民復見太平，莫若割地以求和，講兩國之好。是用黄河見今流行以北，河北、河東兩路郡邑人民，屬之大金。朕爲民父母，豈忍爲此，蓋不得已。民雖居大金，苟樂其生，猶吾民也，其勿懷顧戀之意。應黄河見今流行以北州府，并仰開門，歸於大金。其州府官員兵人，即依軍前來書，許令放回南地。速依今敕，勿復自疑。故兹示諭，想宜知悉。冬寒，汝等各比好否？遺意指不多及。敕付諸州軍下項：

一、河東路

岢嵐軍　隰州　保德軍

憲州　火山軍　忻州

遼州　太原府　汾州

懷州　寧化軍　平陽府

石州　平定州　絳州【四】

威勝軍　澤州　隆德府

代州

一、河北路

濬州　衛州　相州

磁州　洺州　邢州

趙州　真定府　中山府

永寧軍　深州　祁州

北平軍　河間府　莫州

安肅軍　順安軍　廣信軍

雄州　保定軍　保州

信安軍　霸州

【四】絳州　「絳」原作「絳」，據四庫本、錢遵王鈔本改。

樞密院告諭兩路指揮

樞密院：勘會昨以大遼失政，興師弔伐。有大宋遣使航海，請割幽燕，元係五代陷於契丹。朝廷方務善鄰，纔獲幽燕，即割前地，歸復界至。此乃朝廷有大造於宋也。不料大啓貪心，汚謀不軌，結構平山，禍及宰輔。招納民户，接引叛亡。然朝廷尚存大體，勑戒邊臣，惟索人口之外，一無理辨。亦可謂包容之深也。而彼人猶不悔悟，飭詞隱蔽，譎語百端，反云「本朝幅員萬里，民居散漫，無處根尋」，又於疆埸，多方作過。去冬宣委元帥府興兵討罪，兩路并進。有皇子右副元帥先到汴城。舊主奔逃，竊行禪位，蓋亦自咎也。新主嗣立，哀泣告和，遂成所請。惟割三鎮，以贖其罪，即時班師。何期誓墨未乾，盟言已變。密勑居民，嬰城堅守，續遣大軍，寇援河東。雖每遭覆敗，尚不知改過。再奉宣旨，重行弔伐，先以黄河爲界。除兩路前次攻終州府軍縣外，先遣先鋒軍今月十四日平涉洪波，昔所未聞。非夫獲罪自天，豈有如此之異！蓋亦自作之孽故也。仍遣人使，説諭此意。及帥府今月二十七日駐泊永安軍，宋方致書云「深悔前非，聽命不違」。别差門下侍郎耿南仲、同知樞密院事聶昌，前來交割。黄河以内州府民人，并歸朝廷。再念彼民以其易主，寧無顧戀之心？然久在薄俗，早不聊生，爾亦共知。況今并許各居舊鄉，一無遷徙，朝廷亦俟元帥府措置了日，厚與存恤。應自前日煩苛科斂重役、諸般巧細、糴買折變、香礬鹽茶之類，凡爾疾苦，候隨處所申到，於民有害，并與蠲除。或有饒利，亦與興舉。亦見太平之日，后雠之異，當使知之。合先告諭，須至指揮。

河北路

濬州　衛州　相州

磁州　洺州　邢州

趙州　真定府　中山府

永寧軍　深州　祁州

北平軍　河間府　莫州

安肅軍　順安軍　廣信軍

雄州　保定軍　信安軍

保州　霸州　永静軍

冀州　恩州　青州

河東路

岢嵐軍　隰州　保德軍

憲州　火山軍　忻州

遼州　太原府　汾州

懷州　寧化軍　平陽府
石州　平定州　絳州
威勝軍　澤州　隆德府
代州　嵐州　慈州
河陽府　河中府

右下逐處，可照驗就便及指揮所轄去處，粉壁曉示管内官僚僧道耆壽軍人百姓。比至相次别行措置規畫以來，并仰向化爲業，勿謂早不歸降，别生疑懼。仍比至正官到任，須得自相告諭，各務安堵。兼河内州府人民，應自來驚移在河南者，見於宋國追索，遣回復業。若隨處有逃散户口，亦仰逐旋招集著業。今隨處既歸本朝，宜同風俗，亦仰削去頭髮，短巾左衽。敢有違犯，即是猶懷舊國，當正典刑，不得錯失。付逐處，准此。

天會四年十一月二十九日。

元帥府與宋書 兵近都城

天會四年閏十一月三日，大金骨盧你移賚勃極烈左副元帥、皇子右副元帥，致書於大宋皇帝闕下：近楊天吉等回，特沐華音。「准割黄河東北路州府軍縣人民，悉歸大金，仍依來示，一一專聽從命」者，當府照會訖，深稔美意。見差官同知樞密院事聶昌分路交割去訖。今勘會有數州在河内，而來書不入交割之數；所索官員及家屬，多有漏落。係使人理會不盡，來書亦不見分明，又不言後約。以故兩路重兵，已近都城，期在定一。今差保静軍節度使蕭慶、司農少卿楊貞幹、孛堇撒離母，專往計議所有事宜，并已丁寧口諭前去。幸望依從，以副從命之言。初陽在律，善履多祺。專奉書陳達，不宣。

宋主乞免攻城書

靖康元年閏十一月日，大宋皇帝致書於大金國相元帥：比者旌旆遠來，跋涉勞止。嘗通音問，未徹聽聞。念和議之已成，且使華之先辱。再馳微物，用表私衷。幸遂免於攻城，仍早還於歸騎。以示兩朝之信，克成萬世之歡。郊野沍寒，倍希保愛。白。

又書

靖康元年閏十一月日，大宋皇帝致書於大金國相元帥：比者累因專使布問，想皆呈徹。遠來特承書示，備悉勤誠。伏自今春國相元帥由懷州收兵還北，敦結和好，出於眷厚，極用感藏。繼因闇於聽任，遂生嫌隙。雖自咎悔，已無所追。是以王汭方行，即令馮澥、李若水等如諭交割三鎮。及楊天吉、撒離母與汭再來，承議畫河，亦便遣同知樞密院事聶昌即日就道，依諭前去。所以每從來意，誠欲休息戰鬭，全保生靈。不謂旌旆當此隆冬，遠至城下。重勤跋涉，深所不遑。載念仁人之心，必能周全，少加矜察，以終前惠。收還兵馬，不使攻城。宗社獲寧，民庶安堵，其爲恩念，何以比諭！感幸之深，言不能叙。初寒在律，倍冀保調。白。

與宋主書

天會四年閏十一月十三日，大金固廬你移賚勃極烈左副元帥、皇子右副元帥致書於大宋皇帝闕下：頃者專使仰期親會，今辱書音，雖云備悉，而使人却稱大宋皇帝有懷疑惑者。其所云躬親出城，豈有他意。但以前後所言，一無誠信，遂有是議，以驗稟從。今既疑惑，肯忍必也。果若聽命不違，據見去人使所諭事宜，并望依前更有事宜，仍遣親信堪議論官同僕射何㮚等，不過此月十五日出城，貴憑約諭。比至結絶以來，別遣上皇【五】、越王、皇子、親弟爲質。今再差保静軍節度使蕭慶、司農少卿楊貞幹、孛堇撒離母等，專去計議。式當寒律，善保多祺。白。

取干戾人劄子

童貫有子師楊、師孔等。　蔡京　蔡攸

王黼　李綱　李彌大

【五】別遣上皇　「遣」原作「遺」，據四庫本、《墨海金壺》本、錢遵王鈔本改。

劉軨　王安中　馬擴
詹度　陳遘　吴敏
徐處仁　折彦實　折可求
吕仲　張孝純　王稟

已上干戾人數。

滕茂實　范直方　李嗣本
蔡靖　高世由

已上本身或有兄弟在本朝，取家屬圓聚。

趙良嗣并衆房伯叔兄弟，元係北人。

折可存係歸降逃走。

又右班殿直張觀、東頭供奉官楊忠敏自身、張謙、張冀，將領長行軍二十餘人，八月内走。係忠順軍。

宋主遣仕諦往議事宜書

靖康元年閏十一月日，大宋皇帝致書於大金國相元帥：比者再承來使，備見勤誠。特免會盟，尤佩厚意。國相元帥遂引重兵，方此沍寒，衝冒勤勩，頓師之久，不急攻城，出厚，更望曲全終始。冬序方深，倍惟調衛。白。

仕㳚等充報謝使書

靖康元年閏十一月二十一日，大宋皇帝致書於大金國相元帥：近者專使之還，已有謝懇。遠勤旌旗，久駐郊坰。方此凝寒，匽薄匪易。内深慙灼，良所不遑！至於臨城攻擊頗緩，尤稔來意出於寬仁，極於懷荷。載惟通和之久，德惠已深，更冀始終，便爲解圍，永固歡好。今差皇伯仕㳚、樞密馮澥充報謝使副。祁寒在律，倍冀保調。白。

回宋主書係差皇叔祖漢東郡王仲温、同知樞密院事曹輔回書【六】

天會四年閏十一月二十二日，大金骨盧你移賚勃極烈左副元帥、皇子右副元帥，致書於大宋皇帝闕下：介使復來，音書薦至，詳味再三，徒深披閱。而來使云，一面攻城，遣使有懷疑惑。又云報謝通和，乞早解圍者。且今之所舉，蓋緣渝約，雖有聽命之言，未有聽命之實。况以議定畫河，特謂誠信；頃差官同去交割，而彼人反謀捉拏。此之無信，甚於去春。遂議出質割城，發送官員，聽命遷都表信，方許通和。人使既回，一無依從，以故曾議進擊。然念貴朝宗社，不忍立墜，且陳器備，聊示攻城之勢。本俟貴朝必圖悛悔，而任

【六】同知樞密院事曹輔回書「輔」原作「轉」，據四庫本、《墨海金壺》本、錢遵王鈔本改。

自遷延，其誠安在？必欲保全宗社，永固懽和，曷若并從前諭，表信有實？則所謂解圍之舉，肯延時刻？一諾之言，争忍反覆【七】！如或執迷，决無所聽，敢謂安危之理，灼然驗於臨時。隆寒紀律，善保多祺。白。

宋主差李仔充請命使文字係二十五日城破

差李仔充往大金軍前請命。景王杞充使，謝克家副使，李仔副使，係改差。

與宋主書要近上官員議事

天會四年閏十一月二十六日，大金固盧你移賚勃極烈左副元帥、皇子右副元帥，致書於大宋皇帝闕下：累遣使人，備陳誠懇；緣以執迷，未晝定一。且朝廷全付燕雲，蓋務善鄰，而貴朝不爲厭足，遂招背德，結構逆賊，招納叛亡，此釁隙之所以生也。去春王師到城，哀鳴請和，願晝三鎮，計許和好。又圖不軌，密令堅守，遣兵救援，此釁隙之所以深也。洎再舉問罪，猶執謀計，不肯聽命，遂致事勢及此。尚慮京人驚駭，昨日遣李若水使臣入城，以示慰諭。今承遣到景王一行，洞悉悛悟。然聽命事大，專候更遣執政何㮚并近上堪與議事者，共同請命，無以猶迷，禍及平人。專奉書陳達，不宣。白。

【七】争忍反覆　「反」原作「及」，據四庫本、《墨海金壺》本、錢遵王鈔本改。

宋主求哀書

靖康元年閏十一月二十六日，大宋皇帝致書大金國相元帥、皇子元帥：久蒙恩惠，深用感銘。不省過尤，尚煩責數。比者大兵累至城下，危然孤壘，攻擊何難？及已登臨，猶存全愛。方圖請命，更辱使音，特俾安心，仍無後慮。感極垂涕，夫復何言？謹遣右僕射何㮚、濟王栩、中書侍郎陳過庭，求哀懇告，切冀收兵。天雪冱寒，敢祈保嗇，不宣。白。

宋求再造

靖康元年閏十一月二十六日，大宋皇帝致書於大金國相元帥軍前：李若水等到，特惠書誨，及傳面諭意指，備悉寬仁，感刻難弭。已依寵諭，遣右僕射何㮚、濟王栩、中書侍郎陳過庭，前去請命。更望再造，保安宗社，愛全生靈，不勝恐懼哀祝之至。雪候冱寒，倍祈珍嗇，不宣。白。

宋求哀請命書

靖康元年閏十一月二十七日，大宋皇帝致書於大金國相元帥、皇子元帥：比者遣何㮚等奉書，想已呈徹。危迫之懇，必蒙矜憫。言念和好之重，出於大德。聽從弗明，以致召釁。遠煩旌旗，深所不遑。然念師徒既登城堞，何㮚、濟王栩等又未回歸，城内人情，惶擾異常，撫諭不定。深憂自致生事，却使不能奉承德意。敢望特加存全，早賜指揮，少駐兵馬，以安人心。所有欲約事目，一一謹即聽從，便當歃血著盟，傳之萬世。其爲大恩，何以方此？謹再遣使御史中丞秦檜、徽猷閣學士朝奉郎李若水、武翼大夫王履，求哀請命。祁寒應候，冀倍保調，不宣。白。

元帥與宋主書要上皇出質

天會四年閏十一月二十七日，大金骨盧你移賚勃極烈左副元帥、皇子右副元帥致書於大宋皇帝闕下：幣章既報，美問復臻。雖承懇告之言，未副質親之素。再叙悃悰，更煩聽覽。且重兵纔至，屢望會盟。因謂疑惑，乃從高意，惟索上皇已下爲質而已。亦不依應，遂生兵怒，以致攻擊。而一無他辭，但云收兵，其理安在？况事勢及此，宜從初議，早冀上皇與皇子出質，别差近上官員交割已畫定州府軍縣，及比至開門撫定以來，更遣逐州府長官血屬執質。仍使前項逐官親戚，每州各一名，同交割官前去説諭，俾知納土。又一面速送所索官員并家屬。緬惟照亮，曲認懇誠。專奉書陳達，不宣。白。

宋主乞上皇不出書

靖康元年閏十一月二十八日，趙桓謹致書於大金國相元帥、皇子元帥：適何㮚等還，伏領書示，及已蒙約軍兵，未令下城。再造之恩，何以論報！且蒙恩許免親詣，然欲上皇、皇子出郊。今城已破，生死之命，屬在貴朝，又焉敢拒？但父子之間，心所不忍，如何躬詣軍前，求哀請命？如蒙曲賜矜念，更爲望外允從，豈勝至幸！如其不然，自惟菲德，難勝大寶。若蒙更立本宗，但全性命，存留宗廟，保護生靈，區區一身，受賜已厚。豈勝哀祈急迫懇切之至。冬序嚴寒，倍加珍嗇，不宣。白。

宋主欲親詣軍前書

靖康元年閏十一月二十九日，趙桓謹致書於大金國相元帥：孫傅等歸【八】，傳來意旨，欲得上皇出郊。切以父子之間，有難言者。今欲親詣軍前，祈哀致謝，謹先遣秦檜馳報。不知當於甚日甚處會見。如蒙賜諭，即當依從。冬序凝寒，倍冀珍嗇，不宣。謹白。

送蔡駙馬書

靖康元年閏十一月三十日，趙桓謹致書於大金國相元帥、皇子元帥：近蒙惠書，具見美意，不勝感激。所需姦臣親屬，謹應如命。但以前此誤國，盡竄嶺外，獨有蔡京之子鞗，見以除名勒停，緣係駙馬都尉，當時不曾遠竄，今令樞密都承旨王健押送軍前。餘人以方在圍城中，追究未得，更俟續次根尋遣發，不敢少有失信。凝寒在候，倍冀珍嗇，不宣。白。

【八】孫傅等歸　「傅」原作「傳」，據四庫本、錢遵王鈔本改。下同。

宋主降表

臣桓言：伏以今月二十五日，大兵登城，出郊謝罪者。長驅萬里，遠勤問罪之師；全庇一宗，仰戴隆寬之德。感深念咎，俯極危衷。臣誠惶誠懼，頓首頓首。猥以眇躬，奉承大統。懵不更事，濟以學非；昧於知人，動成過舉。重煩元帥，來攻陋邦。三里之城，已失藩維之守；九廟之祀，當成煨燼之餘。不圖深仁，曲假殘息。兹蓋伏遇伯大金皇帝乾坤之德甚溥，日月之照無私。不怒之威，既追蹤於湯武；好生之德，且儷美於唐虞。弗念一夫之辜，特全萬人之命。宇宙載肅，宗社獲安。文軌既同，永託保存之惠；雲天在望，徒深嚮往之誠。無任瞻天望聖激切屏營之至！謹奉表稱謝以聞。臣桓誠惶誠懼，頓首頓首。謹言。

天會四年十二月日。

宋告諭合交割州府官吏軍民指揮

中書侍郎：近者大金元帥統軍親臨，責以失信。京師備禦，曾不踰月，遽爾失守。乃蒙元帥仁恩保全，更不縱兵下城。止欲敦篤舊好，復申前言，交自河以北地界。皇帝車駕出城面會，上表稱臣，宗社再造。惟候逐處州郡撫定了當，方欲斂軍。仍要逐處官員血屬質於軍前，纔候交割了當，便即放還。其不在此間者，亦必根刷去訖。更要自來用兵及誤國凡干戾官員，或有死亡，仍取家屬支散人等。今除竄在遠地，差人去取外，駙馬都尉蔡鞗尚不能愛惜，已行交割訖。今據合割州郡，逐一差官，各賫詔書，委曲告諭。惟本處官吏軍民被命之日，宜即開門迎受，一一遵禀。所有本土人民，便得安業，獲免兵革之患。其河南官員軍民寄居客旅者，各許歸還。則血屬俱寧，公私無害，在於今日。愛君愛國，明見事變，速令約束，乃爲忠義。且前此州郡所以未服，蓋欲區區堅守，以效臣節。今者京城既破，即與前日事體不同。且以京師地大人衆，城池固阻，穩若金湯，尚不能保；在爾一郡，豈可拒抗？儻或不從此言，一旦城壁失守，則不免盡遭屠戮之禍，雖悔何追。至如走出，定須追索。仰認皇帝須是交割，必不隱諱，復招已往之悔，即與干戾誤國人等無異。今謹宣布誠悃之意，再三播告。惟本處官吏軍民互相勸諭，上以安國家宗社，下以保父母妻子。無或執迷，自取殘戮。故茲曉諭，各宜體認。又准敕，若係河外有係別路所管州府軍縣，不入今來交割之數者，亦仰一就交割。本所今往河北交割。所有河東路，今差參議官徽猷閣待制張宇，發遣前去交割，亦須照驗遵依施行。

宋主告收城上軍文字

先蒙恩許，如親到軍前，即收還城上軍兵。今來既已出郊，更望特賜約束。緣見今城内民人驚疑，慮出城後或生他變。不免再露悃愊，切冀矜從，以副終始保全之意。

宋主降表 係令改定

臣桓言：背恩致討，遠煩汗馬之勞；請命求哀，敢廢牽羊之禮。仰祈蠲貸，俯切凌兢。臣桓誠惶誠懼，頓首頓首。竊以契丹爲鄰，爰構百年之好；大金闢國，更圖萬世之懽。航使旌，絶海嶠之遥；求故地，割燕雲之境。太祖大聖皇帝，特垂大造，許復舊疆。未閲歲時，已渝信誓。方獲版圖於析木，遽連陰賊於平山。結構大臣，邀回户口，雖違恩義，尚貸罪愆。但追索其人民，猶夸大其土地。致煩帥府，遠抵都畿。上皇引咎以播遷，微臣因時而受禪。懼孤城之失守，割三府以請和。屢致哀鳴，亟蒙矜許。官軍纔退，信誓又渝。密諭土人，堅守不下。分遣兵將，救援爲名。復間諜於使人，見包藏之異意。遂勞再伐，并興問罪之師；又議畫河，實作疑兵之計。果難逃於英察，卒自取於交攻。尚復嬰城，豈非拒命。怒極將士，齊登三里之城；禍延祖宗，將隳七廟之祀。已蠲銜璧之舉，更叨授館之恩。自知獲罪之深，敢有求生之理。伏惟皇帝陛下誕膺駿命，紹履鴻圖。不殺之仁，既追蹤於湯武；好生之德，終儷美於唐虞。所望惠顧大聖肇造之恩，庶以保全弊宋不絶之緒。雖死猶幸，受賜亦多。道里阻修，莫致籲天之請；精誠祈格，徒深就日之思。謹與叔燕王俁、越王偲，弟鄆王楷、景王杞、祁王模、莘王植、徐王棣、沂王樗、和王栻，及宰相百僚、舉國士民僧道耆壽軍人，奉表出郊，望闕待罪以聞。臣誠惶誠懼，頓首頓首。謹言。

天會四年十二月日，大宋皇帝臣趙桓上表。

行府告諭兩路撫慰指揮

行府：勘會朝廷昨以大遼失政，害及生民，興兵伐罪。收兵將還，大宋遣使航海，願復舊來漢地，係五代所陷。朝廷方務善鄰，纔克燕雲，即盡全地，此朝廷有大造於宋。不料天方肇亂，自爲戎首。結構逆賊，謀害宰臣，招納叛亡，邀回民户。朝廷不以爲咎，惟索户口。猶不悛悟，乃云「本朝幅員萬里，居民散漫，難加根究，無計可得」。輒鳩集兇黨，剽劫邊民，侵掠畜産，使不獲安，終然不悟。朝廷雖欲惻隱，莫由獲已，乃命行府興師問罪。去春兵抵汴京，上皇方知深悔，亟行禪位。嗣主求哀，願畫三鎮，復修舊好。無何誓墨未乾，盟言已變。密令堅守，遣兵救援。陰構使人，潛圖禍亂。遂奉宣旨，重申弔伐。雖許畫河，亦不以實。閏十一月初二日，大兵會於汴都，猶不伏罪。准備攻具，填疊壕道，已踰十餘日。當月二十四日進擊，次日城拔。三十日國主出降，今月初二日降服上表，望闕稱臣，以奉正朔。令依元議，差官前去説諭交割河北、河東州府軍縣。尚慮所在以早不歸欵爲懼，或飾僞辭，有緩撫定。再念自河之内，天啓洪塹，以限疆埸。昨來大兵所至，其有迎軍納土，循省撫定；其拒命者，或有按以軍法，或有示以寬貸。皆臨時從宜措置，想必共知。今河北、河東兩路纔候交割官員至彼説諭，即仰逐旋燒毁樓櫓，具狀納土，開門以待，行府别差官員就去存恤。應有前日重難徭役科斂、諸般細巧、糴買變折、香礬茶鹽之類，凡爾疾苦，并爲蠲除。或有饒利，亦與興舉。今除土人外，元係河南容居官員兵人商旅僧道，欲願去坐，并從自意。敢有執迷，稍勞官軍，臨日必無容恕。合行告諭，須議指揮。

右下逐處，可各照驗，就便及轉行所轄去處，粉壁曉示各管士民耆老僧道軍人百姓知悉，不得有違。付逐處，准此。

天會四年十二月十一日。

宋主謝書

十二月日，大宋皇帝桓謹致書於大金國相元帥：累日授館，禮意勤厚，亦既覯止，問勞稠重。再造之恩，何以圖報。經夕匽薄之餘，台體優裕。謹遣使人，承問興寢，不宣。白。

宋主賀行府元日書

天會五年正月一日，大宋皇帝桓謹致書於大金國相元帥：一氣週通，三陽交泰。惟五兵之既戢，與萬物以皆春。茂對休辰，具膺純嘏。更蘄保毓，藉慰願言，不宣。謹白。

宋主許面議書

天會五年正月日，大宋皇帝桓謹致書於大金國相元帥、皇子元帥：專承使旨，特示書辭，慰懌之情，無以爲喻。金帛已令嚴切根括，接續供納。所有上徽號禮數、冠冕車輅、圖籍印板之類，謹以來日躬往面議。先此布叙，幸賜照亮，不宣。謹白。

廢國取降詔

敕趙桓：省所上降表，汝與叔燕王俁、越王偲已下宗族，及宰臣百僚、舉國士民僧道耆壽軍人，於十二月二日出郊，望闕稱臣待罪事，具悉。背義則天地不容，其孰與助？敗盟則人神共怒，非朕得私。肇自先朝開國，乃父求好，我以誠待，彼以詐欺。浮海之使甚勤，請地之辭尤遜。析木版圖，第求入手；平山僞詔，曾不愧心。罔天罰以自干，忽載書而固犯。肆予纂紹，猶事涵容。迄悛惡以無聞，方謀師而致討。猶聞汝得承位，朕望改圖。如何復循父佶之覆車，靡戒彼遼之禍鑒。雖去歲爲盟於城下，冀今日墮我於畫中。賂河外之三城，既而不與；構軍前之二使，本以間爲。惟假臣權，不贖父罪，自業難逭，我伐再張。將臣多激怒之心，戰士增敵愾之勇。息君犯五不韙之罪，喪亦宜乎；晉師有三無報之名，倍猶未也。以是濟河航葦，降汴燎毛，人競覆昏，天莫悔禍。誰肯背城而借一，果聞舉族以出降。既爲待罪之人，自有易姓之事。所有措置條件，并已宣諭元帥府施行。故兹詔示，想宜知悉。

行府下前宋宰執舉一人

元帥府：近以宋主降表申奏，今回降聖旨劄子：「先皇帝有大造於宋，而宋人悖德，故去年有問罪之師。乃因嗣子遣使軍前，哀鳴祈請，遂許自新。既而不改前非，變渝迷執，是致再討，猶敢抗師。洎官兵力擊，京城摧破，方申待罪之理。况追尋載書：『有違斯約，子孫不紹，社稷傾危。』父子所盟，其實如一。今既伏罪，宜從誓約。宋之舊封，頗亦廣袤，既爲我有，理宜混一。然念師行，止爲弔伐，本非貪土。宜別擇賢人，立爲藩屏，以王兹土。其汴京人民許隨主遷居者，聽。」

右所降聖旨在前。今請到宋宰執文武百官洎京寮，一面共請上皇已下后妃兒女及諸親王公主之屬出京，仍勾集在京僧道耆壽軍人百姓，遵依聖旨，共議薦舉堪爲人主者一人。不限名位高卑，惟道德隆懋，有大勳業，素爲衆所推服，長於治民者，雖乏衆善，有一於此，亦合舉薦。當依聖旨，備禮册命。趙氏宗人，不預此議。一應宋之百司，并事新君。其國俟得姓氏，隨册建號；所都之地，臨日共議。

天會五年二月六日。

孫傅等狀乞復立廢主第一狀

文武百寮軍民僧道耆老、中大夫同知樞密院事孫傅等：今月六日亥時，准元帥府公文一道，備到大金皇帝聖旨指揮事。傅等聞命震越，義當即死。然念世被本朝恩德，至深至厚。嗣君新政，纔及期年，恭儉憂勤，無所不至。若遽蒙廢絶，實非臣子所敢聞知。輒復忍死須臾，冒陳悲痛激切之辭，仰干台聽。伏望垂天地再造之恩，畢始終保全之賜。傅等誓當捐軀碎首，圖報萬分。謹具畫一下項：

一、太上皇以下不敢有違令旨，見已起發赴軍前，同伸懇告之誠，乞垂矜憫。

一、嗣君自即位以來，修德勤政，并無虧失。惟是失信一事，上累譴訶。蓋緣親政之初，偶爲謀臣所誤，繼已盡行竄責。兼檢會上皇昨違大金信誓，亦係童貫、李良嗣、王黼等妄起事端，并行處斬了當。以此顯見嗣君悔悟前失，非有他心。伏望台慈，特賜矜察。

一、嗣君自在東宫，即有德譽，著聞中外。比及即位，臣民歸仰。今感戴保全，恩德至厚，若蒙終惠，未加廢絶，尚可以歲修臣事之儀。如抛降金銀表段之數，雖目下未能敷足，將來下外路取索，分歲貢納，實爲大金永遠無窮之利。若一旦廢棄，遂同匹夫，縱有報恩之心，何緣自效？

一、伏詳來旨，令別選賢人，以主兹土；許汴都人民，隨主遷居。具見仁慈，存恤備至。不惟臣民愛戴，罔有二心；兼據今中外異姓，實未有堪充選舉者。若倉卒册立，四方必不服從，緣此兵連禍結，卒無休息之期，非所以上副元帥愛惜生靈之本意。

一、今日之事，生之殺之，予之奪之，全在元帥。雖大金皇帝詔書有廢立之意，然將在軍，君命有所不受。則閫外之事，元帥固可專行。如前項所陳，事理明白，更望台慈特霽威怒，終賜保全。

一、汴京城内兩經根括取索，公私各已罄竭，顯見將來難以立國。乞候班師之後，退守偏方，以備屏藩。如蒙大恩特許，嗣君已廢復立，所有稱呼位號，一聽指揮。

右件如前，謹具申國相元帥、皇子元帥。伏望特加矜憫，早賜允從。伏候台旨。

天會五年二月七日，文武百寮軍民僧道耆老、中大夫同知樞密院事孫傅等狀。

孫傅等狀乞立趙氏第二狀

文武百寮軍民僧道耆老、中大夫同知樞密院事孫傅等：右傅等伏睹皇帝詔書，宜別擇賢人，立爲屏藩，許令士庶共議。以此見皇帝被生靈之意，聖德甚厚。然傅等竊見國主自在東宫，恭儉著聞，若欲選擇賢人，必無出其右者。兼本朝自太祖皇帝以來，累世并無失德。惟太上皇聽信姦臣，及國主年幼新立，爲大臣所誤，以致違盟失信，上干國典。伏望國相元帥、皇子元帥察傅等前狀，許其自新，號稱屏藩，復立社稷；容其遷避，以責後效。再念趙氏祖宗德澤，在民未泯，或未允從前懇，亦望特賜哀憫，許於國主子弟中擇一賢者立之；或不欲立上皇諸子，則乞於神宗皇帝二子選擇建立，使長得北面，永爲屏藩。非惟不滅趙氏之祚【九】，亦使一國生靈蒙被恩德，永有攸歸。傅等不勝激切懇禱之至。謹具狀申國相元帥、皇子元帥，伏候台旨。

天會五年二月七日，文武百寮軍民僧道耆老、中大夫同知樞密院事孫傅等狀。

孫傅以下告立趙氏狀第三狀

文武百僚軍民僧道耆老、中大夫同知樞密院事孫傅等：右傅等准元帥府再遣翰林承旨吴幵前來指揮選立賢人。傅等竊以本國前日將相，多是上皇時用事誤國之人；自嗣君即位以來，所任宰相，亦繼以罪竄，將帥率皆叛亡之餘；其他臣寮，類皆碌碌無聞。此元帥府備知，豈敢蔽賢，不以上聞。若舉於草澤之間，亦非聞望素著，人心必不歸向，孰肯推戴？兼趙氏祖宗德澤在人，至深至厚，若别立他姓，城中立生變亂，非所以稱皇帝及元帥愛惜生靈之意。若自元帥府特賜選立趙氏一人，不惟恩德有歸，城中以及方外即便安帖。或天命改卜，歷數有歸，即非本國臣民所敢預議。乞自元帥府推擇賢人，永爲屏藩。傅等不勝痛切隕越惶懼之至。謹具狀申國相元帥、皇子元帥，伏候台旨。

【九】非惟不滅趙氏之祚　「祚」原作「祖」，據四庫本、《墨海金壺》本、錢遵王鈔本改。

天會五年二月八日，文武百寮軍民僧道耆老、中大夫同知樞密院事孫傅等狀。

孫傅等乞留皇太子監國狀

中大夫同知樞密院事孫傅等：右傅等准元帥府遣翰林承旨吴幵來問皇太子起發事。緣自本國主往軍前議事，止是皇太子監國鎮撫。今來若起發出門，城中軍民必至變亂。兼以具擇立事中稟元帥府，候定議指揮到日起發次。謹具申元帥府。謹狀。

天會五年二月八日，中大夫同知樞密院事孫傅等狀。

帥府再下舉人

據文武百寮軍民僧道耆老、中大夫孫樞密等狀申，事已洞悉。右元帥府竊稔朝廷所以必廢趙氏者，豈徒然哉？蓋以不守盟誓，不務聽命，爲罪之極也。非天命改卜，豈有陸梁如此之甚者！皇上猶以寬度，釋其罪負，别立賢人而已，真所謂伐罪弔民之大義。聖諭丁寧，而輒言及趙氏，雖不忘舊君，其違命之罪亦已深矣！以後不宜更復如此。又狀申「前日將相多是罪廢敗亡之餘，其他臣寮類皆碌碌無聞，若舉於草澤之中，孰肯推戴」者，天之運數，既有其衰，亦必有繼興者。若言敗亡之世，必無可繼，則三王之後，迄至於今，安有君臣之道、人倫之序？何不詳道理之深也！再請恭依已降聖旨，早舉堪爲人主者一人，當依已去劄子施行。如或必欲元帥府推擇，緣會驗在軍皆依河北漢兒，若舉一人，即與混一無異，實違已降聖旨。欲推擇南人，其見在軍南官，亦樞密院之所共知也。未審果有可舉者否。若有所舉，請具姓名見示，亦與依應。惟不許何㮚、李若水預於此議。如或京内及外俱難自舉，仍請諸官各叙名銜，速具管依元帥所舉推戴狀申。

天會五年二月八日。

軍民耆老等狀乞立趙氏

汴京軍民僧道耆老郭鐸等：右鐸等伏聞二元帥公文，備奉大金皇帝聖旨指揮，欲令選賢人以主兹土。鐸等聞命震驚，罔知所措。竊惟元帥擁弔民伐罪之師，行應天順人之道。既破京城，斂兵不下，全活在城生靈，雖湯武仁義之兵，未易過此。念今上自處東宫，至即帝位，恭儉修德，中外悦懷。止緣踐位之初，未熟政事，輔弼非人，有失大信，致獲罪於大金皇帝也。然今上雖失大信，其於天下萬姓，略無過失。士民歸嚮久矣。若遽見廢絶，别立異姓，不惟異姓中不見有德之人，誠恐庶民皇皇，無所統一，姦雄僭竊，殺戮無辜。如此，則非所以上副大金皇帝及元帥愛惜生靈之意也。伏望元帥垂天地再造之恩，全始終生成之賜，復立今上，以主兹土，世修享貢，以報洪恩。今上感戴之誠，何時而忘也！如元帥府必欲以失信廢之，即今太子監國，自當承嗣。如更不欲立之，乞於親王中選擇賢者，以承大位。庶使太祖太宗二百年基業不絶，人心嚮慕，實天下蒼生之幸。今若别立異姓，設或倉卒之間，選擇非人，蹈前車已覆之轍，不免再軫大金皇帝聖慮，而民復墜於塗炭也。鐸等情動於中，義不得辭，仰冒威嚴，無任叩頭泣血俯伏俟命之至。謹賫狀詣善利門投獻，伏望元帥府俯垂鑒察。謹狀。

靖康二年二月八日，汴京軍民僧道耆老郭鐸等狀。

孫傅等狀乞立趙氏第四狀

文武百寮軍民僧道耆老、中大夫同知樞密院事孫傅等：今月初八日，准元帥府劄子節文，「再請恭依已降聖旨，早舉堪爲人主者一人。如或京内及外俱難自舉，仍請諸官各叙名銜，速具管依元帥所舉推戴狀申」。右傅等竊詳本國趙氏祖宗德澤深厚，在人日久，累於前狀瀝懇哀告。今來渝盟失信，既止是上皇與前主，其子及支屬并不干預。尚冀恩造，更賜詳擇，庶得中外帖服，不至生事。若不容傅等死請，必欲選擇異姓，自中及外，委無其人，兼實難於自舉。伏乞元帥府選擇，敢不一聽台命。傅等無任哀痛惶懼隕越之至。謹具狀申國相元帥、皇子元帥，伏候台旨。

天會五年二月九日，文武官寮軍民僧道耆老、中大夫同知樞密院事孫傅等狀。

【一〇】中外帖安　「帖」原作「帖」，據《墨海金壺》本改。

孫傅狀乞立趙氏第五狀

文武百官軍民僧道耆老、中大夫同知樞密院事孫傅等：前已累申元帥府，乞軫恤趙氏，存全社稷，許國主歸國，降號稱藩，永事大國；或就立監國嗣子，以從人望；或選趙氏近屬，使本國生靈有主，中外帖安【一〇】，以全大國弔伐之義。傅等今在南薰門拜泣俟命，無任哀痛惶懼殞越之至。謹具狀申元帥府，伏候台旨。

天會五年二月十日，中大夫同知樞密院事孫傅等狀。

又狀

右傅等除已與百官具狀申大金元帥府外，尚有不盡之意，不敢自隱，今更忍死泣血，上干台聽。伏以前主皇帝違犯盟約，既已屈服；服而舍之，存亡繼絶，唯在元帥。不然，則有監國皇太子，自前主恭命出郊以來，鎮撫軍民，上下帖然，或許就立，以從人望。若不容傅等伸臣子之情，則望賜矜憫，念趙氏祖宗并無失德，内外親賢，皆可擇立。若必擇立異姓，天下之人，必不服從；四方英雄，必至雲擾；百姓塗炭，卒未得安。傅自知此言罪在不赦，然念有宋自祖宗以來，德澤在人，於今九世，天下之人，雖匹夫匹婦，未忍亡之。况傅世食君禄，方主辱臣死之時，上爲宗社，下爲生靈，苟有可言，不敢逃死。伏望台慈，更賜矜察。傅無任哀懇痛切惶懼隕越之至。謹具申元帥府。謹狀。

天會五年二月十日，中大夫同知樞密院事孫傅等狀。

帥府再下劄子

吴承旨回，賫到文武百寮軍民僧道耆老、孫樞密等狀二道，并初七日狀二道，備已洞悉。右勘會朝廷所以滅宋者，蓋趙氏之罪深也。况詔旨叮嚀，務在恤民。今來堅執迷惑，累有祈請復立趙氏，甚不應理。若謂廢舊立新，果難服從，緣趙氏太祖孰與推戴？自立尚可，何况遵依聖詔，擇賢共立，孰謂不可！兼早有文字，「惟貴道德，不限名位高卑」，本欲利民。今諸官軍民僧道耆老乞行府選擇，行府於在京官寮未諳可否，但想在京目下爲首管勾者，必是可舉，所以行府欲立本官。諸在京文武百官軍民僧道耆老照驗此意，若所指在京目下爲首管勾官員可以共立，早具本官名銜狀申。如亦未可，即依已去文字，須得共薦一人，限不過今月十一日狀申。所有取索趙氏枝屬，不過今日發遣出城。如或此度不見薦舉，及不發遣，必當别有悔吝，無得有違。

天會五年二月十一日。

復下汴舉人

今月初十日，右副元帥親赴左副元帥麾下，共議京人告請復立趙氏事。至晚到本營，方有善利門下軍員送到汴京軍民僧道耆老郭鐸等告乞復立趙氏事文狀，并孫樞密等今月初七日、八日、十日三次狀五道録白。緣爲此事，已經共議差官入京，須得別薦外，善利門下人員以輒受文狀，嚴加懲戒訖。竊慮京人猶以投狀爲辭，別敢推注住滯，今請在京諸官、孫樞密等照會，速依吴承旨、莫學士等賫去文字日限施行，不得住滯。

天會五年二月十一日。

張叔夜狀乞立趙氏

簽書樞密院事張叔夜：契勘累具申乞存立趙氏之後，今奉令旨，見今爲首管事之人。緣本官非衆所推，兼勘會曾於八日令旨，「如無可推，令具申管依元帥府推戴狀」。今來欲乞檢會累申，從元帥府於嗣子或軍前支屬内，擇立一人。所貴恩歸元帥府，永爲屏藩；而趙氏宗廟，尚得血食。右謹具申元帥府，伏候台旨。

天會五年二月十一日，簽書樞密院事張叔夜狀。

乞命張邦昌治國狀

文武百寮軍民僧道耆老、同知樞密院事孫傅等：准元帥府牒，「須得共薦一人，限今月十一日狀申」者。契勘自古受命之主，必上膺圖籙【一二】，下有勳德在民。或權强

【一二】必上膺圖籙　「籙」原作「録」，據四庫本、錢遵王鈔本改。

近臣，或英豪特起，有大材略，因而霸有天下，方爲人所樂推。今來本國臣寮如孫傅等，召自外方，被用日淺，率皆駑下，迷誤趙氏，以至亡國，人皆懷怨，方且俯伏，謹候誅夷。若或付之土地，俾爲藩屏，必爲百姓忿疾，旋致變亂，上負選擇之意。然今奉元帥之令，備到詔旨嚴切，舉國惶恐。非敢違拒，實以在内官寮，委無其人。伏望元帥台慈體念，乞於軍前選命張邦昌以治國事。如軍前别有道隆德懋爲天命之所歸者，乞賜選擇。本國臣民，敢不推戴者。右謹具申元帥府，伏候台旨。

天會五年二月十一日，文武百寮軍民僧道耆老、同知樞密院事孫傅等狀。

秦檜狀乞立趙氏

朝散郎試御史中丞致仕秦檜：准元帥府指揮，「如别有異見，具狀申」者。右檜竊以自古建國立王，非爲率衆庶以奉一夫，蓋欲代天致理，使生靈有所依歸，不墜塗炭也。契勘張邦昌在上皇時，執政日久，伐燕敗盟之計，皆所預知。今若册立，恐元帥大兵解嚴之後，姦雄竊發，禍及無辜，將不稱元帥弔民伐罪之意。若蒙元帥推天地之心，以生靈爲念，於趙氏中推擇其不預前日背盟之議者，俾爲藩臣，則姦雄無因而起，元帥好生之德，通於天地。檜雖草芥，亦被生成之數。無任待罪隕越激切懇求之至。謹具狀聞，伏候台旨。

天會五年二月十四日，朝散郎試御史中丞致仕秦檜狀。

元帥府要秦檜懲斷

據前宋文武百寮軍民僧道耆老狀，乞選命張邦昌以治國事，行府已申奏朝廷，乞立爲皇帝，仍賜册文。不晚降到册文，見得事體輕重，便索鐫造。合先取紅羅一十段，紅絹一十疋，玉簡一匣，金箔貫索應用事數全，并用册寶匣牀舁應干合用物件并全，請在京官寮疾早准備應副。入京月日，續有文字。次所有迎接儀仗，亦請依例准備等接。仍比至行禮以來，應有所司事務依舊管勾。又勘會先去劄子，「如別有異見，別具狀申，只不許引惹趙氏」。今據前中丞秦檜狀，尚言乞立趙氏，特係違令。合要本官懲斷，速起發前來。

天會五年二月十四日。

依准製造迎接等事狀

在京官寮、吏部尚書王時雍等：今月十四日，吳玕、莫儔賫到軍前文字，「據前宋文武百寮軍民僧道耆老狀，乞命張邦昌以治國事，行府已申奏朝廷，乞立爲皇帝，仍賜册文。不晚降到册文，見得事體輕重，便索鐫造。合先取紅羅一十段，紅絹一十疋，玉簡一匣，金箔貫索應用事數全，并用册寶匣牀舁應干合用物件并全，請在京官寮應副，疾早准備外，入京月日，續有文字。所有迎接儀仗，亦請依例准備等接。仍比至行禮以來，應有所司事務，依舊管勾。又勘會先去劄子，『如別有異見，別具狀申，只不許引惹趙氏』。今據前中丞秦檜狀，尚言乞立趙氏，特係違令。合要本官懲斷，速請發遣前來」者。右除紅絹、紅羅令賚至軍前交納外，所有玉簡册寶匣牀舁應干合用物件【一二】，取責到少府監申狀，委得於日下監勒合干人計料合用物等，乞支降製造。見責近限，令疾速了當次。所有迎接儀仗，已牒禮部太常寺依例准備等。仍比至行禮以來，應有所司事務，恭依指揮，依舊管勾。其前中丞秦檜已發遣赴軍前去訖。謹具狀申元帥府，伏候指揮。

天會五年二月十五日，在京百寮、吏部尚書王時雍狀。

議遷都狀

在京百寮、吏部尚書王時雍等：今月二十日，吴幵、莫儔自軍前傳奉元帥令旨，集議遷都可往是何去處。伏睹前詔，「汴京人民，許隨主遷都」。緣此事大，未曾迎接新主，非臣民所敢輕議。今舉國生靈，已荷大恩，自合一聽令旨，豈敢自擇。今恭承嚴命，衆議所遷去處如揚州、江寧府，乞賜詳酌，與新主依前來台旨，臨日共議施行。謹具狀申元帥府，伏候台令。

天會五年二月日，在京官寮、吏部尚書王時雍等狀。

【一二】所有玉簡册寶匣牀舁應干合用物件　「所有」原作「有所」，據四庫本改。

卷四

册大楚皇帝文

維天會五年，歲次丁未，二月辛酉朔二十一日辛巳，皇帝若曰：先皇帝肇造區夏，務安元元。肆朕纂承，不敢荒怠，夙夜兢兢，思與萬國同格於治。粤惟有宋，實乃通鄰，貢歲幣以交歡，馳星軺而講好。期於萬世，永保無窮。蓋我有大造於宋也。不圖變誓渝盟，以怨報德，稱端構亂，反義爲仇，譎詐成俗，貪婪不已。加以肆行淫虐，不恤黎元，號令滋張，紀綱弛紊。况所退者非其罪，所進者非其功。賄賂公行，豺狼塞路，天厭其德，民不聊生。尚又姑務責人，罔知省己。父既無道於前，子復無斷於後。以故徵師命將，伐罪弔民。幸賴天高聽卑，神幽燭細，旌旄一舉，都邑立摧。且眷命攸屬，謂之大寶；苟歷數改卜，未獲偷安。故用黜廢，以昭聰鑒。今者國既乏主，民宜混同，然念厥初，本非貪土，遂命帥府，與衆推賢。僉曰：太宰張邦昌，天毓疏通，神姿睿哲，處位著忠良之譽，居家聞孝友之名。實天命之有歸，乃人情之所係。擇其賢者，非子而誰？是用遣使特進尚書左僕射、同知樞密院事、監修國史、上柱國、南陽郡開國公、食邑三千户、食實封二百户韓資政，副使榮禄大夫、行尚書禮部侍郎提點大理寺、護軍、譙縣開國侯、食邑一千户、食實封一百户曹説，持節備禮，以璽紱册命爾爲皇帝，以理斯民，國號大楚，都於金陵。自黄河已外，除西夏新界，疆埸仍舊。世輔王室，永作藩臣。貢禮時修，爾勿疲於述職；問音歲致，我無緩於披誠。於戲！天生蒸民，不能自治，故立君以臨之。君不能獨理，故樹官以教之。乃知民非后不治，后非賢不守。其於有位，可不慎與！予懋乃德，嘉乃丕績，日慎一日，雖休勿休。往欽哉，其聽朕命！

天會五年三月七日。

押册：金紫光禄大夫、左散騎常侍、知御史中丞、上護軍、彭城縣開國公、食邑一千户、食實封一百户劉恩。

讀册：樞密院吏房承旨、中散大夫、衛尉寺卿、上輕車都尉、清河縣開國伯、食邑七百户、賜紫金魚袋張愿恭。

押寶：中大夫、行中書舍人、上輕車都尉、太原縣開國伯、食邑七百户、賜紫金魚袋王企中。

奉寶：樞密院户房主事、銀青榮禄大夫、檢校工部尚書、行太常少卿、兼侍御史、輕車都尉、隴西縣開國子、食邑五百户李忠翊。

孛堇忽剌虎充傳宣。

東西上閤門使韓企先充禮直官。

又有各人人從，并樞密院差。

賜物：

玉册　　册匣　　册牀　　行馬一對

金印大楚皇帝之寶　寶匣　　寶牀　　行馬一對

紅羅窄襖子　　平面玉御帶純金龍口束子、錦箱全

銀褐中單　　烏紗幞頭

衣匣　　衣牀　　行馬全

楚主與行府書欲親謝

天會五年三月日，大楚皇帝邦昌謹致書於大金國相元帥、皇子元帥：今月七日，伏奉皇帝聖旨，特降樞臣，俯加封册。退省庸陋之資，何以對揚休命？前此固常死避，終不獲辭。載惟選授之初，盡出薦揚之力。尋因還使，附致感悰。願亟拜於光儀，庶少申於謝禮。未聞台令，殊震危衷，遂遣從官，是敷勤懇。重蒙諄諭，仰識眷存。然而淹日未前，撫躬無措，恐浸成於稽緩，實深積於兢惶。伏望聖慈，早容趨赴，候承報示，徑伏軍門。拳拳之誠，併留面叙，不宣。謹白。

賀南楚書

天會五年三月十三日，骨盧你移賚勃極烈左副元帥、皇子右副元帥，謹致書於大楚皇帝闕下：向承明詔，擇立賢人，爰及士庶之謀，已諒聰英之聽。具聞天闕，優降册書，禮命恭行，群情胥悦。未遑伸於慶祝，不圖辱於華緘。幸容先導微悰，繼陪高論。今差榮禄大夫、兵部尚書、護軍、廣陵縣開國公高慶裔，彰武軍節度使、金紫榮禄大夫、檢校太保、兼侍御史、上騎都尉、隴西縣開國侯李士遷，充慶賀使副。有少禮物，具諸别幅。專奉書陳賀，不宣。謹白。

楚主謝遣使書

天會五年三月日，大楚皇帝邦昌謹致書於大金國相元帥、皇子元帥：邦昌猥以菲才，誤膺聖擇，但俯臨於禹甸，方瞻仰於堯雲。對敭璽紱之華，激切肺肝之感。懋惟選建，實自薦論。顧趨謝以陳誠，辱賜書而贊善。情文兼厚，副以儀物之多；恩義并隆，焕乎衮冕之貴。静言荷戴，詎可名言。重念授册以還，甫迨彌旬之久。粤從請念，尚阻造前。祈深察於覊悰，庶早親於名範。其如懇切，曷究敷陳？仰冀英聰，俯垂照鑒。今因榮禄大夫、兵部尚書、護軍、廣陵縣開國公高慶裔等回，專奉書陳謝，不宣。謹白。

回南楚書

天會五年三月十四日，大金骨盧你移賚勃極烈左副元帥、皇子右副元帥，謹致書於大楚皇帝闕下：比遣使人，聊申慶禮。辱緘封之繼至，亦悃愊之彌深。其於感激，未易敷述。所云之事，佇期翌日仰奉光儀。專奉書陳達，不宣。謹白。

楚復致書

天會五年三月十五日，大楚皇帝邦昌謹致書於大金國相元帥、皇子元帥：比緣慶問，尋具謝緘。載申請命之誠，實懼瀆尊之咎。重蒙矜容，特賜俞允。即祇伏於軍門，方佇瞻於台表。其如吹澤，曷罄欽誠！謹奉書復聞，不宣。謹白。

行府與楚書

天會五年三月二十三日，大金骨盧你移賚勃極烈左副元帥、皇子右副元帥，謹致書於大楚皇帝闕下：近辱華音，備詳雅意。以左丞馮澥、管軍郭仲荀，皆素著於忠儉，欲俾還於職務。竊以上件官將要之定議，係於北遷。既來命之克勤，何弊府之敢吝？簽書樞密院事曹輔，禮部侍郎譚世勣，中書舍人孫覿，給事中沈晦，閤門宣贊舍人李仔，朝散郎汪藻，閤門袛候趙瑰，給事中黄夏卿，宣贊舍人趙詵，右文殿修撰宋彦通，觀察使邢端彦，將作少監蘇餘慶，少府少監徐天民，少府監丞許汪、崔亨復、包師道、羅公彦、宋忠、劉思齊、郝敏、任良臣、武恭孝、李琦，并人從家眷等，或從行廢帝，或因事軍門，今并遣還，庶俾分任。外自來所取金帛，皆係犒賞軍兵之所急用，雖不能足數，亦且期大半。今楚國肇造，本固則安，慮因徵括之急，重困斯民，亦議權止。又有夏國并別事宜。今差保静軍節度使蕭慶、觀察使李□□，口諭所云，前去計議。仰惟高明，幸察悃愊。專奉書陳達，不宣。白。

行府告諭亡宋諸路立楚文字

元帥府：勘會往者遼國運衰，是生昏德。先發釁端，自爲戎首。朝廷爰舉義師，奉天伐罪。不期宋人，浮海計議，候併遼國，願割燕雲，歲納金縑，自依舊例。先皇帝以有容爲德，嘉其來意，置以不疑，即時允許。爾後全燕才下，割之如約。其謂恩德，不爲不多。於是要以天地，質諸神明，遂立誓文：盜賊逃人，無令停止；亦不得密切間諜，誘擾邊民。傳於子孫，守而勿失。既而宸輿北返，宰執東行。不意宋貪婪無厭，稔其姦惡，忽忘前施之義，潛包悖亂之謀。遽瀆誓約，結構凶頑，使圖不軌，據京爲叛，賊殺大臣，邀回户口，啖以官秩，密令納土，仍示手書，竊行撫諭。遂使京畿之地，鞠爲寇場。洎天兵臨境，魁首奔亡，而又接引，輒相保蔽，更易姓名，授之官爵。及至追索，傳以僞首。既殺無辜，又貸有罪。不仁不耻，於此可知。朝廷方務含容，不形其惡，但誡邊臣，户口之外，一無理辨。此所以必欲久通和好之故也。彼尚飾以僞辭，終爲隱諱，招納叛亡，反擾民户，使邊賊出没作過。所有歲幣，又多愆期。背德忘恩，莫此之甚！朝廷亦不咎之，依前催索，亦不聽從，反云「本朝幅員萬里，民居散漫，雖欲根究，難指有無。况事皆已往，請別計議」。據彼迷辭，意涉誇謾。至於本境行發文字，輒敢指斥朝廷，言多侮謗。雖累次移文，俟其改過，終不悔悟，罔有悛心。矧又夏臺，實我藩輔，忱誠既獻，土民是賜。而宋人忽聚無名之師，輒行侵擾之事。因其告援，遂降朝旨，移文解和，俾復疆土。仍以狂辭，不爲依應，反云夏人納欵，曲有陳請。大金方務恩撫初附之國，且料不無曲意，姑行順從夏人，已爲周至。所自今不煩干預，自當以道理所在。且朝廷方隆恩造，下浹群邦，宋夏兩國，各蒙其賜。所與之地，裁之在我，肯致曲私，以爲周至。豈其詭詐侮慢，昧於道理，不爲禀從，如此之甚！斯則非止侵凌夏國，實關不懼朝廷。加以肆行苛虐，不恤黎元；號令滋張，紀綱弛紊；淫祠遍野，虚器盈庭。所退者非其罪，所進者非其功。賄賂公行，豺狼塞路。多端巧細，聚斂無度；役使百倍，比屋一空。天厭其德，民不聊生。尚又姑務責人，罔知省己。遂奉聖詔，伐罪弔民。亦許夏國，相應進討。趙主才聞近舉，遠奔淮甸【一】。嗣子繼立，聲言内禪。引以父咎，哀泣求和。願割三鎮，復尋舊好。特爲矜愍，遂其所請，再修盟誓，

【一】遠奔淮甸　「甸」原作「旬」，據四庫本、《墨海金壺》本、錢遵王鈔本改。

一同父約。無何誓墨未乾，盟言已變。官軍才退，援衆繼集，密敕邊臣，冀令堅守。父雖無道，情有可矜，悔過而去其位；子復背盟，理無可恕，覆車而不改轍。以故再奉嚴命，重伸弔伐。去冬諸路兵馬才到城下，累遣使人，尚冀悛改，皆蔽而不通。至閏月二十五日城破，二十九日少主出降，上表待罪。尋具申奏。奉聖旨「先帝有大造於宋，而宋人悖德，故去年有問罪之舉。乃因嗣子遣使軍前，哀鳴祈請，遂許自新。既而不改前跡，變渝愈速，是致再討，猶敢抗師。洎官兵力擊，京城摧破，方申待罪之禮。况追尋載書：『有違斯約，子孫不紹，社稷傾覆。』父子所盟，其實如一。今既服罪，宜從誓約。宋之舊封，頗亦廣袤，既爲我有，理宜混一。然念所舉，止爲弔伐，本非貪土。宜別擇賢人，立爲屏藩，以主茲土。趙氏宗人，不預此議。應宋之百司并事新君」者。其宋之道君、少主、后妃已下，并已北遷。及委前宋文武百官軍民僧道耆老、中大夫同知樞密院事孫傅等狀：「竊以本國前日將相，多上皇時用事誤國之人；自嗣君即位以來，所任宰相，亦繼以罪竄，將帥率皆敗亡之餘；其他臣僚，類皆碌碌無聞。此元帥府之所備知，豈敢蔽賢。若舉於草澤之間，亦非聞望素著，人心必不歸向，孰肯推戴？兼祖宗德澤在人，至深至厚，若別立他姓，恐生變亂，非所以稱皇帝愛惜生靈之意。若自元帥府特選立趙氏一人，不惟恩德有歸，城中方外即便安帖。或天命改卜，歷數有歸，即非本國臣民所敢預議。乞自元帥府推擇賢人，永爲藩屏。傅等不勝痛切隕越之至。」尋以趙氏父子不守信誓，爲罪之深，將所以必廢趙氏之意，往復再三，乃云「在京必無其人，乞於軍前選立太宰張相公以治國事」者。行府會驗，本官乃去年同康王出質者也。既許尋舊好之後，少主竊發精兵，夜犯營寨，官兵接戰，即時破滅。以其敗盟，遂圍京城。將臨進攻，本官哀泣泥首曰：「某身爲宰執，出質軍前，不意犯於不虞，罪當萬死！然少主莅事日淺，蓋緣姦臣所誤，且乞緩其攻擊。」因遣使詰之，少主趨迎使人，泣而謝罪，乃至和成。洎從軍北行，河北州縣或有不降，每欲進擊，必自哀求，往往有可愍之意。及重兵再舉，又乞遣使理會，雖威之以鋒刃，不之避也。欲引而南進，曰：「豈有大臣躬親出質，不能戢兵，以致交惡而同敵人，忍覩其伐主也！我頭可斷，我身不可去。」破城之日，驛召而至。語及廢國之際，號泣躃踊，涕泗交流，告乞再造。既見不容，或以腦觸柱，或以首投地，幾至自絶。乃知忠孝剛毅，出於其倫。忽聞共戴，果謂此人，則得其人也。然恐難奪其志。洎在京百官差到翰林學士承旨吴幵、翰林學士莫儔，賫狀勸請曰：「切聞建邦設都，必立君長；制國御俗，允賴仁賢。恭以大金皇帝，道奉三無，化包九有。不以混一中外，爲己私念；專用全活生靈，爲國大恩。明下詔音，曲詢衆議。矜從諸夏，俾建列藩。共推宗公，以治國事。契勘雖不許存立趙氏，既奉詔諭，擇立賢人以王兹土，則於國於民，爲幸亦已深矣。伏惟太宰相公，名高今古，學通天人，位冠冢司，身兼衆美。碩德偉望，早羽儀於百工；嘉謀赤心，每勤勞於三事。敢望以蒼生爲憂，而不以細行自飭；以機政爲慮，而不以固避自嫌。上體大金擇立存撫之恩，下副國人推戴爲主之念。」又別有狀申行府：「文武百官僧道耆老軍民共請太宰張相公以治國事，別有勸請文字。竊恐猶有辭讓，伏望元帥府更賜敦諭本官，早從輿望。」尋請知樞密院事漢軍都統制劉侍中等同詣，具道其由。勃然奮怒曰：「國雖將破，在臣子之分，豈容聞此事！」由先有防備，不獲自絶。然而閉目掩耳，背立偃蹇，終不爲聽。但罵文武官寮曰：「以諸公畏於兵威，置我賊亂之罪。寧甘死於此，不可活於彼，以取後世篡奪之名也！」然行府以軍國務重，不可久曠，尋録申奏。今降到寶册：「持節備禮，以璽綬册命爲皇帝，以撫斯民，國號大楚，都於金陵。自黄河以外，除西夏新界，疆埸仍舊。世輔王室，永作藩臣。」其間志氣，屹然不動。雖多方勉諭，以事在已然，雖死無濟，何如就册，用拯生靈。猶不下飲食累日，幾至滅性。遂擁迫入城，乃有在京官寮僧道耆老軍民共集勸請，直至今月七日，方受册命。合行曉諭，須議指揮。

京畿路　京西路　南路　北路

京東路　東路　西路　陝西路

鄜延路　環慶路　秦鳳路　熙河路

京兆路　河北東路　淮南東路　西路

右下逐處，各可照驗。應宋之舊臣，或作藩鎮，并事新君；軍國之務，事無大小，一切聽其處分。敢有違誤，或妄稱恩舊，輒有動衆以擾軍民不獲安業者，即是叛命之人。夫趙氏累世之君也，猶以失道假手於我，今大楚皇帝推戴，儻有拒命，雖有愛惜生靈，勸懲之義，當在必行，則玉石俱焚，豈能無之！宜所在曉悉此意，一切并聽節制，以副聖旨撫綏安寧之意。仍仰就便指揮，曉告所轄合干去處知悉，具依准施行狀申。

天會五年三月二十六日。

與楚計會陝西地書

天會五年三月二十七日，大金骨盧你移賚勃極烈左副元帥、皇子右副元帥，謹致書於大楚皇帝闕下：勘會准降到大楚皇帝册文，「自黄河以外，除西夏新界，疆場仍舊」，并當府所奉宣命「楚夏封界，就便從長分畫施行」者。今議定：東自麟府路洛陽溝，東底黄河西岸，西歷暖泉堡，鄜延路米脂谷、大谷、米谷、開光堡、臨夏城、聖塔谷、威戎城、萬安川、殄羌寨、杏子堡、鵓鴿谷、萬全寨、木場口、累勝寨，環慶路威邊寨、麥川堡、定邊軍、賀家原、阿原堡、木瓜堡、九星原、通歸堡、定戎堡、臥山臺、興平城、巢寨谷、曙雞嶺寨、秦市川、委布谷口，涇原路威川寨、賀羅川、賀羅口、板井口、通關堡、古蕭關、秋山堡、綏戎堡、鍬钁川口、中路堡、西安州、山前堡、水泉堡、定戎寨、亂山子、北谷川，秦鳳路通懷堡、打乘川、征原堡、古會州。自北直抵黄河，依見今流行，分熙河路盡西邊，以限楚夏之封。所有界至，如或指定地名城堡處所，内有出入懸邈者，相度地勢，各容接連，兩相從便分畫。布此悃悰，冀爲孚察。專奉書陳達，不宣。謹白。

楚回書

天會五年三月日，大楚皇帝邦昌謹致書於國相元帥、皇子元帥：比遣使指，申諭夏疆。已附致於悃誠，復勤書於誨示。恭聞宣命，俾分畫之從長；兹奉令慈，指地名而開示。「東自麟府路洛陽溝，東底黄河西岸，西歷暖泉堡，鄜延路米脂谷、大谷、米谷、開光堡、臨夏城、聖塔谷、威戎城、萬安川、殄羌寨、杏子堡、鵜鴣谷、萬全寨、木場口、累勝寨，環慶路威邊寨、麥川堡、定邊軍、賀家原、阿原堡、木瓜堡、九星原、通歸堡、定戎堡、臥山臺、興平城、巢寨谷、曙雞嶺寨、秦市川、委布谷口，涇原路威川寨、賀羅川、賀羅口、板井口、通關堡、古蕭關、秋山堡、綏戎堡、鍬钁川口、中路堡、西安州、山前堡、水泉堡、定戎寨、亂山子、北谷川，秦鳳路通懷堡、打乘川、征原堡、古會州。自北直抵黄河，依見今流行，分熙河路盡西邊，以限楚夏之封。其間懸邈，各許相度其宜，以至接連，兩相從便」。已具遵於定議，當即接於伻圖。其或未安，尚容再禀。仰祈英覽，洞照微衷。謹奉書復，不宣。謹白。

與楚減免銀絹錢書

天會五年三月二十九日，骨盧你移賚勃極烈左副元帥、皇子右副元帥，謹致書於大楚皇帝闕下：會驗宋時除依遼國舊例，歲輸銀絹五十萬兩疋外，别納錢一百萬貫，初以代燕地所出。今若依例輸納，且念地既分割，民有凋弊，特免錢一百萬貫，減放銀絹二十萬兩疋，每年只議納三十萬兩疋。銀絹各半，其數亦依舊例交割。布此悃悰，冀爲照察。專奉陳達，不宣。謹白。

楚謝減銀絹錢書

天會五年四月日，大楚皇帝邦昌謹致書於國相元帥、皇子元帥：重勤書誨，祇荷令慈。惟前朝之所輸，准定數而有例。俯念地土割裂之後，方當人民凋弊之餘，曲賜寬矜，悉從蠲免。特免錢一百萬貫外，減放銀絹二十萬兩疋，每年只議納三十萬兩疋。銀絹各半，其數一依舊例交割。所蒙指諭，悉已遵承。其於感戴之心，難盡敷陳之素。仰惟聰哲，深亮悃誠。謹奉書陳復，不宣。謹白。

楚回書

天會五年四月日，大楚皇帝邦昌謹致書於國相元帥、皇子元帥：祇領華緘，具欽隆指。城破不取，已歸全度之仁；軍賞姑停，載荷哀矜之賜。以至蠲免歲納之數，悉繫始終恩顧之私。惟頂踵之所蒙，雖膚髮而可割。所有三十萬兩疋，纔候措置就緒，請依令旨排辦。伏祈英亮，垂鑒卑悰。謹奉書陳復，不宣。謹白。

元帥右監軍與楚書

天會五年七月日，元帥府右監軍謹致書於大楚皇帝闕下：昨者宋人不幸，趙氏敗盟，由此出師，至於國都。乃廢宋而造楚，本以示懲勸於後來者也。班師之日，定約具存。貴心腹以相知，凡事爲而必達。距今累月，曾無一音。緬想其間，不知何似。所約陝西之地，以屬夏國之疆，頃被彼人，請分玆土。伏冀早爲割畫，用副悃誠。睽違去此既遥，動静於玆未悉。回復之際，次第相聞。商氣方清，願膺繁戬。今差朝散大夫、少府少監、飛騎尉、□□縣開國男、食邑三百户、賜紫金魚袋牛慶昌，六宅使、銀青榮禄大夫、檢校太子賓客、兼殿中侍御史、雲騎尉樂誂，專奉書陳達，不宣。謹白。

康王與帥府通問此係金守邊人録白康王書申帥府文字，標目似誤

今月十九日，准黄河南岸遣過兵士丁俊、馬立等二人，賫到稱「大宋皇帝奉使國相元帥通問所」牒封，當府照到來牒上題寫「大宋」二字，尋與都統所同共商量，爲國號不同，不敢收留，已回牒却於元差來人取賫回，及已具申稟元帥府施行。候奉到指揮，别行牒去訖。今録白通問所元來公文粘連在前，須至申覆者。

右謹如前，伏乞元帥府照驗施行。

天會五年七月二十六日。

康王書

建炎元年六月日，大宋皇帝致書於大金國相元帥帳前：蓋聞天屬所繫，遇患相收；鄰國之交，行道爲福。輒披哀懇，用徹聰聞。顧大義之當然，宜高懷之洞照。痛念本國遠通貴朝，原其浮海之初，各有誓山之志。事有可恨，謀因不臧，一變歡盟，重罹禍故。興言及此，雖悔何追。昨爲將命之行，深冀接辭之幸。取道偶異，有懷弗宣。逮提入衛之師，承奉再和之詔。初謂登陴而不下，荷德何言；終聞舉族以偕行，措躬無地。便欲自投於死所，莫能終拂於輿情。繼體非心，抆泪盈握，早夜以思，投告無所。乃惟博達，必照幾

微。天有常理，不多上人者，蓋識消息盈虚之數；天無私覆，非大無道者，皆有扶持安全之心。諒國相元帥，特擴大度，深矜至衷。資二帝之南還，擇六宫而偕行。無留宗族，并返官聯。上承天地好生之心，俯慰黎元願息之意。倘施恩之出此，宜圖報之何如。四海流聞，必服柔而慕德；上穹降鑒，亦眷佑以垂休。兹惟治國之遠圖，不特冲人之私幸。炎蒸在候，調護惟宜。所有二帝諸后問安表牋，并望指揮，即令通達，許人進見，以慰夐夐瞻慕之心。有少禮物，具如別幅。謹白。

回康王書

天會五年十月四日，元帥右監軍、右都監同致書於前宋康王閤下：且以亡宋累違誓約，故前年有城下之盟。洎成之後，不務遵奉，反圖不軌。雖使悔之，終無悛改，故今年有滅國之舉。汴人既與執迷，理宜夷戮，而登城不下，擇立賢人，蓋以罪有所歸，肯多上人而違安全之心乎？至於告諭諸路，不許復思趙氏，亦使後世爲人上者，恡於盟信，不敢放縱，以爲深戒，豈是已甚耶？今閤下身既脱網，亦合守分，輒敢竄入汴邑，僭稱王號，遣使詣府，一無遜辭。反求父兄宗親官聯，而陰遣軍兵，頻來戰鬬。詳味其意，全無追悔父兄之誤，特有以力抗拒之心。况朝廷所立大楚皇帝，不言所在之處。帥府議定割與夏國陝西諸路之地，有無已未依從，難議允聽。今因人使回，專奉書陳達，不宣。白。

伐康王曉告諸路文字

元帥府：勘會昨爲宋人不守恩義，反圖不軌，故天會三年初有問罪之辭。趙佶以前非罪己，棄位奔逃；嗣子桓幸釁稱君，哀鳴請命，割其三府，復講舊歡。既而誓墨未乾，叛音薦至，王師才退，賊衆仍集。故天會四年復興亡宋之師。汴城既克，趙氏遂遷。原其士民，附於昏德，各宜誅戮，以徇狂迷。然朝廷以爲罪既有歸，愚民何咎？乃立太宰張邦昌爲大楚皇帝，以主斯民。此亦朝廷有大造於宋也。不期蒼穹降禍，汴邑更端，推戴趙構，妄稱興復。阻絶津路，敢肆窮兵。遂使武士死於鋒刃【二】，填於溝壑；居民苦於流離，無有聊生。猶自數犯疆埸，搔擾邊民。且趙構雖係亡宋之餘，是亦匹夫，非衆人共迷，無由自立。此無知之構，飾巧端肇亂，人心亦惑於巧説，以致於此。是知罪亦係於輿人。故復承嚴令，重申大伐，純領重兵，諸路齊進。趙佶嘗誇「本朝幅員萬里，居民散漫」，蓋以朝廷裂全燕益其國，縱常勝增其力，此其所以恃賴已甚，貪求無厭，反圖不軌之由也。全燕、常勝皆復歸化外，并晉之地，古謂雄藩，趙魏之民，舊稱富庶。前此之際，尚不能禦，悉爲我有。況又關西、隴右，亦云驍鋭，别有圖謀之計。趙氏之所恃者，汴洛殘民而已，其餘不可言也。以我雄師，何往不獲？期在必克，指日定亂。此非威脅，人所共知。若趙構曉悉此意，親詣轅門，悔罪聽命，則使與父兄圓聚，復立大楚而已。如張氏已遭鴆毒，則别擇賢

【二】遂使武士死於鋒刃　「刃」原作「刀」，據四庫本、《墨海金壺》本、錢遵王鈔本改。

人，使斯民有主而已，秋毫無犯。若或仍敢恣狂，終無悛悟，即許所在士民僧道齊心擒送，以靖國難。若亦不慎去就，稍拒官軍，不即擒送，及不住擾亂新邊，即是以迷固迷，與亂同道，自取塗炭，罪宜不宥。累年征討，定無蘇息。今特曉告，須議指揮。右下應係亡宋諸路州府軍縣官僚僧道耆老軍人百姓，可各照會，審擇長計，無招後悔。付逐處，准此。

天會五年十二月二十三日。

差劉豫節制諸路總管安撫曉告諸處文字

趙氏自結義本朝，屢違誓約，重犯罪愆，故於天會三年興兵問罪。父佶既走，子嗣哀鳴求好，復立嚴誓，要諸天地，質諸神明，其於委細，一如父約。豈謂官軍才退，子戾甚前，故於天會四年復舉師旅，廢滅趙氏。汴人既附昏德，復抗官軍，亦宜按以軍令。原其罪本已有所歸，并蒙寬宥。重念斯民，本朝既不貪土，又不可以久無主，仍委亡宋臣僚選舉道德隆懋堪爲人主者，咸薦張氏，綽有人望，克兹重任，立爲大楚皇帝，繼主其民。朝廷推亡固存之義，不謂不深。不期趙氏遺孽，竄在郊遠，在彼潛謀不軌，輒行廢立。故自天會五年，又舉大兵，擒捕興復。所有趙氏本末罪狀，已具曉諭。今緣逆賊逃在江浙，比候上秋再舉，暫就凉陘。勘會南民久習澆訛，雖丁寧説諭，尚多違背。况亡宋諸路前後攻降撫定，除陜西行府别有措置外，京東、京西、淮南等路并河北州府不少。比至擒獲趙構，别立新主以來，若不依行府已奉便宜行事宣旨，選擇幹事官員主領，亦慮相次又被僞賊暗竊連合，妄起事端，枉遭禍敗，須議指揮。右下知濟南府劉豫，可知東平府事、京東、京西、淮南等路安撫使，兼諸路馬步軍都總管，大名、開德府、濮、博、濱、棣、滄、德州，亦在節制。凡諸事體，且循宋舊例。其徭役賦斂，會驗宋時特係煩酷，速宜就長規計，務從民便。至於獄訟，亦要寬簡，刑罰臨事制宜，勿拘常法。其有未經納款州府軍縣，仰差人具説禍福利害，招攜歸業，免於將來再舉，枉遭驚懼。其間若有勞效，一心歸順，公務幹辦者，無問士庶，并依宋時例格，椿擬合補資級，就便出給公據，候立新君，别給正行付身。所有安撫司職分合得請俸，并本司合用司吏公使人力，著依京東西路安撫司已設置人數分例。或有今來事體比舊重大，約量添置。更於民間疾苦，特行減損，亦自從宜畫定。行府更慮諸路州府猶有執迷不從或輒叛亂，已留重兵，分屯衝要處所。仍摘留元帥左監軍分司在此，從宜措置施行。若有如上事理，本司力難克制，仰計會申覆左監軍，取候指揮。若諸州縣職員内有見闕，或不任職事，至於計運勸農等事，須至設官，即許便行差填替换，旋報監軍照驗，不得有違慢易。并下揚、真、楚、泗、泰、沂、海、徐、濱、棣、滄、德、博、淄、青、恩、清等州，襲慶、東平、開德、大名等府，睢陽、高郵、天長等軍，可照驗。并聽安撫使司節制，不得有違。付逐處，准此。

天會七年二月日。

天會四年冬，元帥伐宋，師次高平，先遣烏凌噶思謀天使入汴致書，至五年二月六日廢宋少主桓爲庶人實録

宋中書舍人孫覿撰

天會四年十一月十六日，大金骨盧你移賚勃極烈左副元帥自太原進兵，次澤州。十七日至高平，遣使烏凌噶思謀致書宋少主以興師問罪之意。議欲割河爲界，俾分遣大臣詔諭河東北兩路兵民交割；仍先具凡所聽命不違國書還報。烏凌噶思謀即日馳馬上道。十九日渡河，河上守卒無一人在者，聞天軍至，悉散去矣。所過居民藉藉有語，往往瞋目相視，間關數百里【三】。二十日次汴都，忽遇南軍數百騎，圍之數重，城門閉，不得入。日已夕，詔開順天門，館於都亭驛。越一日，入見崇政殿，跪致書，具申諭書意，并欲干戾人蔡京、童貫、王黼、李綱、吴敏、陳遘、詹度、馬擴、張孝純家屬等九人執赴軍前。宋主即日報書，引咎自責，祈請備至。遣門下侍郎耿南仲、同知樞密院事聶昌，持詔分畫兩河四十四州軍。詔意大抵謂「爲人父母，豈忍爲此，蓋不獲已。苟全汝生，猶吾民也，勿懷顧望」。抵晚陛辭，復令騎吏數百護送出關，宿瓊林苑。軍士相聚謗罵，通夕不敢寐。遲明遂行。約二十六日次河陽，遇元帥，遂引兵而南。河流淺涸，不用船筏，策騎而渡。閏十一月二日，駐汴之青城。三日，復遣烏凌噶思謀同借保静軍節度使蕭慶、借司農少卿楊貞幹致書，欲畫河内州郡，并前次使人所索官吏漏落之數，如蔡攸、徐處仁、王安中、李彌大、

【三】間關數百里　「關」原作「闗」，據四庫本、錢遵王鈔本改。

劉韐、折彦實、折可求、吕仲、王禀及趙良嗣、蔡靖、高世由、范直方、滕茂實、李嗣本家屬，并約少主出城會盟，以示大信。烏凌噶思謀持書扣城，城上皆持滿相向，遂駐射。又策馬前諭使旨，復投矢石見拒。薄暮傳詔，繼而止舍都亭驛。七日，入見崇政殿致書。八日，得旨，詣都堂與三省長官何㮚等集議。報書第言「始割三鎮，即遣馮澥、李若水如約；復議畫河，又遣耿南仲、聶昌分詣」，而會盟不從。九日，陛辭，出安上門復命。十四日，又遣烏凌噶思謀致書云：「使還，少主以會盟爲疑，可遣右僕射何㮚赴軍前計議，而以上皇、皇弟越王、太子爲質。」翌日，烏凌噶思謀病卧館中，不能朝，詔中使挾醫馳視。十七日，得旨，乘肩輿入對，不拜，詔内侍給扶。奏事畢，免辭謝。以皇伯保順軍節度使、開府儀同三司安康郡王仕詵同馮澥計議，留何㮚不遣。詔烏凌噶思謀乘卧輿還報。既還，止帳中，元帥飭遣數醫臨視。黎明【四】，力疾詣帥府復命以歸。二十四日，疾有瘳。二十五日，大軍自南壁登城。元帥傳令，不得輒下城縱掠。二十七日，宋少主遣宰相何㮚、中書侍郎陳過庭、皇弟濟王栩請命。二十九日，又遣皇叔燕王俁、越王偲，皇弟鄆王楷、景王杞、濟王栩、祁王模、莘王植、徐王棣、沂王㰘、和王栻、信王榛，凡一十一人，請命於元帥，而不得見。第遣皇弟四人還諭少主，令速出郊。三十日昧爽，少主素隊出南薰門，大臣侍從親王等從者四百人。烏凌噶思謀傳元帥旨，迎勞少主畢，遂館伴少主於青城。宰執泣。十二月二日，少主降服，上表稱臣待罪。表云：「長驅萬里，遠勤問罪之師；全庇一宗，

【四】黎明　「明」原作「日」，據四庫本改。

仰戴隆寬之德。感恩念咎，俯極危衷。臣猥以眇躬，奉承大統，懵不更事，濟以學非，昧於知人，動成過舉。重煩元帥，來攻陋邦。三里之城，已失藩維之守；九廟之祀，幾成煨爐之餘。不圖深仁，曲假殘息。兹蓋伏遇伯大金皇帝乾坤之德甚溥，日月之照無私。不怒之威，既追蹤於湯武；好生之德，且儷美於唐虞。弗念一夫之辜，特全萬人之命，宇宙載肅，宗廟復安。文軌既同，永托保全之惠；雲天在望，徒深向往之誠。臣謹奉表稱謝以聞。」表入，復令易服稱謝爲待罪云。焚香贊拜，禮畢，見元帥於端成殿。酒三行，烏凌噶思謀復陪少主入城，次南薰門。城中官吏軍士父老持香花迎於門内者，填塞道路，呼萬歲，聲徹數里，悲涕交下。少主泣涕不止。少主還内，館烏凌噶思謀於都堂。始括馬幾萬匹，又出内帑千萬縑犒軍。惟金銀表段不能副所須。詔開封府尹：「自府庫洎臣寮戚里大姓之家，悉皆蒐取。」而所得不及百之一。少主自是不御殿，惟坐祥曦小殿見使人等。五年正月九日，元帥以書約少主議事。使烏凌噶思謀復館伴少主於青城，親王位西廡下。始取冠冕法服、上所尊號玉册、大駕、法駕、鹵簿、五輅、副輅、九鼎、八寶、國子監書板、三館秘閣四部書、太常禮物、大成樂舞、明堂大内圖，以至乘輿服御珍玩之物。翰林醫官、教坊樂工、宫人内侍，各以百十數。少主日遣使數輩，降親札督責有司，輦致軍前。二月六日，出大金皇帝所降詔，廢宋少主，素服望闕伏拜受詔，大臣親王侍從皆從。禮畢還館，讀詔云：「既爲待罪之人，自有易姓之事。」廢帝抒思良久，易衣撤榻乃坐。諸王在旁，流涕嗚咽。元帥即遣左丞馮澥、樞密曹輔入侍廢帝，大臣何㮚以下悉散從軍中。薄晚，元帥傳諭廢帝，親筆召太上皇、太上皇后、妃嬪帝姬以下，悉詣軍前。翌日，太上皇、太上皇后鄭氏出城。元帥使烏凌噶思謀出迎，且辨奸詐。即引入與廢帝同館。廢帝詣上皇，相持號慟。上皇獨毅然不改容，曰：「天之所廢，吾其如天何！」未幾，諸王嬪御以下畢至，親王二十八人，帝姬一十五人，皇太子一人，諸王男女一十六人。元帥日遣使問上皇、二后、廢帝起居，供饋甚厚。凡所需用，悉取無禁。遣馮澥、曹輔出館。

遼主耶律延禧降表

臣耶律延禧言：今月十八日，西南西北兩路都統府差蕭愈等賫到文字，准奉詔旨招諭者。伏念臣祖宗開先，順天人而建業；子孫傳嗣，賴功德以守成。奄有大遼，權持正統。拓土周數萬里，享國逾二百年。從古以來，未之或有。迨臣纂紹，即已妄爲，恃太平既久之時，隳累代常行之法。寖行侮易，先忤交和，輒無名以舉兵，望有捷而張勢。曲直既顯，勝負自分，雖黷武之再三，曾敗績之非一。往馳信使，永講前歡，特蒙天地之恩，許結弟兄之睦。臣更爲眩惑，弗克遵依，以是再引干戈，重尋釁隙。民神共怒，智力俱窮；寶命既歸，神器難守。宗廟傾覆，甘承去國之羞；骨肉既俘，獨作逃生之虜。非天時之未識，緣己罪之尤深。宣諭幸聞，宸恩得浹。臣自知咎惡，猶積兢惶。伏望皇帝陛下念上世之舊歡，恕愚臣之前過，許奉先人之祀，留爲亡國之餘。則百生荷再造之恩，一族感聚居之義。謹與見在從官，望闕俟罪。

遼主謝免罪表

臣延禧言：四月八日，賫到詔書一道，特免臣罪，及撫諭仍與西南西北兩路都統勃極烈同朝見者。豈不自知合被罪盈之責，將何以報特蒙望外之恩？欣幸越常，兢惶失次。伏惟皇帝陛下仁洽萬物，道配二儀，猶推不忍之心，靡追既往之咎。温頒天語，秩振德音；俾底安全，特寬罪戾。非一身幸免武湯問罪之威，抑舉族均荷唐虞好生之德。今專俟都統勃極烈等赴闕同行次。

降封遼主爲海濱王詔

敕下大遼皇帝延禧：定矣廢興之數，雖謂在天；迹其榮辱之來，無非象德。從古以降，其事皆然。以爾長惡，謂之不君，積釁至於亡國。比讒迕直，侮聖矜能。烝淫見亂於人倫，驕佚不移於本性。銅山屬弄臣之輩，金穴藏外戚之家；對之終日無話言，行之當代唯亂政。淫刑以逞，視妻子如豺狼；典禮不修，輕人臣如犬馬。旋聞中外，大紊紀綱。朋邪與中正無分，優娼共后妃雜處。室如懸磬，猶能峻宇雕牆；人之流離，不輟從禽逐獸。

邦之杌隉，民曰怨咨。方當降罰之時，更稔怒鄰之意，蕩摇我邊鄙，招納我叛亡。爰自先朝，以修武事，我師直而順動，彼勢屈以自摧。曾於奔北之間，輒有和成之請。即爲恩義，許結弟兄。更引美矣之辭，矯示友于之字。孽既自作，禍從此深。骨肉見俘，宗祧失守。疇昔大勢已謝，往銜去國之悲；於今後事何爲，莫有逃天之計。自知窮蹙，方以歸投。然嘉來意之甚勤，其奈罪條之具在。既爲天之廢棄，又爲民之仇讎。加之斧鉞，則豈謂無名？投諸魑魅，則誰云不忍？事難與恕，朕固合爲。載念取亂覆昏，屬兵武有成之績；繼絶興廢，是國家非常之恩。勉降新封，止除舊號，可封爲海濱王。其供帳安置，并如典例。嗚呼！朕循故事，無專己以妄爲；爾有前非，宜撫躬而内省。祇復厥命，以保乃身。故兹詔示，想宜知悉。

遼主謝封海濱王表

臣延禧言：今月七日，伏蒙聖慈，特賜詔書一道，降封臣爲海濱王者。罪當不免，誠天下之公言；恩反有加，見聖人之全度。事來望外，喜出憂中。伏念臣粤自祖宗，肇有社稷。山河固國，開數萬里之提封；功德浹民，享二百年之福禄。迨臣繼統之後，昧於守成之難，矜得太平，作爲多罪。先絶鄰好，輒造釁端。遂出無名之師，果爲有德者勝。未更十載，并失五都。左右以之離心，中外以之解體。漸及窘迫，旋至播遷。大寶已歸，神器安在？朝夕莫保，骨肉見離，伶俜一身，淒苦萬狀【五】。昔兵連怨結，幾年忤先帝之心；今勢盡力窮，何計逃吾君之手。伏承皇帝陛下具依遺旨，明諭聖言，許臣不死之恩，恕臣既往之咎。故當遵聽，是即歸懷。今則先廟告成，中宸賜見，凌兢失魄，慚汗何顏。即加斧鉞之誅，正爲當罪；如投魑魅之處，非不甘心。豈期遽易刑章，曲從禮典。所幸得全性命，敢希天上之恩；何期不伍公侯，更賜日中之號。此蓋皇帝陛下大明遍照，至德兼容。取亂侮亡，仗殷周之義；繼絶興滅，推唐虞之仁。以致此身，得承先祀。倘九廟之靈不昧，亦知感恩；況百口之屬更生，何忘報德。

【五】淒苦萬狀　「淒」原作「悽」，據四庫本、《墨海金壺》本、錢遵王鈔本改。

郭藥師拜降表 天會四年正月

相時而動，動止固未之有常；順天者存，存亡寧可以不察？事屬已定，人難執迷。伏惟皇帝陛下祇奉先猷，紹隆正統。皇天所以假手而誅亂，生民所以延頸而徯蘇。臣等素提一旅之師，旋屬百六之運。自秦晉之捐代，洎文后之擅權，政教皆失其紀綱，恩威不行於咫尺。十家欲叛者八九，一日將死者再三。在亡遼無可事之君，顧大金有難歸之路。故率萬兵而附漢，然嘗三載以撫燕。宋主載嘉，秦官是予。念曾感一餐之惠，尚思捐七尺之軀。故窮捍禦之勞，庶圖報答之效。戰卒既寡，餘力何施？矧知上帝之是依，敢思困獸之猶鬬。豈一身之是惜，念百姓之無辜。頃者東征，雖曾雷震之敢犯；今焉北面，尚期天地之有容。臣等謹以全燕文武官吏將校并馬步甲兵十萬，及係官斛粟錢帛諸物等，謹陳表上進以聞。

賀宋畫河請和表天會五年正月，知樞密事劉彦宗上表

我伐用張，果獲師中之吉；罪人斯得，旋爲道左之降。凡預見聞，孰不呼舉？竊惟有宋，昔謂殊鄰。始馳一介而來，請講兩朝之好。推誠以待，背德不恭。乃父陰結於平山，既渝海上之約；厥子不割我三鎮，又忿城下之盟。殆惡貫之既盈，蹈覆車而不戒。聖算先定，天兵載揚。以蟻蟲蚊蚋之屯，戰貔虎熊羆之士。且天助者順，人助者信，既弗履行，雖城非不高，池非不深，詎能固守？彼衆狼狽而失據，我軍奮躍以登陴。夷門之火始然，汴河之水皆沸。臣主無捐軀之所，社稷有累卵之危。問使絡繹以求哀，諸弟涕洟而拜叩。申致畫河之請，敢逃削地之誅。且能修臣子之極恭，惟所命令；是用存朝廷之大體，不即滅亡。已昭討叛之刑，又著服柔之義。金鼓一動，威德兩全。此蓋皇帝陛下旋乾轉坤，開日闢月。逍遥游息，而廣土以定；拱揖指顧，而大事聿成。巍巍武功，高冠百王之上；煌煌國步，獨尊六合之間。臣叨處鼎司，出提兵馬。逢千年之會，徒共快於斯時；奉萬壽之觴，恨阻陪於列辟。

皇弟諳板勃極烈杲等賀俘宋主表天會五年正月

伏睹破汴俘獲宋主者。釁生鄰國，宜我伐之用張；佑自皇天，果罪人之斯得。照臨之下，忭舞攸同。切以天棄宋邦，運終趙氏，爲鄰數載，取怒兩朝。佶則背先帝之恩，遽渝海上之約；桓則負我皇之義，又違城下之盟。惟父子之罪同條，故神人之心共棄。既爲所懨，必訖於亡。王旅嘽嘽，往專求於首惡；虎臣矯矯，思亟奏於膚功。羽檄旁飛，神旗南指；郡縣繼下，城壁俱摧。全軍徑濟於黃河，王氣潛消於赤縣。堅甲利兵，固資義勝；高城深壘，其如德何！自知天網以難逃，俱詣軍門而請罪。望闕虔籲天之請，在郊展銜璧之儀。願上版圖，乞爲臣屬。獲諸殷紂，武王自誓於商郊；紲彼秦嬰，高祖親營於灞上。未如聖代，專委帥臣。去年獲遼國之君，遥聞捷報；今日俘汴都之主，坐聽降音。不出户庭，克平海宇。此蓋皇帝陛下神謀獨運，廟算無遺。甫踰再稔之間，繼有非常之事。告成先廟，振不墜之英風；傳報諸侯，聳無敵之彊勢。六合之内罔不服，千古以來未之有。如臣等叨備宰司，獲承聖略，媿無裨贊，徒幸遭逢。元會在辰，式集四方之賀；愚誠歸美，敢揚萬壽之休。

左副元帥宗翰右副元帥元望賀俘宋主表

臣等奉詔伐宋，屢克城邑，繼至汴京。閏月二十五日克汴。三十日，宋主趙桓出城。今月二日，率其諸王百官國人僧道，望闕稽首，跪上降表者。稔惡弗悛，自難逃於天網；得道多助，孰敢抗於王師。惟宋當八世之承平，恃百年之儲積，内有甲兵之備，外無邊境之虞。以其隔大海之遥，未嘗通先朝之問。太祖大聖皇帝誕膺歷數，肇造邦家。彼乃密修浮海之勤，懇致復燕之請。輒憑一介，遂割兩京。曾未立於歲時，已遽忘於恩造。動摇我封部，招納我叛亡。皇帝陛下以生靈爲心，擴乾坤之量，但令理辨，曲示含容。迄無意於改圖，方興師而問罪。佶則倉皇而遜位，桓惟哀泣以求存。議割三府之疆，請復兩朝之好。豈意我師甫退，信誓又渝。兹益重於前愆，累再煩於天討。蓋憑成算，以底全功。遂令繼世之君，俱爲亡國之虜。威靈遐暢，文軌大同。臣等出分閫外之憂，坐獲師中之吉。躬齊五伐，不勞仗鉞於商郊；仰祝萬年，願效奉觴於漢殿。

降封昏德公詔 天會六年八月，太宗皇帝實録内録到

制詔佶曰：王者有國，當親仁而善鄰；神明在天，可忘惠而背義？以爾頃爲宋主，請好先皇，始通海上之盟，求復山前之壤。因嘉懇切，曾示允俞。雖未夾擊以助成，終以一

言而割錫。星霜未變，釁隙已生。恃邪佞爲腹心，納叛亡爲牙爪。招平山之逆黨，害我大臣；違先帝之誓言，愆諸歲幣。更邀回其户口，惟巧尚於詭辭。禍從此開，孽因自作。神人以之激怒，天地以之不容。獨斷既行，諸道并進。往馳戎旅，收萬里以無遺；直抵京畿，豈一城之可守。旋聞巢穴，俱致崩分。大勢既以云亡，舉族因而見獲。悲銜去國，計莫逃天。雖云忍致其刑章，無奈已盈於罪貫。更欲與赦，其如理何？載念與其底怒以加誅，或傷至化；曷若好生而惡殺，别示優恩。乃降新封，用遵舊制，可封爲昏德公。其供給安置，并如典禮。嗚呼！事蓋稽於往古，曾不妄爲；過惟在於爾躬，切宜循省。祇服朕命，可保諸身。

降封重昏侯詔

制詔桓曰：視頹綱以弗張，維何以舉？循覆轍而靡改，載或爾輸。惟乃父之不君，忘我朝之大造。嚮因傳位，冀必改圖，且無悔禍之心，翻稔欺天之惡。作爲多罪，矜恃姦謀。背城下之大恩，不割三鎮；搆軍前之二使，潛發尺書。自孽難逃，我伐再舉。兵士奮威而南指，將臣激怒以前驅。壁壘俱摧，郡縣繼下。視井惟存乎茅絰，渡河無假於葦航。豈不自知，徒嬰城守；果爲我獲，出詣軍前。尋敕帥臣，使趨朝陛。罪誠無赦，當與正於刑名；德貴有容，特優加於恩禮。用循故事，俯降新封，可封爲重昏侯。其供給安置，并如典禮。嗚呼！積釁自於汝躬，其誰可恕；降罰本乎天意，豈朕妄爲。宜省前非，敬服厥命！

昏德公表天會七年八月

臣佶伏奉宣命，召臣女六人賜内族爲婦，具表稱謝，伏蒙聖恩，賜敕書獎諭者。仰勤睿眷，曲念孤蹤，察流寓之可憐，俾宗藩之有托。伏念臣棲遲一己，黽勉四遷。顧齒髮以俱衰，指川途而正邈。獲居内地，罔間流言。得攀若木之枝，少慰桑榆之景。此蓋伏遇皇帝陛下擴二儀之量，孚九有之私，憫獨夫所守於偷安，辨衆情免涉於疑似。臣敢不誓堅晚節，力報深仁。儻伏臘稍至於蕭條，賴葭莩必濟乎窘乏。尚祈鴻造，俯鑒丹衷。臣無任瞻天望聖激切屏營之至。

又謝表昏德公、重昏侯經過，詔遣使館之，賜以幣帛酒食，仍許其諸女相見，昏德公上表謝

天恩下逮，已失秋氣之寒；父子相歡，頓覺春光之暖。遽沐絲綸之厚，仍蒙縑繐之頒。感涕何言，驚惶無地。竊以臣舉家萬指，流寓三年。每憂糊口之難，忽有聯親之喜；方虞季子之敝【六】，誰憐范叔之寒。既冒寵榮，愈加驚悸。此蓋伏遇皇帝陛下唐仁及物，舜孝臨人。故此冥頑，曲蒙保衛。天階咫尺，無緣一望於清光；短艇飄飄，自此回瞻於

【六】方虞季子之敝　「季」原作「李」，據四庫本、《墨海金壺》本、錢遵王鈔本改。

魏闕。

重昏侯謝表

暫留内殿，忽奉王言，特許手足之相歡，更被縑緗之厚賜。喜驚交至，恩旨非常。伏念臣稟性冥頑，賦質忠實。負邱山之罪，天意曲全；聯瓜葛之親，聖恩隆大。方念無衣之卒歲，遽欣挾纊之如春。此蓋伏遇皇帝陛下仁恕及人，勞謙損己，雖天地有無私之覆載，而父母有至誠之愛憐。念報德之何時，懷此心而未已。

昏德公表

臣佶言：伏蒙宣命，差官館伴臣赴和囉噶路安置，於今月二日到彼居住者。曲照煩言，止從近徙，仍敦姻好，尚賜深憐。大造難酬，撫躬知幸。竊念臣舉家萬指，流寓連年，自惟譴咎之深，常務省循之效。神明可質，詎敢及於匪圖；天地無私，遂得安於愚分。驚濤千里，顛躓百端。幸復保於桑榆，僅免葬於魚鱉。此蓋伏遇皇帝陛下垂邱山之厚德，擴日月之大明，非風波而可移，亦浸潤而不受。回瞻象闕，拜渥澤以馳心；仰戴龍光，感孤情而出涕。

册大齊皇帝文

維天會八年，歲次庚戌，七月辛丑朔二十七日丁卯【七】，皇帝若曰：朕聞公於御物，不以天下爲己私；職在牧民，乃知王者爲通器。威罰既以殄罪，位號宜乎授能。乃者有遼，運屬顛危，數窮否塞，獲罪上帝，流毒下民。太祖武元皇帝，仗黄鉞而拯黔黎，秉白旄而誓師旅。妖氛既掃，區宇式寧。爰有宋人，來從海道，願輸歲幣，祈復漢疆。太祖方務善鄰，即從來議。豈意天方肇亂，自啓釁階。陰結叛臣，賊虐宰輔。招集姦慝，擾亂邊陲。肆朕纂承，仰承先志，姑存大體，式示涵容。乃復蔽匿逋逃，夸大疆域，肆其貪狠，自起紛争。擾吾外屬之藩鄰，取其受賜之疆土。因彼告援，遂與解和，終莫聽從，巧爲辭拒。爰命將帥，敦諭盟言。許以自新，終然莫改。偏師傅汴，首惡奔淮，嗣子哀鳴，請復歡好。地畫三鎮，誓卜萬年，凡有質要，悉同父約。既而官軍未退，夜集衆以犯營；誓墨纔乾，密傳檄而堅壁。私結人使，陰構事端。以致再遣師徒，詰兹敗約。又起畫河之議，復成緩戰之謀。既昧神明，乃昭聖鑒。京城摧破，鼎祚淪亡。無併爾疆，以示不貪之德；止遷其主，用張伐罪之心。建楚新封，守宋舊服，庶能爲國，當共息民。不料懦夫，難勝重任，妄爲推讓，反陷誅鋤。如構者，宋國罪餘，趙氏遺孽，家乏孝友，國少忠勤。銜命出和，已作潛身之計；提師入衛，反爲護己之資。忍視父兄，甘爲俘虜，事雖難濟，人豈無情。方在殷憂，

【七】維天會八年歲次庚戌七月辛丑朔二十七日丁卯　此二十字原無，據《三朝北盟會編》補。

樂稱僭號，心之幸禍，於此可知。乃遣重兵，連年討捕。比聞遠竄，越在島夷。重念斯民，亂於無主，久罹塗炭，未獲昭蘇。不委仁賢，孰能保定！咨爾中奉大夫，京東西淮南等路安撫使，兼諸路馬步軍都總管，知東平府事【八】，節制大名、開德等府，濮、博、濱、棣、德、滄等州劉豫，夙擅直言之譽，素懷濟世之才。居於亂邦，生不偶世。百里雖智，亦奚補於虞亡；三仁至高，或願從於周仕。當姦賊擾攘之際，愚氓去就之間，舉郡來王，奮然獨斷。逮乎歷試，厥勳克成。委之安撫德化行，任之尹牧獄訟理，付之總戎盜賊息，專之節制郡國清。况有定衰撥亂之謀，拯變扶危之策。使民無事則櫜弓力穡，有役則釋耒荷戈。罷無名之征，寢不急之務。徵遺逸，舉孝廉，振紀綱，修制度。省刑罰而去煩酷，發倉廩而息螽螟。神人以和，上下協應。比下明詔，詢考輿情。列郡同辭，一心仰戴。宜即始歸之地，以昭建業之元。是用遣使某官高慶裔、副官韓昉備禮，以璽綬寶册命爾爲皇帝，國號大齊，都大名府。世修子禮，永貢虔誠。錫爾封疆，并從楚舊。更須安集，自相攸居。爾其上體天心，下從人欲；忠以藩王室，信以保邦圻。惟天難諶，惟命靡常。常厥德，保厥位。爾其勉哉，無忽朕命！

劉蜀王進封曹王制

制曰：嚴寶册以薦鴻名，既俯從於衆欲；布恩書以敷惠澤，宜大涣於群生。眷子異

【八】知東平府事　「知」字原脱，據四庫本補。

姓之王，夙有同寅之德。肆頒明命，孚告治朝。蜀王劉豫，敦大而直方，高明而寬厚。早居南服，以直言强諫聞於時；頃在東州，以智略英資長於衆。八年享國，一節事君。審運會之有終，識廢興之惟義；視去位如脱屣，以還朝爲登仙。向之富國强兵，何霸王之足道；今也樂天知命，豈得喪而能移。爰因慶賞之行，益示褒榮之典；胙以陶邱之土，昌其井絡之封。於戲！列土以建侯邦，誓已堅於帶礪；盡忠以藩帝室，心宜炳若丹青。茂對龍光，永綏福禄，可進封曹王，食邑一萬户，實封一千户。令有司擇日備禮册命，主者施行。

曹王劉豫謝表

禮成大册，澤霈普天，特列進其封階，不遐遺於舊物。望闕拜命，闔門感恩。臣豫誠歡誠忭，頓首頓首。伏念臣昔仕本朝，粗歷官要。昧方枘圓鑿之理，竭徙薪曲突之忠。頃氏將亡，有范增而不用；周家既勝，以箕子而來歸。試用微能，爰升大位。辭不獲已，報當若何。承積年殘毁有餘，凡百事艱難極甚。闢寇賊以置朝市，披荆棘而創耕桑。應機投隙，以傾挫敵讐；損己便人，以招集散徙。忘寢忘食，必躬必親。培廣業之惟勤，庶大恩之不玷。俄知廢罷之議，愈盡措畫之心。要先時成績於斯邦，覬後日受知於上國。至聞混一之義，不待再三之言。即隨使人，往受宣命。素所措備，復何遲疑。八年辛苦以經營，兩手歡欣而分付。帝號若釋重負，王爵尤感鴻恩。自得清閑而北來，未嘗徘徊而南望。久安僻地，忽被改封。洎捧讀於訓辭，若恭聽於睿語。温其如玉，暖然如春。星斗輝輝，麗窈然之天道；典謨渾渾，顯大哉之王言。徽軫爨下之焦桐，青黄溝中之斷木。光生懸磬之室，榮張設羅之門。此蓋伏遇皇帝陛下德奉三無，仁鈞九有；敬識百辟之享，獨觀萬化之原；有功而必見知，無棄而常善救。遂令窮悴，得賴褒嘉。臣敢不守静致虚，安時處順。何以效涓埃之報，惟不爲名器之羞。

輯佚

金人國書據《三朝北盟會編》許涵度刻本卷四宣和二年七月十八日補

七月日，大金皇帝謹致書於大宋皇帝闕下：隔於素昧，未相致於禮容；酌以權宜，在交馳於使副。期計成於大事，盍備露於信章。昨因契丹皇帝重遭敗衄，竟是奔逃，京邑立收，人民坐獲，告和備禮，册上爲兄。理有未慎，斥令更餙，不自惟度，尚有誇淹。致親領甲兵，恭行討伐。途次有差到朝奉大夫趙良嗣、忠訓郎王瓌等奏言：「奉御筆：據燕京并所管州城原是漢地，若許復舊，將自來與契丹銀絹轉交，可往計議。」雖無國信，諒不妄言。已許上件所謀燕地并所管漢民。外據諸邑及當朝舉兵之後皆散到彼處餘人户，不在許數。至如契丹虔誠請和，聽命無違，必不允應。若是將來舉軍，貴朝不爲夾攻，不能依得已許爲定。從於上京，已曾遣回，轉赴燕路。復爲敵人遠背，孳畜多疲，已還士馬。再命使人，用報前由。即日據捉到上京鹽鐵使蘇壽吉、留守同知王民儆、推官趙拱等俱貫燕城，内摘蘇壽吉先行付去。請發國書，備言銀絹依准與契丹數目歲交，仍置榷場，及取前人家屬并餘二員，即當依應。具形别幅，冀亮遐悰。令屬秋初，善綏多福。有少禮物，具諸別録。今差勃堇斯剌、習魯充使，大迪烏高隨充副，同回前去。專奉書披陳，不宣。謹白。

朝廷國書據《三朝北盟會編》許涵度刻本卷四宣和二年九月二十日戊午補

九月日，大宋皇帝謹致書於大金皇帝闕下：遠承信介，特示函書，具聆啓處之祥，殊副瞻懷之素。契丹逆天賊義，干紀亂常，肆害忠良，恣爲暴虐。知夙嚴於軍旅，用綏集於人民，致罰有辭，逖聞爲慰。今者確示同心之好，共圖問罪之師。念彼群黎，舊爲赤子，既久淪於塗炭，思永静於方陲。誠意不渝，義當如約。已差太傅知樞密院事童貫領兵相應。使回，請示舉軍的日，以憑進兵夾攻。所有五代以後所陷幽、薊等州舊漢地及漢民，并居庸、古北、松亭、榆關，已議收復。所有兵馬，彼此不得侵越過關。外據諸邑及貴朝舉兵之後潰散到彼餘處人户，不在收復之數。銀絹依與契丹數目歲交，仍置榷場。計議之後，契丹請和聽命，各無允從。蘇壽吉家屬并餘二員，請依舊津遣。候當秋杪，益介熙純。今差武顯大夫文州團練使馬政，同差來使副還朝。外有少禮物，具諸別幅。專奉書陳謝，不宣。謹白。

事目

據《三朝北盟會編》許涵度刻本卷四宣和二年九月二十日戊午補

樞密院奉聖旨，已差馬政同來使賫國書往大金國，所有到日合行理會議約事節，若不具録，慮彼別無據憑。今開列如後：

一、昨來趙良嗣等到上京計議燕京一帶以來州城，自是包括西京在内。面奉大金皇帝指揮言，「我本不要西京，只爲就彼拏阿适去。且留著，候將來拏了阿适，都與南朝」。趙良嗣等又言，欲先取蔚、應、朔三州，却言「候再來理會」。今來國書内所言「五代以後所陷幽、薊等州舊漢地及漢民」，即是薊、涿、易、檀、順、營、平，并山後雲、寰、應、朔、蔚、嬀、儒、新、武，皆係舊漢地也。除山前已定外，其西京、歸化、奉聖、嬀、儒等州，恐妨大金兵馬夾攻來路，當朝未去收復。其蔚、應、朔三州，正係兩朝出兵夾攻之處，今議先次收復。其西京、歸化、奉聖、嬀、儒等州，候將來大金國兵馬回歸之後，當朝收復。

一、今來國書内已許盡舊日所與契丹五十萬銀絹之數，本爲五代以後所陷幽、薊一帶舊漢地及漢民。所以言幽、薊一帶，便和西京在内。若不如此，則怎生肯與許多銀絹？

一、今來所約應期夾攻，最爲大事。須是大金兵馬到西京，大宋兵馬便自燕京并應、朔州入去也。如此則方是夾攻，則應得今來相約也。若將來大金兵馬不到西京，便是失約，即不能依得今來議定文字也。須是早到西京，以便應期夾攻。其馬政回，於國書内分明示及舉軍的確到西京月日，貴憑相應。右劄付馬政。候到日，即據上件語言事節一一開説。如未信憑，即出此聖旨文字，并逐節照會相約，不管漏落。仍取的確回書，庶早回歸。准此繳申，無致留滯者。

金人國書據《三朝北盟會編》許涵度刻本卷四宣和三年正月補

正月日，大金皇帝致書於大宋皇帝闕下：適紆使傳，遥示音華。載詳别屬之辭，備形書外之意。事須審而後度，禮當具以先聞。昨者趙良嗣等回，許與燕京并所管州鎮。書載若不夾攻，難應已許。今若更要西京，只請就便計度收取，如難果意【一】，冀爲報示。有此所由，未言舉動的期。所有關封，決當事後。春令在始，善祝多祺。今差孛堇曷魯、大迪烏充國信使副。有少禮物，具諸别録。專奉書，不宣。謹白。

朝廷國書據《三朝北盟會編》許涵度刻本卷五宣和三年八月二十日壬子補

八月日，大宋皇帝致書於大金皇帝闕下：遠勤專使，薦示華緘。具承契好之修，深悉封疆之諭。惟夙敦於大信，已備載於前書。所有漢地等事，并如初議。俟聞舉軍到西京的期，以憑夾攻。順履清秋，倍膺純福。今勃堇曷魯、大迪烏回，有少禮物，具諸别幅。專奉書陳謝，不宣。謹白。

【一】如難果意　「難果」原作「果難」，據四庫本乙正。

代州奏得金人邊牒據《三朝北盟會編》許涵度刻本卷五宣和四年三月補

准大金彰國軍牒：近白水泊擊散契丹放鵝行帳，天祚皇帝脱身北走。本國軍馬已到山後平定州縣占守訖。請代州戒守邊人員，不得輒引逃去人民，爲國生事，自取亡滅。

金人國書據《三朝北盟會編》許涵度刻本卷七宣和四年五月十八日補

五月日，大金皇帝致書於大宋皇帝闕下：因旋使傳，繼附音函。會當命伐之時，未報剋期之約。方將併取，爰審前由。來書云「漢地等事，并如初議。俟聞舉兵到西京的期，以憑夾攻」，不言西京「就便計度」。以此遣兵征討，及留送使船上等候，見勝捷，即令拘回。次得行營都統報狀：「初到中京，委諭款降，不爲依應，即日攻破。外興中府左右小可州城，亦相因效尤。以爲雖已示威，本奉弔伐，若便攻拔，慮益傷民。候收遼國，欲將何往？遂乃直抵山西，就擒昏主。無何潛覺，脱身逃遁，只獲行宮并女二名、文武臣僚。續往西京、應、朔、蔚及西南路招討司一帶諸州、縣、鎮、部族、軍戍，悉皆款附。後有西京、德州兩處，相次背叛。累行招誘，竟不自新。軍令既陳，無由可逭。右遇興中府左右合聚兵衆約餘五萬，縱徒逆戰，殺俘殆盡。後知契丹昏主竄於沙漠，分兵追捕次。其餘處所，并已歸降。夏臺亦遣人使，來議通好。韃靼願輸歲貢，繼久稱藩。燕京一處留守國王耶律淳，僭號稱尊，懇誠告和，未審便行攻伐，或别有朝旨。即日敵國新收，義當存撫，願爲親幸，以快輿情。」由是親臨安慰，懷睦鄰邦。前書「已差太傅童貫領兵相應」，雖未報期，緣兵馬已到代北邊陲，慮昏主逃入貴界，曾牒代州，幸無容納，諒已必知。而又不爲夾攻，及無照會，致使難見自來計議事理的實。今據前後往復因由，意或如何？冀示端的。盛炎在候，順迓天休。今差孛堇烏歇、高慶裔等充通議使副，及管押蘇壽吉家屬前去。有少禮物，具諸别幅。專奉書陳達，不宣。謹白。

朝廷國書據《三朝北盟會編》許涵度刻本卷九宣和四年九月十八日甲戌補

使航洊至，聘禮增華。載惟修睦之勤，益稔締交之厚。且承親臨軍旅，遠撫封陲。用申弔伐之仁，以訖威懷之略。遡聞風義，深慰忱誠。自審舉軍至西京，即遣童貫等領重兵相應。河北、河東兩路，屢敗契丹，俘馘甚衆，軍聲蚤震，諒已具知。所有漢地及夾攻等事，并如昔遣趙良嗣所議，與累次國書并馬政所賫事録。大信既定，義無更改。其餘具如别録。大軍屯駐并邊已久，冀敦守信約，來應師期，共成取亂之圖，永洽善鄰之契。候當秋凜，順保天和。今差大中大夫徽猷閣待制趙良嗣等充國信副使。有少禮物，具諸别幅。專奉書陳達，不宣。謹白。

事目據《三朝北盟會編》許涵度刻本卷九宣和四年九月十八日甲戌補

一、昨遣趙良嗣計議，及累次國書所載，并令馬政賫執事録所議漢地等事，係五代唐以後所陷營、平、幽、涿、薊、檀、順、蔚、朔、應、雲、新、嬀、儒、武、寰等州舊漢地漢民。内幽州係今契丹所稱燕京，其餘州縣，有契丹廢併及改正名號去處。候收復訖，彼此畫定封疆。

一、自聞舉兵到西京，即遣太師童貫等領兵相應。大軍自今年四月以後，屯駐河北路極邊，累與接戰，大獲勝捷。依元約合夾攻，以未見金國進兵夾攻，未曾深入。緣契丹日近犯邊，若因追襲，乘勢盡收燕地，不須夾攻外，若未收復，即合依元約夾攻。所謂夾攻者，係本朝自涿、易等處進兵至燕京，金國自古北口等處進兵至燕京。西京管下漢地，候收復燕京畢日，彼此夾攻。其漢地外地土，合屬金國占據。

一、契丹舊主見在天德軍迤北夾山一帶藏泊，見帶領所借夏國兵馬及勾取朔州等處正軍、鄉軍、護衛，欲禦敵金國。燕京見般送銀絹赴舊主處，賞設夏國來人兵。其舊主若不剿除，於金國終爲後患。

一、夏國素務矯詐，昨聞嘗遣使詣金國賀功，其實力助契丹。至公行文字，詆毀金國甚切，及勾集衆兵借與契丹。聞累與金國接戰，已占據契丹金肅州、河清軍、天德軍、雲内州。若不討伐，常作隄虞，必爲金國深患。其詆毀文字，可付與使人。近據河東路繳到金國軍前都元帥府牒，内一節稱：「燕京路，候秋凉以兵收去。三國其間將欲如何？」又牒稱：「二國往來事，慮有下手先後。」據此，雖意是夾攻，緣文字語言未是。彼此合守夾攻元約施行。

金人國書據《三朝北盟會編》許涵度刻本卷十一宣和四年十一月一日丙辰補

適憑使傳，特示音題，然已露於深悰，斯未洽於舊約。載惟大信，理有所陳，爰念前言，義當可許。昨差趙良嗣計燕京，依與契丹銀絹數目歲交。尋許燕京并所管州縣及所轄漢民，「如或不爲夾攻，不能依得已許」。後來馬政至，更議收復西京。回書：「只請就便計處，如難果意，冀爲報示。」又得書示：「候聞舉兵到西京的期，以憑夾攻。」不言「自行計度」，或「難果意」，只云「并如初議」。及絶使軺，以謂非是通好之意，遂止夾攻許與之辭。以故昨來遣兵，及平定契丹畢，未嘗報論夾攻。自來燕京國王上表稱臣，永修貢進。薨逝後，屬以其妻國妃虔誠表請，縱不許爲藩輔，亦無他望。良嗣等始方來到。且馬政元賫事録：「所約應期夾攻，最爲大事。須是大金兵馬到西京，大宋兵馬便自來燕京并應、朔等州入去也。如此則方是夾攻。若將來不到西京，便是失約也。」貴朝若依前書，實欲夾攻圖謀，須理會當期本朝兵馬到西京已來，合依所約道路進兵相應，若謂不知，又云燕南已屯重兵。兼貴朝士馬發於代州，比本朝遠至西京，地里勞逸，灼然可知。直至克定，未曾依應。今承芳翰，再締新歡。極邊屯相應之軍，立議復幽雲之地，皆非元約者也，其於信義，未合許焉。蓋念前書「至如契丹將來虔誠請和，聽命無違，必不允應」，方是大信，故許燕京并六州屬縣及所管漢兒外，其餘應關係官錢穀金帛諸物之類，并女真、渤海、契丹、奚，及別處移散到彼漢民雜色人户，兼并平、灤、營州縣，縱貴朝克復，亦不在許與之限，當須本朝占據。如或廣務於侵求，請慮難終於信義。所有信誓、分立界至，并舊來輸納契丹歲幣數目多少交割等事，候到燕京續議畫定。式當嚴律，善保殊休。今差勃堇撒胡紹、李靖、勃堇王度剌，充國信使副。有少禮物，具諸別幅。專奉書陳達，不宣。謹白。

朝廷國書

據《三朝北盟會編》許涵度刻本卷十二宣和四年十二月三日戊子補

夙勤原使，嗣貺緘書，共聞綏撫之詳，備仞敷陳之悉。方遠敦於契好，宜曲盡於忱誠。本朝與鄰國通好，自來係計使人往來之數以爲禮節。昨曷魯等來，係報馬政之聘，以故更不遣使。然國書内具述：「夙敦大信，備載前書。所有漢地等事，并如初議，候聞舉軍到西京的期，以憑夾攻。」議約事宜分明，別無斷絶。今歲自聞舉軍到西京，即遣童貫等領兵自燕路相應。四月以後，累伐契丹，事可詢訪，亦累遣人移文貴朝軍前報應，計議夾攻之舉，即無失約。昨燕京國妃蕭氏，遣蕭容等進表納款，仍乞援助，止退大金兵馬，及營、平、薊、景等舉地來歸。繼亦嘗遣偏裨入燕城，殺戮不順。契丹請和聽命，各無允從，并未見貴朝進兵夾攻，即却其使并表，未嘗聽許，及未曾分遣大兵據守。元議自燕并應、朔等州進兵，後來以西京之議未明，故止應、朔之師。雖奉聖、應、朔、蔚、武等州遣人請降，亦以此未曾撫定。敦守信義，以務交歡，本末可見。趙良嗣回，知欲入關至燕。本朝議云：與貴朝講好修睦，若本朝先自平燕，亦當迎待如禮。良嗣固執，妄有所陳。所有應關係官錢穀金帛諸物之類，今書欲行拘收，實非元約，然貴朝兵馬既欲入關，犒師之用，義合相從；其别處移散致漢民雜色人户，如欲收管，亦非元約所載，今并如來諭，以示誠意。兩朝守國，所恃大信。自初遣良嗣以至於今所議，正爲五代以後所陷漢地。内燕京六州及屬縣已載來書。并承諭：如本朝已取了燕京，自依今來已許；如未取了，貴國取得，亦與本朝，更不與夾攻。外所有營、平、灤并西京管下州縣，并係五代所陷地土，合依元約，本朝收復。爰念自貴朝未取上京之時，越大海，通交好，使聘往來，累年於此，所當曲務允應，以善初終。除營、平、灤三州本朝收復外，其西京地土，候收復燕京，别行計議。契勘馬政所賫事目，已曾具言：緣收復燕京一帶并西京地土，所以盡契丹歲交銀絹，今若西京别作一段計議，理合減定。深念久已相許，義不可渝，將歲交銀絹數目多少交割等，并依契丹舊例施行。信誓、分立界至等事，續議畫定。庶應來悰，用臻歡約。屬當歲凛，益保天祺。今差龍圖閣直學士大中大夫趙良嗣、朝散郎充顯謨閣待制周武仲，充國信使副。有少禮物，具諸別幅。專奉書陳達，不宣。謹白。

金人國書據《三朝北盟會編》許涵度刻本卷十二宣和四年十二月十五日庚子補

十二月日，大金皇帝致書於大宋皇帝闕下：肅馳使驛，繼附音徽。然承鄰睦之修，未盡理端之素。故形別幅，開導深悰。昨於天輔四年，趙良嗣計議燕京，若是允肯，自來所與契丹銀絹，依數歲交及夾攻。回書已許燕京地方并所管户民，「若不夾攻，不能依得已許爲定」。平、營、灤等州未曾允應。今承來書：「其別處移散到漢民雜色人户，如欲收復，亦非元約。」據上項人户，前次往復，未曾透漏，辭意詳明。昨來斯剌等去時，已曾具言。兼契勘馬政來賫到事目：「所約應期夾攻，最爲大事。須是大金兵馬到西京，大宋兵馬自應、朔州入去，不如此，則便爲失約也。」且當朝兵馬攻下西京以至武、朔，曾牒代州，亦未相應夾攻。又良嗣賫到書：「所謂夾攻者，宋朝自涿、易二州等衝要處進兵至燕京，金國自古北口烏鴉巖衝要等處進兵至燕京。」至日臨期，當朝兵馬攻下居庸，直抵燕城，即日款降外，貴朝兵馬從無一人一騎、一鼓一旗、一甲一矢，竟不能入燕，已被戰退。以故李靖等去時，具言已許燕京所管州縣地分元管户民，「如或廣務於侵求，請慮難終於信義」。今書又責許外平、營、灤等三州，已係廣務於侵求。酌此事件，爲約分明，義當不許。爰念大信不可輕失，且圖交好，特許燕京六州二十四縣等所隨屬縣。所有銀絹及雜色諸項等樣，一一須依契丹從來獻納舊例交取。兼燕京自以本朝兵力收下，所據見與州縣合納隨色税賦，每年并是當朝收納。如可依隨，請差人使，不過向前正旦受禮賀功，及賫送今歲合交銀絹。外據連次所云平、營、灤三州，亦不在許與之限。外有次年已後銀絹，及諸項土産物件交割處所，立界至及其餘事等，姑俟大事議妥，告成獻廟，奏凱惠勞，叙録優恤部落外，再遣差人員，續議畫定。如難依隨，請已後無復計議燕京。令屬祁寒，冀膺多福。今差孛堇李靖、王度剌等充國信使副。有少禮物，具諸別幅。專奉書陳謝，不宣。謹白。天輔六年十二月日。

朝廷國書據《三朝北盟會編》許涵度刻本卷十三宣和五年正月初五日己未補

正月日，大宋皇帝致書於大金皇帝闕下：比聞親提師卒，遠涉關封，靡煩振旅之勤，共底夾攻之績。夙惟信義，方劇忻愉。亟承使節之還，舊沐書辭之悉。念欲諧於歡好，當曲示於忱誠。本朝與貴朝數年計議漢地漢民及夾攻等事，具載累書，兹不費詞。昨趙良嗣等還自代北，知欲入關討伐，即自涿、易等處分遣軍馬夾攻，三面掩殺契丹數陣，大獲勝捷，追逐遠過燕京東北，實與貴朝攻取居庸之兵相應，靡有差失。暨國妃與四軍以下奔竄，城中無不順之人。似聞貴朝兵馬相近，於義不當争入燕城，即令遠駐兵馬。本堅守信約應夾攻者，事皆有迹可考，不待理辯。今承來書：燕地州縣税賦，欲行拘收，不特事非元約，又非近所計議。自古及今，税賦隨地。况遠隔關塞，民户如何般運？於理本難允應，重念萬里交歡，踰海遣使，積年於此，信聘往還，情意已篤，義當勉從所諭，以成交好。今特許每歲别交銀絹，以代燕地税賦，令良嗣等前去定議。并契丹舊交銀絹，并合自今來計議畢日爲始。所有彼此遣使特賀禮正旦等事，候計議畢，議定發遣月日，受理去處。其銀絹交割處所，分立界至等事，續議晝定。候屬春和，茂膺天福。今差龍圖閣直學士大中大夫趙良嗣、朝散郎充顯謨閣待制周武仲，充國信使副，及差馬擴充計議使。有少禮物，具諸别幅。專奉書陳賀兼謝。不宣。

金人國書

據《三朝北盟會編》許涵度刻本卷十三宣和五年正月二十七日辛亥補

正月日，大金皇帝致書於大宋皇帝闕下：遠辱華函，繼形温問，因遽成於小補，感特貺於慶儀。載循計議之辭，未悉聽從之諭，致煩馳報，冀示誠音。自來越海計議，收復燕京并所管州縣元是漢地漢民，已曾允應，若是夾攻則與。又承回示：「若大金兵馬到西京，本朝便自燕京并應、朔等州進兵。」洎至遣兵攻下西京，牒報代州，不經依應。直候契丹勢傾力敗，方自涿、易起兵，與元約不同。昨於奉聖州良嗣等來時，國妃狀奏稱：貴朝兵馬竊入本京，雖已殺盡，幸願款附金國。尚不欲違約，已報許與。後國妃又申：瀘溝河南大破南軍，雖追捉數萬，願爲金國臣子。重念如不自取，慮失元許，遂遣重兵攻破居庸，燕京并所管州縣并已款降。尋遣親見副使馬擴，專報委細。及差人就檢陣地，僵屍甚衆，俱是南人。更有人暗知貴朝統制劉延慶已坐失律。兼僞命林牙統軍查剌等以下亦稱：國妃知當朝兵馬過關，勾退鎮南軍馬，待圖逆戰，蓋因自來已破大軍，別無警急。及至相近，不敢對敵，因而遁去。別不敗於南軍，南軍亦不曾到燕京左右。若是城中之人實有相順，無因盡殺入城軍士。依此事跡，足認貴朝兵馬不克夾攻，特因自力，所以拘收税賦。今承來書：「事非元約。」税賦隨地，户民如何般運？於理本難允應。今特許每歲別交銀絹，令良嗣等前去定議。」向來燕城儻賴貴朝攻下，無由更收税色，實以自力收獲故也。既以相許，即委所司勘會。據燕京管内每年收納隨色賦税，共送五六百萬貫。乃命宣諭國信使副，於内只收合直一百萬貫物貨回奏。良嗣等稱：「奉御筆：只許銀五萬兩，絹五萬疋，如不允應，便添十萬，仍議西京在内；更或不許，西京別作一段；猶不允從，添綾二萬，入二十萬數；更或不允，綾在二十萬數外。以上別不奉到宣旨，不敢自專，願遣使人賫書計議。」據年前合交銀絹數内，先已將到二十萬兩疋。尋委舊曾交割官員檢辨收領，緣稱「絹貨下弱，不并前來」。今請依與契丹一般者交送。據平、灤等州不在許與之限，已曾書報，「儻廣務侵求，難終信義」，無煩理會。況平州已爲邊鎮，所有協虜投過民户，別諭良嗣等省會去訖。所據今歲代税合要物帛絲綿諸番色數，并依中等價值，別有劄目。如可依從，即請一就起般年前并今歲合交銀絹，依契丹數目送至燕京，用賞軍人。外據代税絲綿諸物，定於今歲十月交割，内絲綿并須燕京土産。外自今歲以後常年合交代税絲綿等物，依見去劄數，并前來歲交割銀絹，一一依准舊例，分破五番，般送平州路界首交付。及示盟誓，凡百事節，不拘大小緩急，上下公私，皆恪遵此信約，長世不違，貴憑同盟。所有封疆，可自燕京所管州縣地分，與平州界至，其間畫立一界石，以爲世守之界【二】，永無違盟紊亂。其賀正旦信使，彼此各請預先一日到闕，生辰人使以十月三日受禮，依上到來。外賀貴朝生辰，并依舊來契丹發行月日到闕。仍於穩便處所，起置榷場。所有燕京并隨州縣民户不少，若許計議，不見定一，自難安撫。被害流民極破散無依者，苟失今年播殖，將來住係何處，卒難拯濟。如或難以准隨，請自今各只依向來契丹所行過體例一般施行，仍速勾退過界兵馬。候當春始，善祝多祺。有少禮物，具諸別幅。令龍圖閣直學士大中大夫趙良嗣回，專奉書陳達兼謝，不宣。謹白。

朝廷國書 據《三朝北盟會編》許涵度刻本卷十四宣和五年二月六日庚寅補

二月日，大宋皇帝致書於大金皇帝闕下：專使云還，置郵遽逮，嗣沐華緘之悉，具知雅意之詳。惟交鄰國者當善初終，而守邦圖者務敦信義。既蚤通於契好，宜曲徇於來悰。所言代税物貨，并事目所載色數價值，交割月日處所，與畫立界至，遣使賀正旦生辰及置

【二】以爲世守之界　「之」上原衍「一」字，據原校删。

榷場事，并如來書所論。其年前依契丹舊交銀絹，已指揮宣撫司津送前去。今歲銀絹，已令自京起發，候到，依契丹舊交月日交割。誓書亦如來示，候交割燕地訖諮聞。本朝緣與貴朝通好，天下所知，前後計議，每務曲從貴朝所欲，以成交契。誠意之厚，諒能深察。所有西京管下郡縣，非務廣土，以日近邊報：契丹昏主數領兵馬出没，本朝當議就便計度，力圖備禦，爲彼此之利。茂履春祺，順膺介福。今遣趙良嗣等自雄州復回遞中。專奉書陳達，不宣。謹白。

誓草據《三朝北盟會編》許涵度刻本卷十四宣和五年二月九日癸巳補

大金大聖皇帝創興，併有遼國，遣使計議五代已後陷入契丹燕地。幸感好意，特與燕京、涿、易、檀、順、景、薊等屬縣及所管户民。緣爲遼國尚爲大金所有，以自來交與契丹銀二十萬兩、絹三十萬疋，并燕京每年所出税利，五六分中只算一分，計錢一百萬貫文合值物色，常年般送南京界首交割，色數已載前後往復議定國書。兩界側近人户不得交侵，盜賊逃人彼此無令停止，亦不得密約間諜，誘擾邊人。若盜賊逃人被并贓捉敗，各依本朝法令科罪訖，贓罰。賊雖不獲，踪跡到處，便勒留償。若有暴賊或因别故，合舉兵衆，雖得關報沿邊官司，兩國疆界各令防守。至如將來殊方異域，使人往來，無得禁阻。所貴久通懽好，庶保萬世。苟違此約，天地鑒察，神明殛誅，子孫不紹，社稷傾危。

朝廷賜書據《三朝北盟會編》許涵度刻本卷三十靖康元年正月十八日甲申補

大宋皇帝致問大金皇帝、皇子郎君：薦承使介，特貺書詞。披覽再三，深諗勤意。比者復修盟好，休兵息民，皆自周旋，殊深感戢【三】。示諭「依准大金皇帝宣命施行，恩從聖造，事靡己爲」，益諒高懷，尤彰謙德。更承念及耕農重事，罷去所索牛一萬頭。誠忱備至，義同一家，固當傳之無窮，永以爲好。春律尚寒，倍惟珍嗇。謹白。

斡离不回謝賜物上奏據《三朝北盟會編》許涵度刻本卷三十靖康元年正月二十日丙戌補

差去使人王汭至。伏蒙聖慈，回賜到沈香山子、花犀玳瑁酒器并奇獸珍禽等，斡离不無任感恩望聖激切屏營之至。謹奉書奏謝以聞。謹奏。

又別遣肅王爲質請歸康王據《三朝北盟會編》許涵度刻本卷三十一靖康元年正月二十四日庚寅補

比承書示，欲別遣親王爲質。今令弟肅王前去，可諒誠慤之情。然念康王留軍中，今將一月，朝夕憂念，未嘗少寧。雖皇子郎君義同一家，必垂顧恤，奈手足之愛，同氣之親，一日不見，實有三秋之念。敢望仁慈。候肅王到日，便令康王回歸，以慰茲寤寐注想之

【三】殊深感戢 「殊」字原脱，據袁祖安排印本《三朝北盟會編》補。

懷。情深意切，書不盡言，再此布叙，惟冀乎察。謹白。

斡离不以崇義軍節度使大安仁龍州團練使耶律忠充使副送還康王據《三朝北盟會編》許涵度刻本卷三十一靖康元年正月二十四日庚寅補

使至，迭承來諭，請送康王，備聆聖心懷注之切。今如命遣送前去。緣以康王久留軍中，謹贈金一萬鋌，聊用壓驚，式表微意。謹奉書奏聞。謹奏。

僉書樞密院事宇文虚中、知東上閤門使王球，充送路使副，持書叙别據《三朝北盟會編》許涵度刻本卷三十六靖康元年二月八日甲辰補

大宋皇帝致書於大金皇子郎君、皇弟國王、皇弟都統：兹以肅整軍威，遠臨郊甸。敢怠省愆之意，遂蒙兼愛之仁。再講鄰歡，復安敝邑。感深肌骨，賜重邱山。更承念及府庫之虚，減金帛之數。益紉高明之意，特深拯芘之懷。載遣車軺，稟告還馭，再三誠懇，每荷矜全。豈惟恩加於危難，抑亦義重於乾坤。惟有謹守信盟，庶可仰酬厚德。屬宗祧之有守，阻道路之叙違。益慎寢饔，永綏福禄。所有贐儀飲餞，已載前書，伏惟亮察。謹白。

詔河北三帥固守三鎮據《三朝北盟會編》許涵度刻本卷四十三靖康元年三月十六日壬午補

朕承太上皇付托之重，即位十有四日，金人之師已及都城。大臣建言，捐金帛，割土地，可以紓禍。賴宗廟之靈，守備弗缺，久乃退師。而金人屢盟，弗終可保。今肅王渡河北去未還，黏罕深入，南陷隆德，未至三鎮，先敗元約。又所過殘破州縣，殺掠士女。朕夙夜追咎，何痛如之！已詔元主和議李邦彦，奉使許地李棁、李鄴、鄭望之悉行罷黜。并詔种師道、姚古、种師中，往援三鎮。祖宗之地，尺寸不可與人。且保塞陵寢所在，誓當固守。朕不忍陷與三鎮以偷頃刻之安，與民同心，永保疆土。播告中外，使知朕意。

遣使與金人元帥皇子書據《三朝北盟會編》許涵度刻本卷五十靖康元年七月二十九日癸巳引《宣和録》補

七月某日，大宋皇帝致書大金國皇子郎君：比常布問，具致悃誠。近因使介之旋，尤詳敦好之意。但以三鎮之民，懷土顧戀，雖令不從，以致宿師引日已久。重惟兵民各爲其主，困於暴露，深可憫傷。是用願以三鎮税租，納充歲幣。方昭大信，諒不受於間言；將究遠圖，豈自生於細故。成長利於兩國，在仁人之立談。想惟英聰，必能體亮。已遣使大金國相元帥。今再命單車，復陳本末，願加聰察。有少禮物，具如别幅。秋暑爲煩，更希保護。謹白。

以工部侍郎王雲借尚書持書從王汭使於軍前

據《三朝北盟會編》許涵度刻本卷五十八靖康元年十月十八日庚戌補

姪大宋皇帝致書於伯大金皇帝闕下：謹遣使人，往敷誠悃，睿明兼照，當蒙洞察。往者信用童貫，姦謀誤國，遂致連兵，頻年不解。逮初嗣位，即有悔悟之心；頗聞聖情，亦有和解之意。及皇子郎君之至汴城，自無力攻之事；國相元帥之圍并州，止守從初之約。載惟信義，實不愆違，乃出聖慈，夙深告戒。頃者姦臣一二，近在朝堂。但知宰輔之言，所當聽順；豈期離間之事，輒敢肆行。將使兩國之情義不通，歡欣不接。姦邪之罪若此，竄斥之典何逃？瑕垢盡除，群情所快。今兹循省，已自篤於私誠；亦冀寬明，無或追於往咎。顧三鎮乃祖宗之地，當務保持；况大國有伯姪之親，宜蒙宏恕。願以賦租之入，增爲歲幣之常。還守舊疆，別爲信誓。如此，則仁恩之厚，何可彌忘；盟誓之堅，自應循守。上符天道，下順人心。博易交通，不乏四方之貨；耕耘自若，遂安兩境之民。緬想聖懷，亦同至願。不宣。謹白。

金人遣使致書請喚回康王據《三朝北盟會編》許涵度刻本卷七十一靖康元年十二月三日甲子引《泣血録》補

既往不咎，故無可言；事至於今，良可驚悸。康王見在河北，可遣一人同使命喚回。未審聖意如何？凝寒，伏惟善保壽祺！

粘罕斡离不遣書來索金銀表段犒軍書據《三朝北盟會編》許涵度刻本卷七十三靖康元年十二月二十四日乙酉引《朝野僉言》補

骨盧爾移賚勃極列左副元帥、皇子右副元帥，謹致書於大宋皇帝：提師遠涉，惟賴金銀犒設軍兵。近日差官入京城檢視府庫，藏積絹一色約有一千四百萬疋於内，准備取犒賞所須一千萬疋。今來承示，披尋深意，恐似有妨取索。假以爲辭，於理未安。初破城時，本議縱兵，但緣不忍，以致約束。今於犒賞諸軍，議定合金一百萬錠，銀五百萬錠，段子衣絹不限官私，早望依數應副。見在府庫絹雖見有餘，唯取所須之數。金銀段子亦依所須，之外亦必不取。累承示諭金帛豐耗，驗今所諭，似謬前言。且冀亮悉，無多浮辭。專奉書啓達，不宣。謹言。

再詔諭河北河東割地據《三朝北盟會編》許涵度刻本卷七十四靖康二年正月四日甲午補

敕某州守臣某：大金元帥府領兵來責失信，欲盡得河北河東，永固結好。雖即時應許，遣聶昌、耿南仲前去交割，其實念祖宗之地，不可與人。故自大金臨城，堅守禦敵，終至失守，出城歸款。所有重兵雖不下城，猶稱只候此交割州軍，撫定了當，然後收斂。仍取了應合交州府官員在京血屬執質，只候撫定了日，放歸團聚。其在外者，亦别作根勾去訖。近刷到石州种廣家屬送過軍前，稱石州早已歸款，遣回不用。足知其餘家屬，才候撫定，亦當歸還。今聞某州堅守未降，足認勤王保衛社稷，不願歸屬外界。然大軍尚在城下，若迤邐堅守，須至别有施行，則汝之忠勤，反爲社稷之禍。豈如早毁樓櫓，開門出降撫定。本土人民外，元係河南客官軍民客旅人等，元放還，則公私各得其所。再念京師城池深固，猶不能保。若汝等不務順從，豈止宗社無所裨益，所在亦必不保，慎毋執迷。故兹詔諭，想宜知悉。

太學生汪若海上粘罕書據《三朝北盟會編》許涵度刻本卷七十六靖康二年正月十七日丁未補

太學生汪若海，謹披心腹，露情愫，獻書於大金元帥：聞之知天者，可與論安危之計；不知天者，不可與論安危之計。天道甚遠，人心可卜。往者天將有警於宋，是興燕雲之役以假手於大金。我上皇天命是畏，惕然内禪。於是大金乃戢干戈，乃申盟好。我實懷惠，賂以名都。我寡君朝夕恪懃，奉以忠信，不敢有怠。惟是一二庸臣，輕議淺謀，肆其愚衷，以眩惑我寡君之耳目，是用再辱軍師之臨。恭惟大金既併契丹，又服我宋，有以見元帥之勇；料敵無遺，百戰百勝，有以見元帥之智；城邑望風，迎刃而解，有以見元帥之威；功振天下，光臨鄰國，有以見元帥之名。破人之城，不恣屠戮，其誰不歸仁？堅上皇之約，成我寡君之孝，其誰不與義？勇智所以行世，而武不可黷；威名所以張國，而勢不可必；仁義所以成德，最獲天人之助。何謂武不可黷？物至則反，冬夏是也；智至則危，累棊是也。自以古之善用兵者，必觀天極究數而止，用能保世以滋大。如或不然，則殺人之父，孤人之子，頭顱相屬，暴於原野，天安得而不厭哉！此所以爲元帥懼也。何謂勢不可必？今元帥之於中國也，有令必行者，有令不能必行者。戰必勝，攻必取，此令必行也。因號四方曰「爾無叛」，則令不能必行也。何則？天下者，非一人之天下也。人君不足以自存，匹夫可以成帝業。是宋不得而事大金，則大金不得有河北也。此所以爲元帥懼也。何謂德獲天人之助？元帥誠能無驕智勇，保守威名，黜攻伐之心，充仁義之德，則人心知歸，天道必喜。此所以樂爲元帥道也。然抑嘗聞之：富人之牆壞，其子曰：「不築，且有盜。」其鄰人之父亦曰：「不築，且有盜。」暮而果失盜，富人智其子，而疑鄰人之父。今某之於大金也，相距數萬里，惟是風馬牛不相及，則其迹疏於鄰人之父，而元帥左右腹心之臣，親於富人之子。某乃飾小説以觸雷霆之怒，誠不自量。雖然，爲宋人解倒懸之命，而爲大金立不拔之基，事有相當，理有適然。且夫元帥智勇若是，威名若是，大功既立，大效已著，蒼天在上，必不食言。然而區區竊有疑者：寡君越在草莽中，萬姓摧心折肝，號呼叫天，而奉使之言，乃以金帛爲約。如此，則是質寡君以要利也。夫人一日無主則皇皇，三日無主則思亂。元帥則亂之不恤，而寡君之不歸，是將大泯其社稷，蔑殺其民人也。順人心以致天討者，果若是乎？語曰：「下令如流水之源，順人心也。」元帥未知人心之所歸耳。昨南門之下有一老父，年且九十，傴僂扶杖，揮淚而言曰：「我生之初，尚及知仁宗；我生之末，乃又遇聖君。」因望行在而顧衆曰：「今上寬仁似仁宗，汝等當以死事。吾老無能也，今日先死，以爲諸君之勸。」城中聞之，不問老小，無不歔欷流涕，皆曰：「有君如此，何忍負之！」人心如此，天意可知。元帥豈不承於天心，不和於人心者哉！請以兵爲喻。其矢之可射遠貫堅，弩力也；其所以中的剖微，人心也。宋固弱也，人心已戴七世之仁；元帥固强也，而人心未洽大金之政。以河北論之，大金何德之布以懷柔之，故此河北人未敢承命。若推惠及之，惟官司之所守，其誰敢拒大金之命？元帥捨此之不圖，惟利是要，利聲日播，大德寖微，河北安所歸哉！河北之地，號爲輿區，兹固不涸之倉，不竭之府。若鎮撫而有之，豈金帛之足云。元帥必欲得河北，則不可得也。大金與宋爲結歡之本，在於有禮。禮不可無，禮則脱，此其所以私憂過計，恐宋不得而事大金也。今日宋之存亡，權在元帥。存亡有二，不可不知也。百姓之心，欲在存宋；奸雄之心，欲在亡宋。宋存則民得而安，故曰百姓所欲；宋亡則四方蜂起，故曰奸雄所利。自古取天下者，豈全在於耀兵，而在定名分。今夫天下猶一兔，走則百人逐之，非一兔可以分爲百，名分未定也。賣兔於市，盜不敢取者，由名分之定也。故名分未定，雖以元帥之强，未能有河北；名分已定，雖以宋咫尺之檄，下河北可也。自天地之判，限制内外，夷夏不雜居，兩國不同治。考之前史，可以爲證。而契丹得割全燕而有之，耶律有德於石晉而假中國之力也。使耶律不挾以石晉之命，則天下安知名分之所歸哉！故曰：爲元帥計，莫若親宋。元帥其無恃甲兵之衆而有無宋之心。雖蕞爾綿地四百州，安知無豪傑之士起於中哉？語曰：「天下嗷嗷，新主之資也。」豪傑之起，非元帥之所敵矣。請推明其利害。夫宋之所以不敵元帥者，何也？太平日久，民不識兵。而大金之兵，以軍中爲家，以馬上爲生。而宋自戰其地，咸顧其家，各有所戀，易以奔北。是以元帥驅數萬之衆，可以得志於中原。若豪傑并起，則中國之人亦以軍中爲家，馬上爲生，所以蜂屯蟻聚，各爲報國家之難，勢至操戈而逐兔，則元帥能横行於中原乎？某亦知元帥之不能也。當三國鼎峙之時，元帥能横行於中原乎？某亦知元帥之不能也。蓋遊擊者易爲力，而坐守者難爲功。故爲元帥計，莫若按甲休兵，無庸有事於民者，親宋也。宋於顛覆之際，受君之賜，報德萬世，無有窮已。竊恐事出倉卒，元帥捨萬世之德，而起新主之讐也。其爲利害相去萬萬明矣。某，布衣之士，久困大學，匹夫之命甚微，而一身之徇極寡。居此圍城中，非有求於宋君也，又非守城之人骨肉親戚也。然而每念天地之間人爲貴，古人斬一木殺一獸猶或不忍，况其俱謂之人而相爲屠戮哉！竊爲元帥之行，慕義無窮，是用敢議於軍前。伏惟元帥尚以某之言爲可取，則願少寬文武之怒。如或不然，則願先斬某以徇。

上軍前批付留守孫傅

據《三朝北盟會編》許涵度刻本卷七十八靖康二年二月六日丙寅引《僞楚録》補

今月六日大金詔書，以屢失盟誓，別立異姓。仍依宣旨，專候上皇以下后妃諸王公主以次内族出京，俾令團聚。自惟失信，故當如此。猶許舊地，別立賢人，其爲百姓之幸非細。今因元帥差人賫文字入城，附此諭意，幸爲曉示，早請上皇已下舉族出城，諸事并從元帥指揮，方是長計。無拘舊分，妄爲禍亂，速招連累。

以二酋文字來留守司曉示榜

據《三朝北盟會編》許涵度刻本卷八十靖康二年二月十二日壬申補

今月十二日，吴承旨、莫内翰自軍前來。賫到大金元帥府指揮：請疾速勾集在内大小官員，不限已未仕共議，并僧道耆老軍民等，更訖説諭商議，共并舉張邦昌。即便連署，各於本銜親書其名，背後名下押字。仍於年月紙縫，用在上官印。限十三日申上，便與册立入京。如別有異見，別具狀申，只不許引惹趙氏。若別舉賢人者，亦不許阻。敢有逗留不赴議所者，當按軍令。是夜三鼓，御史臺告報：「文武百官，不限大小，使臣雖致仕，在京宮觀及僧道耆老軍民，班限十三日絶早，并赴宣德門集議。内省官員不來，具狀申元帥府，依軍法。請勿住滯。」右録二月十二日夜元帥府指揮在前，今曉示，各令知悉。

大金元帥府劄 據《三朝北盟會編》許涵度刻本卷八十三靖康二年三月三日癸巳補

文武百官軍民僧道耆老、吏部王尚書等申「今來軍民等悉願推戴張太宰。緣京城無主日久，伏望早賜遣備禮儀施行」者，故今日遣翰林學士承旨吴幵等入城，蓋因此事。請文武百官軍民耆老僧道、吏部王尚書等照會施行。

邦昌遣使致書於軍前懇免征催金銀 據《三朝北盟會編》許涵度刻本卷八十五靖康二年三月十四日甲辰引《僞楚録》補

比以冒膺縟禮，願展謝悰，雖歷罄於忱辭，終未達於臺聽。退增感悚，豈易敷陳。載惟草昧之初，實軫阽危之慮。民志未定，頃未有以得其心；事緒實繁，念將何以息其動。前朝昨奉臺令，取索金銀表段，以充犒軍。伏自入城以來，講究民間虚實，頗知罄竭，悉以傾輸。嗣位之初，朝夕祗畏，戒諭官吏，罔敢弗虔。仰荷大恩，敢不論報，雖割肌體，豈足論酬。然念斯民困弊已甚，當圍城窘急之久，有比屋餓莩之多。願撫養，則無資以厚其生；欲振給，則乏糧以續其命。而催科正急，刎縊相尋，若閱日稍淹，則所存無幾。非仁何以守位？非民何以守邦？坐觀轉壑之憂，不啻履冰之懼。與其跼天蹐地，莫救於黎元；孰若歸命投誠，仰祈於大造。伏望察其懇迫，賜以矜容，特寬冒昧之誅，誕布蠲除之惠。則終始之德，遂全億衆於死亡；報稱之心，敢憚一身之糜潰。期於没齒，以答隆恩。

癸丑補

邦昌與二酋書乞還馮澥郭仲荀等

據《三朝北盟會編》許涵度刻本卷八十六靖康二年三月二十三日

比膺詔册，獲撫邦封。載惟草創之初，方賴臣鄰之助。顧廷臣之全闕，致庶務之悉隳。徒以菲材，託於人上，何以仰承殊渥，外數多虞。若涉洪川，罔知攸濟。兹冒陳於危懇，蓋深恃於眷私，所冀垂矜，必蒙賜可。竊以左丞馮澥，國之老成；管軍郭仲荀，衆所推許。倘委職任，俾贊時雍，必能繫多士之心，有以副萬夫之望。此外臣僚等，或因扈從前帝，或緣差在軍前，如非台意欲留之人，乞下恩慈遣還。則庸疏之質，既獲助於衆賢；報稱之衷，敢忘懷於大惠。尚祈英鑒，俯亮愚誠。

邦昌與二酋書乞免括金銀據《三朝北盟會編》許涵度刻本卷八十六靖康二年三月二十三日癸丑補

某聞之先聖云：「何以守位曰仁，何以理財曰義。」人君之於天下，惟以百姓爲本。百姓之不存，則社稷無以固其重，大君不能保其尊。又况創業造始之君，惟務施德布惠，取天下之心，然後作爲事業，固其根本。由漢唐以來，率由此道，後世子孫，終必賴之。皆百代不易之理也。某材質庸謬，道義無聞。仰荷大金皇帝天造洪恩，遽令軍民官吏推戴册命，畀以南土，使主斯民，永爲屏翰，以事大國。方夙夜祗懼，無以報稱。思臨士民，坐視困苦，莫之拯救，痛傷肺肝，殞身無門。今見京城百姓，自來前皇帝朝已曾根括金銀數次，雖有藏匿，官吏搜索，悉皆罄盡。今又蒙元帥科降，數目浩大，難以充足，雖軍前遣人搜檢，亦無所得。百姓嗷嗷，憂疾餓死者日以萬計，復懼根括金銀數不能足。重念大金皇帝以邦昌主斯民，而從政之初，民心離散，怨謗交興，邦昌恐以此主國，必致傾仆。惟元帥慈恩洪溥，智燭高明，曲照物情，俯加矜恤，止絶再降金銀數目，庶使億兆生靈保全性命，不陷顛危。邦昌所圖，竊冀乂安，仰副大金皇帝建立藩屏之意。邦昌不任哀懇惶懼之至。

邦昌以書謝二酋還馮澥郭仲荀免金銀等據《三朝北盟會編》許涵度刻本卷八十六靖康二年三月二十四日甲寅補

比馳柔翰，冒貢忱誠，冀還文武之官，庶俾中外之义。載惟僭率，深負兢惶，豈意臺慈，曲垂照鑒。馮澥、郭仲荀二員既蒙矜允，曹輔、譚世勣以下悉已獲歸，仰荷隆恩，實出望外。至於親加訓誡，俾虔臣節之修；俯念孤危，允賴臣工之助。以至金帛犒賞之數，實爲軍前急用之資，蒙深軫於疲羸，遂獲紓於勾括。興言肇造之本，賜以固安之圖。豈唯億姓之生靈，盡歸元造；兹爲萬世之大惠，曷報鴻私。罄筆舌以難周，銘肝心而莫致。今差吏部侍郎王琮，恭詣帳前伸謝。仰惟英謀，俯鑒卑悃。

張邦昌與二酋書求還孫傅張叔夜秦檜三人據《三朝北盟會編》許涵度刻本卷八十七靖康二年三月二十八日戊午補

披瀝懇誠，仰干恩造。丐舊臣之復職，蒙英豪而遣還。已荷隆私，尚餘至悃。念撫邦之始，尤先盡節之褒，庶靖國人，以彰名教。孫傅、張叔夜、秦檜，緣請存於趙氏，遂留置於軍中。既知徇義於前朝，必能悉忠於今日。恭惟上國，方擴宏圖，以忠孝而勵群臣，以信誼而開鴻業，宜蒙寬貸，使獲旋歸。式昭聖度之仁，垂副愚衷之願。其於虔叩，曷究敷宣。

金人回書據《三朝北盟會編》許涵度刻本卷八十七靖康二年三月二十八日戊午補

早承懿喻，願還舊臣，以爲「馮澥國之老成，郭仲荀衆所推信，此外臣僚，如非欲留之人，乞下遣還之令」。其已放歸者，係裨贊時政，或有未還者，俱欲留闕。仰冀照知，無賴理會。

軍前已議北遷，令姜堯臣書寫劄目，投達上粘罕國相據《三朝北盟會編》許涵度刻本卷八十九靖康二年三月二十九日己未引蔡絛《北狩行録》補

某素慕山林，謝事罷政之後，止管教門公事。某之罪失，固不可逃責，念兹神御，遠遷異國，欲乞東南一郡，以享祖宗血食，不勝大願！

上皇到寨中餘日自製劄子一通與國相據《三朝北盟會編》許涵度刻本卷八十九靖康二年三月二十九日己未引曹勛《北狩見聞録》補

某頃以海上之盟，謂歡好可以萬世。雖嘗招收張穀，繼蒙須索，令戮以爲報，意罪不至甚。而大兵踵來，乃指爲釁，某即避罪南去。歸後塊處道宮，恬養魂魄，未嘗干預朝政。而姦臣伺隙，離間父子，雖大兵南來，亦不相關報，致煩天討，兵甲臨城。至城破時，始知

三關敗約所致。蓋嗣君不能奉承大國之約，某亦有失義方之訓。事遽至此，咎將誰執！尚有衷誠，祈回洪聽。某願以代嗣子，遠朝闕廷，却令男某等乞一廣南煙瘴小郡，以奉祖宗遺祀，終其天年。某即分甘斧鉞，一聽大國之命。誠迫意切，顒待臺令。

廢劉豫爲蜀王詔

據《三朝北盟會編》許涵度刻本卷一八一紹興七年十一月十八日丙午補

勑行臺尚書省：朕丕席洪休，光宅諸夏，將俾内外，悉登昇平。故自濁河之南，割爲鄰壤之界。灼見先帝，舉合大公。罪則遄征，因不貪其土地；從而變置，庶共撫其生靈。建爾一邦，逮今八稔。尚勤吾戍，安用國爲？寧負而君，無滋民患。已降帝號，列爵王封。罪有所歸，餘皆罔治。將大革於弊政，用一陶於新風。勿謂奪蹊田之牛，其罪已甚；不能爲託子之友，非棄而何！凡爾臣民，當體至意。所有餘事件，已委所司逐一下元帥府去處分。不盡之事，亦就便計議，從長施行。乃告逐處，咸使聞知。故兹詔示，想宜知悉。

金人廢劉豫指揮

據《三朝北盟會編》許涵度刻本卷一八二紹興七年十一月十八日丙午補

尚書省：帥府議册立劉豫，建號大齊。置國之初，恐其不能自保，故爲隨路分駐兵馬，至今八年。載念上國之兵久勞遠戍，兼齊國有違元議，闕乏軍須，比年以來，益漸減損，遂致艱窘，多有逃亡。隨路百姓役用，各不得息肩。與之征討，則兵力不齊；爲之拊循，則民非我有。凡事多誤，終無所成。況齊人假我國家之力，積有歲年，事悉從心，尚不能安民保國。論其德不足以感人，言其威不足以服衆。實有幸位初，不能康濟生靈，免其荼毒，使天下早致昇平之意，反使庶民困苦。兩國號令，相從相度，實爲過舉。既知其非，豈不可以改置？若混同四海之内，聖德廣運，睿澤滂被，霜露所霑，孰不歸附？今臣等議欲一民心，變廢齊國，至於普天之下，盡行撫綏，是爲長便。奏訖奉聖旨：「齊國建立，於今八年。道德不臨，室家不保，有失從初兩獲安便之意，豈可坐視生民之困苦。宜依所奏施行，委所司速爲措置。有其餘隨宜事件，仍別商量行下。」右奉聖旨在前，及商量收到隨宜事件，開列如後。今行下元帥府照驗前項聖旨，并處分事宜，不得有違，士庶軍民不至驚擾，早賜安措，從長施行，須議指揮。

一、廢齊國尚書省，設置行臺尚書省。

一、齊國自來創立重法，一切削去，并令依律令施行。

一、知得齊國差使繁重，今悉從宜酌量減免。

一、應據食糧，軍人有欲歸農及情願當役使，并從自便，一據存留人數各俵散。隨州軍士依舊支給衣糧。内有從合役置窠坐，一切仍舊。其有年老殘疾人等，雖是難任軍役，矜其無歸，并即分附舊來養老處所，酌量賑濟，勿令別致凍餓。

一、廢齊以前離背郎主、被虜逃走人等，若見在本鄉并與親眷團聚之人，其郎主更不許識認。或有背夫逃走婦人，准上施行，只據有無將引去女兒，即行分付與父。外有舊北來奴婢并妻女，不在此限。

一、齊國後宫人，除劉豫貼身存留外，其餘并聽自願出嫁，或與親眷團聚。若是無所歸投，分付宫觀養濟。

一、内侍人，除摘留合用留守宫禁人，外并聽自願，隨處住坐。

一、見任大小職官，并隨路押軍人員，各不得侵奪民利。

一、自來齊國非理廢罷大小職官，并與改正叙用。或有懷才抱道，隱居山谷之人，亦仰所在官司以禮聘召，量才任用。内有才德絶倫者，開坐姓名申復，以憑不次陞擢。

一、古今聖賢墳墓祠廟，并不得亂有損壞。

一、實在逃亡江南人等，不問是何名目，若是却來歸投，并免本罪，優加存恤。

右下齊尚書省，可照驗即日尚書省所奉到聖旨上件施行。

據劉豫已削去帝號，降封蜀王，并設置施行訖。行臺尚書省各有所奉詔書，别行降下。

外照到降封宣旨：「昨以建置齊國，本圖靖難，奈何不當天心，至今未獲休息。與其害於百姓，不若負其一身，致有今來變廢。」仰指揮到日，即速遍牌曉諭隨處官吏軍民僧道耆老人等，仍於坊巷村寨多行粉壁告示，咸使體悉聖恩普浹之意，及思多歲不獲寧居，致望太平，各安職業，無或敢有二心。因齊國本非自立，凡官司所有勾當，無非本國公事，其大小職官，輒勿誤省會，妄生驚疑。仍仰自今後更切用心，撫循百姓，以保禄位。各懷忠信，仰順天意，用答宸心。當遵守宣旨，厚加撫恤。若是執迷不順，聽用浮言，必當自貽刑戮，仍仰至日立便改正。廢齊阜昌年號爲天會十五年。應州府縣鎮大小官員，并勒依舊勾當，所令見今禁勘諸公事，并續有詞訟及係官錢帛諸物文帳，并依前來體例，如法理納放停，不得致錯或有住滯隱瞞，別致違礙錯失。悉仰准此。天會十五年十一月日。

進士黄時偁徐揆段光遠三人所上虜酋書據王明清《揮麈後録》卷四補

大宋進士黄時偁，謹齋沐裁書於大金二帥曰：嘗謂「良藥苦口利於病，忠言逆耳利於行」。若夫樂軟熟而憎鯁切，取諛美而捨忠良，雖堯舜無以致治。時偁淮右寒生，家襲儒業。老父每訓曰：「不在其位，不謀其政。罔可輕言，自取戮辱。」由是鉗口結舌，守分固窮，未曾敢以片言辯時是非。方今國家艱難，苟有見聞，寧忍甘蹈盲聾之域？非不知身爲宋民，不當以狂妄之辭干冒元帥聰德也；非不知一言忤意，死未塞責也。直欲内報吾君之德，外光二元帥之名，一身九死，又何憾焉。時偁切覩我宋，自崇寧以來，姦臣誤國，竊升威柄者有之，妨公害民者有之，大啓倖門、壅遏言路者有之。所以元帥因之遂有此舉。道君太上皇帝親降詔書，反己痛責，斷出宸心，乃傳大寶。今皇帝即位未久，適丁國難，以孝行夙彰，天人咸服。今元帥歛城不下，蓋爲此也。時偁伏睹去年十二月二十三日國書，正爲催督金銀表段，有云：「須索之外，必不重取」，「禮數優異，保無它虞」。奈何都民朝夕思念，燃頂煉臂，延頸跂踵，以望御車之塵也。元帥豈不念天生萬民而立之君以主治之，乃復須索他物，絡繹不絶。參酌以情，雖不足以報再生之萬一，然方册所載，自古及今，未聞有大事既決，反緣細故而延萬乘之君者。證以國書，似非初意。愚切惑之。念我國家曩昔傷財害民之事，結怨連禍之人，尚可目也，曰内侍、伶倫、美女是已，曰宫室、衣服、聲樂是已。今軍前一一須索，唯復謂此悉皆國害，堅欲爲我痛鋤其根株耶？亦欲驅挈歸境以爲自奉之樂耶？軍機深密，非愚陋可得而知也。法曰：「上賢下不肖，取誠信，去詐僞，禁暴亂，止奢侈。」又曰：「爲彫文刻鏤技巧華飾而傷農事者，必禁之。」願元帥詳覽此章，熟思正論。殺人以梃與刃，無以異也。儻使宿姦復被新寵，是猶禾莠相雜而耕者未耘，膏肓之疾而醫者未悟，則將日漸月稽，習以成風，不害此而害彼，何時已矣。時偁憒不知書，愚不練事，言切而其意甚忠，事雖小而所繫甚大。方議修書，鋪陳管見，未及形言，衆乃自禍。嗚呼！天網恢恢，踈而不漏。老蠹巨惡，難於逃覆載之中也。且如内侍藍訢，醫官周道隆，樂官孟子書，俱爲平昔僥濫渠魁。今取過軍前，坐席未暖，乃忘我宋日前恩寵之優，不思兩國修講和好之始，尚循故態，妄興間諜，稱有金銀在本家窖藏，遂煩元帥怪問。考諸人用心，雖粉骨碎軀，難塞滔天之罪。請試陳之。今焉明降御筆：「根括金銀，以報大金活生靈之恩，切須盡力，不可惜人情。苟可以報大金者，雖髮膚不惜，只是要有盡取。」於是有司累行勸諭，及指爲禁物，稍有隱藏，以軍法從事。其措置根括，非不盡心。上至宗廟器皿，下至細民首飾，罄其所有，欲酬再造。而天子且曰：「朕可以報金國者，雖髮膚不惜。」凡爲臣子，固當體國愛君，疋兩以上，盡合送納。藍訢等不務濟朝廷之急，報元帥之仁，輒抵冒典憲，埋窖金銀，慳吝庸逆，無如此之甚者。若使未過軍前，則人人蓄爲私寶，論當時根括指揮，已合誅戮。切恐逐人昨緣有司根取犒賞，亦嘗囚禁，挾此爲仇，意要生事，厥罪尤不可赦。愚謂正當擾攘之際，猶敢懷姦罔上，取佞一時，異日安居，爲國患也必矣。亮元帥智周萬物，不待斯言，察見罪狀。文王問太公：「主聽如何？」太公答曰：「勿妄而許，勿逆而拒。」聖人垂教，良有以也。伏望元帥擴乾坤之度，垂日月之明，毋納諛情，以玷大德，將藍訢等先賜行遣，徇首京城。不惟掃蕩宿孽，又可以懲戒後人。仍願元帥務全兩國之驩，以慰生靈之心，請我鑾輿早還禁籞。軍前或有所闕，朝廷亦必不違。書之青史，傳爲盛事，豈不韙歟！

太學生徐揆等，謹獻書於大金國相元帥、太子元帥：揆等聞，昔春秋魯宣公十一年伐陳，欲以爲縣。申叔時諫曰：「諸侯之從者曰：『討有罪也。』今縣陳，是貪其富。以討召諸侯而以貪歸之，無乃不可乎！」王曰：「善哉！吾未之聞也。」乃復封陳。後之君子，莫不多申叔時之善諫，楚子之從諫。千百歲之下，猶且想其風采爲不可及。昔上皇任用非人，政失厥中，背盟致討，元帥之職也；大肆縱兵，都城失守，社稷幾亡而復存，元帥之德也；兵不血刃，市不易廛，生靈幾死而幸免，元帥之仁也。雖楚子入陳之功，未能遠過。我宋皇帝以萬乘之尊，兩造轅門，議賞軍之資，加徽號之請，越在草莽，信宿逾邁，國中喁喁，企望屬車塵者屢矣。今生民無主，境内騷然，忠義之士，食不下噎。又聞道路之言，以金銀未足，天子未還。揆等切惑之。蓋金銀之産，不在中國而在深山窮谷之間，四方職貢，歲有常賦。邦財既盡，海内蕭然，帑藏爲之一空，此元帥之所明知也。重以去歲之役，增請和之幣，獻犒賞之資。官吏征求，及於編户，都城之内，雖一妾婦之飾，一器用之微，無不輸之於上，以酬退師之恩也。又自兵興以來，邦國未寧，道路不通，富商大賈絶迹而不造境，京師豪民蓄積素厚者，悉散而之四方矣。間有從宦王畿、仰給於俸禄者，飦粥之外，儲無長資，豈復有金銀之多乎？今雖天子爲質，猶無益於事也。元帥體大金皇帝好生之德，每以赤子塗炭爲念。大兵長驅，直抵中原，未嘗以屠戮爲事，所以愛民者至矣。今元帥有存社稷之德，活生靈之仁，而乃以金銀之故質君，是猶愛人子弟而辱及其父祖，與不愛奚擇？元帥必不爲也。昔楚子圍鄭，三月克之【四】。鄭公肉袒牽羊以迎，左右曰：「不可許。」王曰：「其君能下人，必能信用其民矣。」退三十里而許之平。《春秋》書之，後世以爲美談。揆等願元帥推惻隱之心，存終始之惠，反其君父，損其元數，班師振

【四】三月克之　「月」原作「日」，據《左傳·宣公十二年》改。

旅，緩以時月，使求之四方，然後遣使人獻，則楚子封陳之功不足道也。國中之人，德元帥之仁，豈敢弭忘。《傳》曰：「主憂臣辱，主辱臣死。」揆等雖卑賤，輒敢浼死以紓君父之難，唯元帥矜之。

大宋進士段光遠，謹齋沐裁書百拜獻於大金元帥軍前：僕嘗讀《春秋左傳》，有曰：「親仁善鄰，國之寶也。」又嘗讀《禮記・聘義》，有曰：「輕財重禮，則民遜矣。」讀至於斯，未嘗不三復斯言，掩卷長嘆。切謂非賢聖之人，疇能如此？仰而思之，在昔太祖皇帝，膺天明命，以揖遜受禪，奄有神器，爲天下君。創業垂統，重熙累洽，垂二百年。東漸西被，南洽北暢。薄海内外，悉爲郡縣；殊方絶域，悉爲鄰國。聘問交通，絡繹道路。其間義重禮隆，恩深德渥，方之他國，唯大金皇帝爲然。比年以來，本朝不幸，姦臣用事，宦官橈權。罔知陳善閉邪而格其非，罔知獻可替否而引之當道。欺君誤上，蠹國害民，靡所不至。姦臣可罪，庶民可吊。事一至此，則弔民問罪之師有不得已而舉也。共惟大金元帥舉問罪之師，施好生之德，念今聖之有道，憫斯民之無辜，斂兵不下，崇社再安，生靈獲全。深厚之惠，若海涵而春育；生成之賜，若天覆而地載。兩國永和，萬姓悦服。夫如是，則親仁善鄰，曷以加於此哉！特枉鑾輿，爲民請命，重蒙金諾，與國通和。帝謂「髮膚亦所不惜，況於金帛，豈復有辭」。宵旰焦勞，不遑寢食，官户根括，急於星火。竭帑藏之所積，罄貧下之所有，甘心獻納，莫或敢違。雖曠蕩之恩難以論報，而有限之財恐或不敷。久留聖駕，痛切民心。夙夜匪懈，而事君之禮廢於朝；號泣旻天，痛君之民滿於道。仰望恩慈，再垂矜念。冀聖駕之早還，慰下民之痛切。夫如是，則輕財重禮，曷以加於此哉！伏念光遠草茅寒士，沐浴膏澤，涵泳聖涯，陰受其賜，於兹有年。才踈命薄，報德無階。今兹聖駕蒙塵於外，僕雖至愚，噫嗚泣涕，疾首痛心。其於庶民，尚幸仰賴元帥再生之恩，若天地無不覆載，於人無所不容，僕是以敢輸忠義激切之誠，干冒威嚴。仰祈垂聽，俯賜矜憐，無任戰懼皇恐哀懇之至。不宣。

宋前主與粘罕書 據《叢書集成初編》本蔡絛《北狩行録》補

某自北來，衆所鄙棄，獨荷左右見憐，故知英雄度量與俗不同也。嘗欲通書於左右，而自卜自疑，因循至今。某聞惟大英雄之人，然後能聽大度之言，敢略陳固陋，惟左右留神省察。古之君子，莫不以濟世安民爲己任。故有一國士者，止能安一國之人；有天下士者，然後能安天下之人。是以堯舜禹湯之君，而輔以臯夔稷契之臣，則日月所照，風雨所及，莫不被其澤。載在典籍，昭然可考，不止一二陳也。且以近事言之：昔唐之太宗，起自晉陽，奄有天下，征伐荒外，西破高昌，北擒頡利，可謂黄帝之師，莫强乎天下也。而遠思長久之計，知突厥稽首戴恩，嘗爲北藩。故唐之亡也，終賴沙陀以雪國恥。又匈奴冒頓單于，圍高祖於白登，七日不食，當時若欲取之，如俯拾地芥。冒頓單于不貪近利，以爲遠圖，使高帝得歸，以奉祭祀，故得歲受繒幣，舉中國珍寶玉帛，奉約結好。後匈奴國亂，五單于争立，終得宣帝擁護呼韓。近契丹耶律德光，責石氏之失約，長驅至汴，舉石氏宗族遷之北荒，然中國之地亦不能守，以至糜爛灰燼，數十年之間，生靈肝腦塗地，而終爲劉知遠所有。比之唐太宗、冒頓單于，其英雄度量，豈不爲相去遠哉！先皇帝初理兵於遼東，不避浮海之勤，而請命於下吏。蒙先皇帝約爲兄弟，許以燕雲。適雲中妄人，嘯聚不逞。某之將臣巽懦，懷首鼠之兩端；某以過聽，惑於謬悠之説。得罪於大國之初，深自剋責，去大號，傳位嗣子，自知甚明，不敢怨尤。近聞嗣子之中，有爲彼人之所推戴者，非嗣子之賢，蓋祖宗德澤在人，至厚至深，未易忘也。不審左右欲法唐太宗、冒頓單于，受興滅繼絶之名，享歲幣玉帛之好，保國活民，爲萬世法耶？抑欲效耶律德光，使生靈塗炭，而終爲他人所有耶？若欲如此，則非某所知；若不欲如此，當遣一介之使，奉咫尺之書，諭嗣子以大計，使子子孫孫，永奉職貢，豈不爲萬世之利哉！伏惟左右以命世之才，當大有爲之時，必能聽大度之言也。昔人有爲趙使秦者，秦問：「趙可伐與？」趙使對曰：「里人有好色者，好色之患，世所共知。而母言之，則爲賢母；妻言之，則爲妒婦。」今日之事，大類是矣。惟麾下多賢，必能審處。言欲盡意，不覺覼縷。伏望台慈，有以鑑察。幸甚幸甚。

附録

沈純祉李盛鐸題跋

巳十五年高庋此書，何爾抽閱，使人怒髮嚙指。雖然，存之以發忠臣義士之涕，以昭内夏外□之殷鑒可也。崇禎癸酉初夏，㰂庵。（以上在卷首）

萬曆四十八年庚申歲，長夏無事，借虎臣兄抄本過録。㰂庵。（以上在卷尾，前後有「沈純祉印」「翰生藏書鈔本」「麐嘉舘印」「北京大學藏」諸藏書印）

甲子上元前一日，購於廠肆文友堂。盛鐸記。（以上在封面）

（明萬曆庚申沈純祉鈔本，據《大金弔伐録校補》，中華書局二〇一七年版）

千禾氏是閒氏跋

光緒六年三月，倩鈔胥從守山閣本録出，本家茀君爲予校正。千禾記。（有「千禾」印）

壬戌仲春，宿菰里瞿氏，以其所藏明長沙李文正公手校兩卷本對勘一過。按是書不著撰人名氏，《四庫提要》謂原本久佚，僅從《永樂大典》中録出，嗣嘉慶十七年，昭文張氏據吴氏本刊入《墨海》，道光中金山錢氏得其殘板，復依《四庫》本校刻於《守山閣》，即此本是也。書中篇數，取校李本，大略相同，李本於天輔七年二月《答宋主書》上朱批「據宋本」三字，其評載瞿氏《書目》中。夫此書既録自金人，而名之曰《弔伐録》，則宋人斷無代爲録版之理，而靖康痛史見於《直齋書録》者，種類至夥，意或别有紀載如《北盟會編》之例，而公遂據以校之歟？觀書中於公文體裁有擡頭空格處，多循舊式，其人名、官名亦悉依當時原譯，則是從舊本録出，殆無疑義。書經傳鈔，顛倒舛誤之處固所不免，然較之錢本，其佳處已不可勝言矣。是閒記於瞿氏木筆花館南窗下。（後有「是閒手校」「國立中央圖書館收藏」印）

（清光緒六年傳鈔金山錢氏守山閣本，據《大金弔伐録校補》，中華書局二〇一七年版）

錢熙祚跋

《大金弔伐録》，張氏據超然堂吴氏本刊入《墨海》，僅分上下二卷。以文瀾閣本校之，上卷正月十四日《回奏宋主》中，脱「所承誓旨」下三百三十字；《宋主致謝書别幅》「細色并雜物」下，錯簡在《宋少主與左副元帥報和書》後；《宋少主新立誓書》脱去首尾，僅存「招納叛亡」下四百三十九字，亦錯簡在《宋少主報和書》中，遂并

《新立誓書》篇題脱去；《宋少主報和書》「兩朝和好」下，别爲一篇，題《又白劄子》。下卷《孫傅等乞立趙氏》第四狀，「傅等無任哀痛」下五十九字，移置第五狀末，而第四狀無結文；其《依准製造迎接等事狀》全篇脱去。其餘字句脱誤，不可枚舉。伏讀《四庫全書提要》，知此書世無刊本，僅從《永樂大典》録出，不知吴本又何自來也。今遵閣本付梓，而吴本義可兩通者，仍分注於下。其謬誤顯然者，概置不論。明初去金未遠，所據多舊刊本，較吴本爲得其真云。靖康之禍，實由宋人招納叛亡，自開邊釁。加以承平日久，文恬武嬉，議戰議和，幾等道傍築舍。卒至二帝北行，康王南渡，足爲千古炯戒。此書原始要終，備存舊牘，求之正史，十不得一，固考古者所不廢也。錫之識。

（《守山閣叢書》本卷尾）

張元濟跋

是書久無刻本。常熟張氏輯《墨海金壺》，首據超然堂吴氏抄本刊行。金山錢氏以其多有訛奪，復録文瀾閣本刊入《守山閣叢書》。是本爲錢遵王述古堂抄藏，繼入於知不足齋鮑氏，今歸吾友傅沅叔。雖遠出吴氏抄本之上，以校錢本，則顛倒訛誤，仍所不免。然靖康元年四月七日《宋主回金國元帥》一書，乃爲是本所獨有，且亦間有可以勘正錢本訛奪之處。《四庫總目》稱是書録自《永樂大典》，原無卷數，館臣析爲四卷。超然堂吴氏本僅分上下二卷，與是本同。又王時雍等《依准製造迎接等事狀》，是本與吴氏本均缺，頗疑當時所據必别爲一本，與《大典》不同出一源，是則固可并存者也。海鹽張元濟。

（涵芬樓影印錢遵王鈔本卷尾）

鄧邦述跋

甲寅九月，閱都門海王村市，得此鈔本八巨册，凡二十一種，皆史部書也。鈔手雅整可愛。版式雖不一律，有署「穴硯齋繕寫」者，與余曩藏《老學庵筆記》相同，知皆穴硯齋鈔本。聞尚有子部書十數種，爲常熟松禪師所收，曾介弢甫前輩假讀而不可得，不知其幾種。當時欲録一目，以與此數册并傳，非敢有他意也。書有「立齋」朱文一印，皆鈐於每册之首，蓋曾爲昆山徐氏所藏。余今析爲廿一册，故記於此。己未六月裝成。群碧記。

（穴硯齋鈔本卷尾）

潘景鄭跋

舊鈔本《大金弔伐録》。《四庫》著録《大金弔伐録》四卷，係從《大典》内録出。張氏刊《墨海金壺》，得超然堂吴氏寫本付梓，分爲二卷，與庫本次第不合，然此書素無完本，抱殘守闕，聊具梗概而已。此藍格抄本二卷，蓋依《墨海金壺》本傳録，款式悉遵《墨海金壺》，字畫亦摹宋本，是鈔本中之别具面目者。卷末有李芍農先生識語，云：「光緒丙子六月以抄本校對一過，各有訛誤，據改及校定數處。李文田記。」按李所據鈔本，雖不明所自，然互勘實多勝處。如上卷《别幅》條，據鈔本，係《宋主致謝書及報因便附問》之後，計此時衹有宋主貽真珠代物，金帥安得有此也？當照改正。又下卷《廢國取降詔》條，「其誰與助」，鈔本此句在「敗盟」句前，成四六句，較刻本爲勝。其他勘正誤字不下百數十處，洵足是正張刻不少。此亦毘園藏弆，己卯三月得之其家。二十日午窗讀訖記。

（潘景鄭《著硯樓書跋》，古典文學出版社一九五七年版）

《四庫全書總目》提要

《大金弔伐録》四卷。《永樂大典》本。不著撰人名氏，其書紀金太祖、太宗用兵克宋之事，故以弔伐命名。蓋薈萃故府之案籍，編次成帙者也。金宋自海上之盟，已通聘問，因天輔六年以前舊牘不存，故僅於卷首一條，略存起事梗概。自天輔七年交割燕雲，及天會三年四月再舉伐宋，五年廢宋立楚，所有國書、誓詔、册表、文狀、指揮、牒檄之類，皆排比年月，具録原文，迄康王南渡而止，首尾最爲該貫。後復附以降封昏德公、重昏侯、海濱詔書及所上各表，而終於劉豫建國之始末。所録與徐夢莘《三朝北盟會編》詳略互見，不識夢莘何以得之。

考張端義《貴耳集》曰：「道君北狩，凡有小小吉凶，喪祭節序，金主必有賜賚，一賜必要一謝表，集成一帙，刊在榷場中博易四五十年，士大夫皆有之，余曾見一本云云。」此書殆亦是類歟？然夢莘意存忌諱，未免多所刊削，獨此書全據舊文，不加增損，可以互校缺訛，補正史之所不逮，亦考古者所當參證也。《永樂大典》所載，未分篇目，不知原本凡幾卷。今詳加釐訂，析爲四卷，著於録。

（《四庫全書總目》卷五十一史部七雜史類，清乾隆武英殿刻本）

胡玉縉《四庫全書總目提要補正》提要

《大金弔伐録》四卷。

《永樂大典》所載未分篇目，不知原本凡幾卷。今詳加釐訂，析爲四卷，著於録。

瞿氏《目録》有舊鈔本二卷，云：「上卷始天輔七年至靖康元年，下卷始靖康元年至天會七年，此明長沙李文正公家藏本，卷中朱筆塗改，自注據宋本，皆公手筆也。」據此，則原書爲二卷。

（胡玉縉《四庫全書總目提要補正》卷十八雜史類，上海書店出版社一九九八年版）

余嘉錫《四庫提要辨證》提要

《大金弔伐録》四卷。不著撰人名氏，其書紀金太祖、太宗用兵克宋之事，故以弔伐命名。蓋薈萃故府之案籍，編次成帙者也。金宋自海上之盟，已通聘問，以天輔六年以前舊牘不存，故僅於卷首一條，略存起事梗概。

嘉錫案：本書卷首《與宋主書》一條，題下有原注云：「天輔七年正月己卯，其以前者，軍上不留。」故雖題爲《與宋主書》，而其文實從天輔元年宋主遣馬政通問叙起，《提要》所謂略存起事梗概者也。然天輔七年以前宋金往來國書，金人軍中雖未存稿，而宋徐夢莘《三朝北盟會編》具録其文，粲然可考。如卷四所載宣和二年（金太祖天輔四年）七月金人國書，九月宋國書，又宣和三年正月金人議夾攻國書，卷五載同年八月宋國書，卷七載宣和四年五月金人國書，卷九載同年九月宋國書及事目，卷十一載同年十一月金人國書，卷十二載同年十二月宋國書及金人國書，卷十三載宣和五年（金天輔七年）正月宋國書，凡十篇，皆此書所無。又載正月二十七日金人國書一篇，即此書首條所載往歲越海云云之書也。然彼係全篇，此爲節略，仍可據以補闕。蓋金人崛起氈裘之中，庶事草創，典章未備，不知保存文獻。宋人雖播遷之餘，而衣冠文物，盡歸江左，故府圖書猶有存者，士大夫亦網羅放失，著作如林，故夢莘得而録之耳。

自天輔七年交割燕雲，及天會三年四月再舉伐宋，五年廢宋立楚，所有國書、誓詔、册表、文狀、指揮、牒檄之類，皆排比年月，具録原文，迄康王南渡而止，首尾最爲該貫。後復附以降封昏德公、重昏侯、海濱詔書及所上各表，而終於劉豫建國之始末。所録與徐夢莘《三朝北盟會編》詳略互見，不識夢莘何以得之。考張端義《貴耳集》曰：道君北狩，凡有小小吉凶，喪祭節序，金主必有賜賫，一賜必要一謝表，集成一帙，刊在榷場中博易四五十年，士大夫皆有之，余曾見一本云云。此書殆亦是類歟？

案本書卷四《賀俘宋主表》之前尚有《遼主耶律延禧降表》《遼主謝免罪表》《降封遼主爲海濱王詔》《遼主謝封海濱王表》，凡四篇。蓋其書雖記伐宋始末，而滅遼廢齊之事，亦以次附入，若曰是亦大金之弔民伐罪云爾。《提要》云「後復附以降封昏德公、重昏侯、海濱詔書」，不知徽欽二帝何嘗封於海濱耶，其亦近於不詞矣。考文溯閣本《提要》亦如此，則非刻本脱誤也。所録文字，大凡百六十一篇，國書外所附事目，亦以篇計，惟別幅載禮物名數者不計。而見於《三朝北盟會編》者四十九篇，故《提要》疑當時有刻本在榷場交易，而夢莘得之。考明沈德符《萬曆野獲編》卷六曰：「予所見金國所刻名《弔伐録》者，備載破宋滅遼廢齊諸詔令書檄，及徽欽二帝在北地謝金主諸表文甚備。」是此書實有金時刻本，然夢莘所載文字，却非得自此書。如天輔七年以前往來諸國書，固非是書所有，而《會編》卷三十又有欽宗《賜皇子郎君書》，斡离不《回謝賜物上奏》，本書卷一亦有《回謝宋主書》，然文字全不同，當别是一篇。卷三十一有《請歸康王書》及斡离不《送還康王書》，卷三十六有《致大金皇子郎君都統叙别書》，與本書所載宋主回謝書亦不同。卷五十有《致元帥皇子第二書》，卷五十六有《遣工部侍郎王雲使軍前致大金皇帝書》，亦皆爲此録所不載。然則宋之掌故具在，文獻足徵，其無藉於是書亦明矣。《會編》卷五十載《致元帥皇子第一書》，即此録卷二宋再遣使乞免割三鎮增歲幣書。係采自《宣和録》。卷七十一載孫覿所草降表，只引十句，分見此録兩表之中，而字句不盡同。係采自《宣和録》及《遺史》。卷五十八載《因虜使還朝密賜耶律太師書》，此録卷二題作《宋主回書》。卷七十一載欽宗降表，只載篇首六句，即此録卷三《宋主降表》改定本。卷七十九載《在京士民郭鐸等狀》，即此録《軍民耆老狀》，乞立趙氏。卷八十四載《册立張邦昌文》，皆采自《靖康要盟録》。卷七十八載《金元帥府遣吴幵莫儔持入城書》，即此録行府下前宋宰執舉一人。卷七十九載孫傅第一狀以至第六狀，第六狀即此録《乞命張邦昌治國狀》。皆采自《僞楚録》。孫傅第二狀以下不引書名者，蒙上文言之也。凡此諸條，并有書名，著其出處，其非采自金人所刻之《弔伐録》，昭然甚明。然則其他所載諸篇，其必采之案牘及宋人著作之中，固無疑義。《提要》謂不識夢莘何以得之，是不知《會編》之體例也。即如《會編》卷八十所載《御史中丞秦檜狀》，長至一千五百二十三字，而此書卷三所載《秦檜乞立趙氏狀》，僅寥寥二百二十二字，全篇無一句相同。此亦夢莘未見《弔伐録》之一證。考宋王明清《揮麈後録》卷十一第百九三條記姚宏令聲之言曰：「今世所傳秦所上書，與當來者大不同，更易其語，以掠美名，用此誣人，以僕嘗見之，所以見忌。」是則《弔伐録》所載者，檜當時所上之書也；《會編》所載者，檜後來所更易以誣人者也。然明清雖記姚宏此言，而其《揮麈三録》卷二第十五條所載《秦會之議狀》，仍與《會編》同。《繫年要録》卷二及《東都事略・張邦昌傳》亦然。《要録》且據檜所撰僞狀以辯馬伸等未嘗連名，蓋除姚宏之外，南宋士夫舉無有見檜原稿者矣。今《宋史》檜本傳節録檜所進狀，亦即後來更易之本也。案《揮麈餘話》卷二謂秦會之議狀，乃馬伸先覺之文。先覺爲監察御史，屬稿就，以呈會之，會之猶豫，先覺率同僚合辭力請，會之不得已，始肯書名。《玉照新志》卷三亦明清所著及《宋史・馬伸傳》記此事，雖不云狀稿爲誰所撰，然其議發於馬伸，約檜與連名則略同。故《弔伐録》所載狀雖前後皆具檜銜名，文內亦自稱曰檜，而其辭則只就國事立言，皆公共之語，蓋狀後必尚有諸御史連名，録文者省去之耳。《會編》及諸書所載，其開端便曰：「右檜竊緣自祖父以來，七世事宋，身爲禁從，職當臺諫，荷國厚恩，甚愧無報。」是檜一人之語矣。使此狀果爲檜所獨進，諸御史皆不署名，則何以

《揮麈三録》載秦塤所藏第二狀稿，此狀他書皆不載。又三稱檜等乎？以此證之，知《弔伐録》爲獨得其真，《會編》諸書皆不免爲檜所愚也。夢莘著書，紀叙檜之奸邪，不遺餘力，使夢莘得見《弔伐録》，有不具載議狀原文，明其先後不符，以發其覆者乎？乃知《提要》疑夢莘曾從榷場得見《弔伐録》者，特抽閲其中數卷，而未嘗細核全書也。

然夢莘意存忌諱，未免多所刊削，獨此書全據舊文，不加增損，可以互校闕訛，補正史之所不逮，亦考古者所當參證也。《永樂大典》所載，未分篇目，不知原本凡幾卷。今詳加釐訂，析爲四卷，著於録。

案明《文淵閣書目》卷六《雜史類》有《弔伐録》一部二册，此即《永樂大典》所據之本，故《提要》不知其爲幾卷。然考黄虞稷《千頃堂書目》卷五《别史類》著録金人書，有《金人弔伐録》二卷，注云：「記金人伐宋，往來文檄盟誓書。」虞稷及周在浚《徵刻唐宋秘本書目》亦云：「《金人弔伐録》二卷，蓋金人所編，與宋爲海上之盟，迄於北狩，往復書札文移也。」則此書實二卷矣。虞稷所見，必從金刻本出，其易「大金」爲「金人」，則出於後人之手。疑元明時别有刻本，張海鵬據超然堂吴氏本刻入《墨海金壺》，亦作上下二卷，蓋猶舊本。然以閣本校之，吴本脱訛動至數十百字，似所據者乃展轉傳鈔之本，非金刻也。《絳雲樓書目》有此書一册，《也是園書目》作一卷，蓋出後人省併耳。《野獲編》曰：「金國所刻名《弔伐録》者，其初與宋童貫書，署題曰《元帥粘罕與亡宋故宣撫使廣陽郡王閹人童貫書》，至後以納平州張覺興兵犯闕所傳檄文，謂元符王亡，後謂哲宗崩也。趙佶本不當立，交結宦官童貫，越次僭竊，以此寵任，命主兵柄，爵以真王。」今閣本《與童貫書》，題作《與宋閹人河北河東陝西等處宣撫使廣陽郡王童貫書》，視《野獲編》已爲小異。至於元帥府左副元帥右監軍右都監下所部事跡檄書，止云：「况趙佶越自藩邸，包藏禍心，陰假黄門之力，賊其冢嗣，盗爲元首。」無「元符王亡，趙佶交結宦官童貫」諸語，是《永樂大典》所據之本與沈德符所見金刻又大不同，未詳其故也。

（余嘉錫《四庫提要辨證》卷五史部三，中華書局一九八〇年版）

周中孚《鄭堂讀書記》提要

《大金弔伐録》二卷。《墨海金壺》本。不著撰人名氏。《四庫全書》著録本從《永樂大典》録出，作四卷。倪氏補《金志》，有《金人弔伐録》二卷，注云：「記伐宋往來文檄盟誓書。」當即此本。錢氏補《元志》，有《大金弔伐録》四卷，當即館本也。其書紀金太祖、太宗用兵克宋，故稱「弔伐」。乃金人採故府案牘所編，與宋徐氏夢莘《三朝北盟會編》所載，詳略可以互考。張若雲海鵬得超然堂吴氏所藏原本，因冠以提要一篇，而重刊之。

（周中孚《鄭堂讀書記·補逸》卷九，中華書局一九九三年版）

瞿鏞《鐵琴銅劍樓藏書目録》提要

《大金弔伐録》二卷。舊鈔本。不著撰人名氏。紀金太祖、太宗與宋用兵事。詳載國書、答書、誓詔、事目、册表之類，而終以册封劉豫及豫謝表。書分兩卷：上卷，始天輔七年至靖康元年；下卷，始靖康元年至天會七年。此明長沙李文正公家藏本。卷中朱筆塗改，自注「據宋本」，皆公手筆也。卷首有「西涯」及「子孫永寶」二朱記。

（瞿鏞《鐵琴銅劍樓藏書目録》卷九史部二，清光緒常熟瞿氏家塾刻本）

丁丙《善本書室藏書志》提要

《弔伐録》二卷。舊鈔本，周季貺藏書。不著撰人姓名，館臣采自《大典》，録爲二卷。是録紀金太祖、太宗用兵克宋之事。自天輔六年以前舊牘不存，僅存一條。天輔七年交割燕雲，及天會三年再舉伐宋，五年廢宋立楚，凡國書、誓詔、册表、文狀、指揮、牒檄，率排比年月，具録原文，迄康王南渡而止。後附降封昏德公、重昏侯、海濱詔書，及所上各表，而終於劉豫建國之始末。可與《三朝北盟會編》參觀也。後有周季貺跋。

《大金弔伐録》二卷。精鈔本，陳氏西畇草堂藏書。是書有「陳氏家藏」「陳墫私印」「仲遵西畇草堂藏本」諸印。墫，一字葦汀，長洲人，工畫山水，有西畇草堂儲藏書，多古刻。

（丁丙《善本書室藏書志》卷八，清光緒二十七年錢塘丁氏刻本）

傅增湘《藏園群書經眼録》提要

《大金弔伐録》不分卷。呂晚村家影寫金刊本。後歸查初白慎行。卷中「四太子」「郎君」等字皆提行，以校守山閣本、聚珍本均善。甲寅

《弔伐録》二卷。清初錢曾述古堂寫本。十行二十字，無闌格。鈐有「鮑廷博藏印」。余藏

（傅增湘《藏園群書經眼録》卷四史部二，中華書局一九八三年版）

張鈞衡《適園藏書志》提要

《大金弔伐録》二卷。舊鈔本。不著撰人名氏。館臣采自《大典》，分爲二卷。是録紀金太祖、太宗用兵克宋之事。自天輔七年交割燕雲，及天會三年再舉伐宋，五年廢宋立

楚，凡國書、誓詔、册表、文狀、指揮、牒檄，排比年月，具録原文。後附降封昏德公、重昏侯、海濱王詔書及所上各表。此舊鈔本收藏有「南昌彭氏」朱文方印，「知聖道齋藏書」朱文長方印，「唐棲朱氏結一廬圖書記」朱文方印。

（張鈞衡《適園藏書志》卷三雜史類，民國南林張氏家塾刻本）

鄧邦述《寒瘦山房鬻存善本書目》提要

卷五：明鈔本、名人手鈔本。

《弔伐録》　二卷，一册。不書編輯人，穴硯齋鈔本。有「立齋」朱文印。

（鄧邦述《寒瘦山房鬻存善本書目》卷五，上海古籍出版社二〇一四年整理本）

南征録彙

◎李天民輯

點校説明

《南征録彙》一卷，金李天民輯。李天民，生卒年、籍貫、生平均不詳。是書記金人攻陷汴京、挾持宋徽欽二帝北歸事，起於天會四年（一一二六）閏十一月二十五日，止於次年四月一日。全書係采録彙編他書而成，故名「録彙」。書中所載，依時序編次條理，各條標明出處。所録多出自時隨金兵南征者之親歷親聞，細微真切，足爲金史之珍貴史料。文字大抵簡略，然亦有細膩者，如記金太子宗望與北宋宗婦對話，言辭宛然，如聞其聲。所引文獻，今皆亡佚，幸賴是書得存。

《南征録彙》與《青宫譯語》《宋俘記》三書，并收入宋代確庵、耐庵編著之《靖康稗史》。《靖康稗史》一書流傳甚少，諸家書目均未見著録，而在朝鮮有鈔本流傳。清光緒年間，蘇州謝家福借得此鈔本，并録副贈與丁丙。今南京圖書館藏有丁丙所藏《靖康稗史》二種，均爲鈔本，一鈐印「八千卷樓所藏」，附有丁丙題跋；一鈐印「八千卷樓丁氏藏書印」，無題跋。二種篇次編排不同，個别字詞亦有出入。今檢謝家福致丁丙信有「《稗史》原本似是摹抄行草書，故字不成字」等語，而丁丙所藏二種均謄録清晰，疑二種均爲謝家福所借得原本之副本。至於謝氏所借得之原本，則未知去向。《靖康稗史》後有多種鈔本，多源自丁丙藏本。民國二十八年

（一九三九），王大隆據丁國鈞（字秉衡）過録之丁丙藏本刊印《靖康稗史》并編入《己卯叢編》，流傳較廣。本次整理以鈐印「八千卷樓丁氏藏書印」本爲底本，以鈐印「八千卷樓所藏」本爲校本。《靖康稗史》序跋及相關文獻，列於本書附録。

天會四年宋靖康元年十一月二十五日宋閏十一月，固倫尼伊勒齊孛堇左副元帥宗翰、二皇子右副元帥宗望克宋大兵，自南壁登城，禁軍士下城縱掠。夜，宋遣景王杞、謝克家至劉家寺皇子寨求和，諭令何㮚來議。見劉同《壽聖院劄記》。

二十六日，國相即左副元帥令宋使李若水入城，諭勿播遷。見克錫《青城秘録》。

宋遣何㮚至寨哀懇，國相令回奏少帝，速請道宗出城。㮚曰：「此非臣子所宜言。」國相怒云：「爾家太上事事失信，弗親出城，便須出質妻女，此外更無計議。」見高有恭《行營隨筆》。

二十七日，宋使濟王栩及李過庭來求哀。見《劄記》。

二十八日，宋遣秦檜、李若水求和，二帥諭須上皇、皇子出質，別差近上官，與已畫定州、府、軍、縣長官血屬各一人，往同交割，并將干戾人童貫、蔡京、蔡攸、王黼、李綱、李彌大、劉韐、王安中、馬擴、詹度、陳遘、吴敏、徐處仁、折彦實、折可求、吕紳、張孝純、王稟，及歸朝人滕茂實、范直方、李嗣本、蔡靖、高世由、趙良嗣、折可存、張觀、楊忠敏、張謙、張翼等家屬交出。二十九日，又遣燕、越、鄆、景、濟、祁、莘、徐、沂、和、信十一王來請命，弗納。見《隨筆》。

宋遣何㮚來求哀，國相云：「道宗來質，妻女來質，以何爲可？」㮚語塞。繼云：「當請少帝自來議。」三十日，宋主出城，使烏凌葛思美館伴於齋宮。見《秘録》。

宋發蔡京子蔡絛出城。見《隨筆》。

十二月初二日，宋主上降表。禮成，請退兵，願獻世藏珍異，一應女樂。國相云：「一人一物，何非我有？皇帝且歸候旨。」令烏淩葛斯美等五人送入城，即駐宋宮。見《秘録》。

初三日，帥府致書宋主，令喚回康王。又表達皇帝，廢宋易主。趙士先《毳幕閒談》。

初四日，二帥遣蕭慶入城，封府庫，駐都堂，承宣號令。阿懶《大金武功記》。

宋使鄧珪嘗稱妃嬪、帝姬之美。二皇子獲蔡京家婢李氏，本宋宮女媵，福金帝姬嫁蔡，刺問益詳，因議和親。見《雛鳳清聲》。

五年宋靖康二年、建炎元年正月元旦，宋遣濟王、景王來賀，犒以金銀。二帥遣真珠大王等九人入賀。見《秘録》。

□□□□□□□□□□□□□□□□□□□□□□□□□□□□□□□□□□□□□□□

初八日，宋遣何㮚求減金銀。國相云：「前約擇定其一，再容酌議。」二皇子云：「從我和親，再容議減。」㮚云：「臣不能奏請。」皇子云：「須爾皇帝獻來，不煩再議。」見《劉記》。

初九日，二帥致書宋主，并遣高慶裔邀令出城面議。見《武功記》。

初十日，帝駕再出南薰門，至青城寨。金使蕭慶令鄆王及何㮚、馮澥、曹輔、吴幵、莫儔、孫覿、譚世勣、汪藻、郭仲荀、李若水十一人侍帝，餘居寨外，館帝於齋宮端成殿東廡，不具供帳，鐵索闌門，擊柝然薪，終宵不息。見《宋遺民憤談》。

宋主謁二帥，拒不見，令蕭慶授意，索貢人、物。宋臣駁辨良久，吴幵、莫儔傳宋主意，允以親王、宰執、宗女各二人，衮冕、車輅及寶器二千具，民女、女樂各五百人入貢，歲幣加銀絹二百萬疋兩，以抵河以南地，宗女各一人饋二帥。見《武功記》。

十一日，楊天吉、王汭令吴幵、莫儔語少主云：「福金帝姬是干戾人蔡京媳，理宜發遣，遲則和議不成。」少主令王宗沔入城面奏，并手詔留守開封府曰：「比者金人已登京城，按甲議和，不使我民肝腦塗地。時事至此，不獲已，已許帝姬和親，立大河爲界。」見《劄記》。

爲少主設供具，并令手詔城中，催送金銀。見《秘録》。

十三日，二帥令蕭慶語少帝云：「道宗須出質，和親須自擇，歲幣須一千萬□□□□□□□□□□□□□□□□□不允，即須力取。」少帝云：「禮教所拘，未便奉命，姑令王宗沔入城面奏，并催犒軍金銀。」入暮，宗沔歸，道宗不允，城中譟然。見《隨筆》。

十四日，少主遣莫儔入城安民，令吴幵邀蕭慶同見國相，備述太上出質，人子難忍；妃姬改嫁，臣民所恥。國相云：「令太上挈帶北行，臣民庶不恥笑？」餘無他議。見《秘録》。

十五日，令少帝及從臣至劉家寺觀燈。真珠大王設也馬、寶山大王爵保率鐵騎夾護至寺。寺内設燈二萬丸，露臺陳教坊樂，堂上三席，堂下六席□□□□□□□□□□□□□□日入放燈，一時許，撤席散歸。少帝屢顧二帥，欲有所陳，二帥不顧。見李東賢《辛齋筆記》。

司馬樸云：「皇子謂國相决意廢立，禍恐不測。」十七日，蕭慶云：「二帥俟金銀交足，請帝擊球。宴後，送駕入城，可請催括金銀。」見《屯翁日録》。

二十二日，蕭慶奉二帥命，與宋臣吴幵、莫儔等議定事目，令少帝手押爲據：一、准免道宗北行，以太子、康王、宰相等六人爲質，應宋宫廷器物充貢。一、准免割河以南地及汴京，以帝姬兩人，宗姬、族姬各四人，宫女一千五百人，女樂等一千五百人，各色工藝三千人，每歲增銀絹五百萬疋兩貢大金。一、原定親王、宰相各二人，河外守臣血屬，全速遣送，准俟交割後放還。一、原定犒軍金一百萬錠、銀五百萬錠，須於十日内輸解無闕。如不敷數，以帝姬、王妃一人準金一千錠，宗姬一人準金五百錠，族姬一人準金二百錠，宗婦一人準銀五百錠，族婦一人準銀二百錠，貴戚女一人準銀一百錠，任聽帥府選擇。見《秘録》《隨筆》。

宋主出降，時帥府即議廢立。國相意决，皇子持兩端。比以康王起天下兵，皇子議挾宋主以令天下，不使康王逞志。國相見人心未去，遂表達北朝，封宋主爲藩輔。見《閒談》。

二十三日，少帝詔徐秉哲云：「身睡土床已及兩旬，所需望竭力應付。」見《筆記》。

二十五日，二帥遣蕭慶及歸降内侍承宣使鄧珪持宋主手詔入城，催發人、物。二十六日，宋主遣何㮚入城，平糴安民，并詔徐秉哲津運各項事物，丁口至南薰門、朝天門交納，更令面奏太上，委曲和親。見《武功記》。

割地使劉□自縊劉家寺寨。見《日録》。

二十八日，開封府饋二帥蔡京、童貫、王黼家歌妓各二十四人，雜入福金帝姬，送皇子寨。姬初受紿於開封府，及見皇子，戰栗無人色。皇子令其婢李氏慰而醉之。自正月二十五日，開封府津送人、物絡繹入寨，婦女上自嬪御，下及樂户，數逾五千，皆選擇盛裝而出。選收處女三千，餘汰入城。國相自取數十人，諸將自謀克以上各賜數人，謀克以下間賜一二人。因病汰還千餘，仍令少主傳諭城内補送□□□□□□□□□□□□□定。初五日，送還少主。初七日，國相回軍，且催騾馬，戒行裝，四壁官亦申報金銀净盡，任聽皇子駐軍守索外郡續納。忽初四日，宋鄧珪以皇子私納帝姬事漏言，國相知皇子有私意，不欲議和。宋内官藍訢、醫官周道隆、樂官孟子書輸誠國相，請發窖藏，國相遂大怒，不令少帝歸。見《劄記》《隨筆》。

初五日，二帥請少主赴打毬會，隨行者何㮚、馮澥、曹輔、郭仲荀四人。入幕，少主西向坐，二帥東向，執禮甚恭。酒數行，皇子躬下毬場。忽蒲蘆虎大王持詔至，即撤席。少主乞回宫，國相呵之云：「尚欲何往！」皇子送少主入齋宫，密語廢立事。吴幵、莫儔跪求云：「倘蒙再造，俟國相回軍後，無論何人何物，惟皇子命。」遂指索帝姬三人，王妃、嬪御七人。吴幵等力請少主手押爲信。皇子至國相寨云：「明詔雖允廢立，密詔自許便宜行事。况已表請立藩，豈容中變？」國相不允。皇子謂：「太祖止我伐宋，言猶在耳，皇帝仰體此意，故令我濾自便。」國相云：「皇子何私於宋，不顧大害？宋兵尚多，民心未去，如今放手，後患無窮。更立異姓，國勢易動，徐圖混一，豈非善計？」蒲蘆虎云：「都元帥斜也意同。」皇子怒曰：「南伐，我實首謀，我當爲政。廢主親屬，不能如契丹虐待。」蒲蘆虎兩解之，皇子悻悻而出。蕭慶語國相云：「廢少主，康王必自立，不似少主庸懦，請再思。」國相云：「宋若歸誠於我，當保全。」蕭慶遂赴齋宫，少主諸臣不復與議。初六日黎明，二帥令宋主入青城寨，宋官皆從。金兵揮去黄屋、夾隊，行抵寨下馬，令跪聽詔，廢爲庶人。國相令蕭慶、劉思去少主冠服，宋忠臣李若水抱持御衣，戟手怒駡，兵士拽出。國相押少主入齋宫，令書諭留守，并啓道宗，限初七日率宫眷出城，推立異姓。又令莫儔、吴幵入城宣諭，令鄧珪率内侍百餘入城監守后妃、帝姬、諸王妃，令馮澥、曹輔入侍廢帝，餘臣禁押别室。鄭寬之、梁平、王孝傑、王宗沔自城中出，亦禁押。初七日，令騎兵萬人自南薫門排屯至青城劉家寺，兩帥駐南薫門甕城下。及午，太上率妻妾、子婦婿、女奴婢絡繹而出，我兵監押轎車之中，抵甕城，令內侍指認點驗後，太上后妃、諸王、帝姬皆乘車轎前進，後宮以下，騎卒背負疾馳。申刻，令鄧珪入城搜捉。二帥還青城，送太上入齋宮，責其敗盟，太上抗辨不屈。二帥斥之云：「不允和親，全爲囚俘，何顏向人！」太上云：「我與若伯叔各主一國，國家各有興亡，人各有妻孥，請二帥熟思。」國相云：「自來囚俘皆爲僕妾，因先皇帝與汝有恩，妻子仍與團聚，餘非汝有。」揮令出，見少帝，相顧號泣。二帥仍至青城，遣后妃五人、諸王二十八人、皇孫十六人、駙馬七人赴齋宮□□□□□□□□□□□□□□□□□□□□□□□□□□□□戊刻，鄧珪又押送宮眷七百餘人至青城劉家寺。見《武功記》《秘録》《隨筆》《劄記》《日録》。

是夜，國相宴諸將，令宮嬪等易露臺歌女表裏衣裝，雜坐侑酒。鄭、徐、呂、三婦抗命，斬以徇。入幕後，一女以箭鏃貫喉死。見《隨筆》。

烈女張氏、陸氏、曹氏抗二太子意，刺以鐵竿，肆帳前流血三日。初七日，王妃、帝姬入寨，太子指以爲鑒，人人乞命，福金帝姬撫慰之。令施膏沐，易後宮舞衣入帳侍宴□□□□□□□□□□□□□□□□□□□初八日，又解到王妃、帝姬六人。兩帥遣吳玕、莫儔入城催立異姓，孫傅等投狀，請立趙氏，不許。初九、初十日，又解到王妃、帝姬九人。見《劄記》。

帥府令吳玕、莫儔入城宣付劄牒，布告四方。入暮回寨，擄來孫傅、張叔夜請立趙氏狀。十一日，宋官上舉張邦昌狀，孫傅、張叔夜不簽書。見《秘録》。

午後，朱皇后、太子、公主等出城，安置齋宫。搜出王妃、帝姬四人，津送劉家寺。見《隨筆》。

十二日，拘孫傅、張叔夜入青城寨，遣吴幵、莫儔傳諭宋官，立張邦昌爲楚帝。秦檜上書帥府，有異議，拘其家屬至。見《武功記》。

十四日，青城木寨成，國相令舊選童女、隨來宫女、新取宗戚婦女居之。十五日，建安郡王趙楧死。有李浩者，貌似相國公，誤拘入齋宫。宋廢主謀遣相國脱走，以浩爲代。無隙可走，遂秘建安喪，以相國代楧。見《閒談》。

十六日，帥府令婦女已從大金將士，即改大金梳裝。元有孕者，聽醫官下胎。見《劄記》。

帥府牒城内官依舊視事，遣李若水入城安撫，李抗不行。奉朝命，俘獲人畜如契丹例分別貢賞。趙構作速催回，毋滋遺孽。十七日，國相宴皇子及諸將於青城寨，選定貢女三千人，犒賞婦女一千四百人，二帥侍女各一百人。見《武功記》。

十八日，皇子宴國相、諸將及宋廢帝后，爲太平合歡宴。巳刻入座，國相、皇子、闍母、額魯觀、谷神、阿懶、撻懶、蒲蘆虎、設也馬、斜保十人，及宋太上、鄭后、廢帝、朱后皆堂上，席二人。三十二將皆堂下。斜保請皇子出妃姬二十人、歌妓三十二人侑酒。宋帝后避席，國相不許。席散，皇子語太上曰：「設也馬悦富金帝姬，請與之。」太上曰：「富金已有家，中國重廉耻，不二夫，不似貴國無忌。」國相怒曰：「昨奉朝旨分俘，汝何能抗令？堂上客各挈二人。」太上亦怒曰：「上有天，下有地，人各有女媳。」國相呵出之。鄭后見姪婦在堂下，跪求國相云：「妾家不與朝政，求放還。」國相頷之，令挈姪婦去。見《開譚》《清聲》《劄記》。

十九日，二帥以寨中鬼魅不靖，取禪僧五十四人諷經。二十日，宋信王妃自盡於青城寨，各寨婦女死亡相繼。并搜得所攜金銀飾物，帥府令城官續括金銀并宗屬。見《秘録》。

二十一日，二帥授李若水、王履官，不屈，被戕。見《日録》。

二十二日，宋康王母韋氏至自齋宫，與妻邢氏同禁壽聖院。見《劄記》。

國相令宋太上手諭康王回京，分使投送。見《武功記》。

二十三日，諸將答宴。二帥奉皇帝指揮：趙桓出降以前，自請更立賢君，念知悔禍，俯予優容，准以子姓爲藩輔；應趙佶、趙桓家屬，仰元帥府詳奏；自餘俘獲人畜，仍依曩例頁賞。明日，額魯觀、多昂木、阿嬾、蒲蘆虎、固新、撻嬾歸所取十二人至壽聖院，二帥及真珠、寶山大王留弗歸。見《秘録》。

二十四日，儀福帝姬病，令歸壽聖院。見《清聲》。

帥府急班師，銀帛未齊。又探得康王令宗澤屯澶州，閭邱升屯濮州，黄潛善屯曹州，趙野、范訥屯南京，向子野屯鉅野，何志同屯許州。提舉官梅執禮、程振、陳知質、安扶集城中潰卒內應，遂殺執禮等，并執根括官胡唐老、胡舜陟、姚舜明、王俁，鞭背各二百，限五日繳齊。復榜城中，逾期不齊，縱兵大索。見《武功記》。

二十五日，仁福帝姬薨劉家寺。見《日録》。

二十六日，萬户賽里令千户國禄都投書帥府，其弟野利代聘多富帝姬，見歸帥府，求賜釋付。二帥大詫，詢帝姬，云：「出城轎破，時番將脅入民居，令小番傳語云，兄爲北國大王，不異南朝富貴。使受香囊，未解其意。」二帥怒，斬野利於南薰門。見《隨筆》。

二十七日，帥府餞張邦昌，語以推戴事，邦昌痛哭倒地。見《武功記》。

二十八日，賢福帝姬薨劉家寺。見《日録》。

三月一日，帥府聞城中有變，令王汭勸邦昌入城撫循，并指揮城民：三日不立邦昌，縱兵洗城。見《武功記》。

初三日，官民上推戴張邦昌狀。見《秘録》。

初四日，阿嬾監押書籍、禮器千五十車北渡陽武，詭立宋帝后幟，覘康王動静。見《武功記》。

初六日，城中吴革兵起，謀誅范瓊、徐秉哲、左言、王時雍輩。事泄，爲瓊所殺。見《日録》。

初七日，帥府令蕭慶、耶律廣、王汭等奉册寳入城，立邦昌爲楚國皇帝。見《武功記》。

保福帝姬薨劉家寺。見《日録》。

初九日，邦昌遣邵溥、范瓘來寨報謝。見《秘録》。

初十日，我軍敗康王兵於開德、興仁、濮州。十一日，婁室孛堇又敗之千秋鎮。見《武功記》。

帥府以宋華國靖獻夫人李氏及宫人十輩賜邦昌爲后，令郎君等護送入宫。邦昌宴犒之，令舊宫人清歌勸酒。見《劄記》。

十二日，又敗康王兵於南華，擒其將宗澤、權邦彦車陣。帥府榜示各路云，宋主父子眷屬并已北遷。見《武功記》。

十三日，開封府申解金銀表緞并鄆王姬王氏至劉家寺。王氏自盡，年十六。見《日録》。

□□□□□□□□□□□□□□□□□□□□□□□□□□□

十五日，張邦昌至青城寨求減歲幣，止搜括，緩遷都，存陵廟。許之。見《隨筆》。

十八日，得阿懶報河北無警，二帥令諸軍戒裝。張邦昌請宴二帥於宋宫，設也馬、斜保往代。見《閒談》。

十九日，康王軍破我洛陽，高世則被害。見《武功記》。

二十一日，宋少帝諭王時雍、徐秉哲云：「社稷山河，素爲大臣所誤，今日使我父子離散，追念痛心，悔恨何及！以治行闕少厨中所用什物，煩於左藏庫支錢三千貫收買，津運至此。早晚成行，請勉事新君，無念舊主。」見《筆記》。

二十二日，帥府贈太上銀三千兩、表緞四端、火燎頭籠四具。見《憤談》。

二十三日，邦昌乞還馮澥、曹輔、汪藻、譚世勣、孫覿、徐天民、蘇餘慶、郭仲荀、沈晦、路允迪、黄夏卿。二帥察其庸懦，遣還。又乞還諸王夫人、諸帝姬。不許。見《隨筆》。

二十四日，帥府歸香雲帝姬、金兒帝姬、仙郎帝姬三喪，宋臣十一人、婦稚三千人入城。二十五日，傳檄四方，令諸軍於二十八日下城。二十六日，遣多昂幟烈率兵二萬，押送宗室、駙馬家屬三千餘人及金銀表緞車北歸。見《武功記》。

遣還鄭后家屬。見《秘録》。

二十七日，守城千户陸篤詵殺其兄尚富皂。尚守南薰門，踞大宅，淫及陸所掠女。陸殺兄遁。宗姬、宗婦十七人在所掠中，遂歸寨。夜，宋廢帝望城奠別，伏地大哭，天地爲愁，城震有聲。見《隨筆》。

□□

二十八日，帥府貽書邦昌，減歲幣錢一百萬貫、銀絹二十萬疋兩。見《武功記》。

黎明，宋太上等抵劉家寨。國相馳馬至，云：「有詔見立張邦昌爲楚帝。古無不亡之國，想宜領會。趙佶與太祖皇帝先立盟好，今知悔禍，可封爲天水郡王，趙桓可封爲天水郡公。妻子相隨，服飾不改，用示厚恩。」又指揮元帥府：叛逆趙構母韋氏，妻邢氏、田氏、姜氏，先遣入京禁押；所貢宋俘趙楧、趙榐及趙楷妻朱氏、趙材妻徐氏，馳速來朝，用別誠僞；餘安養燕山，另候指揮。二帥即遣真珠大王及千户國禄多、阿替計率騎兵五千監押去。二皇子供太上飯，太上云：「罪皆在我，請留靖康，封畀小郡。諸王、王妃、帝姬、駙馬不與朝政，請免發遣。」皇子曰：「朝命不可違，此去放心，必得安樂。」□□□□□□□□□□□□□□□□□□□□□□□□□□□□□□□□□□□□□□□午後，令王妃、帝姬出見父母、夫婿，抵暮即令歸幕。幕後爲財貨幕，留道宗夫婦宿；前爲飲宴幕，留諸王、駙馬宿。聲息相聞□□三鼓起程，分作七軍：從官、輜重在二軍，太上、諸王、駙馬在三軍，鄭后、宮屬在四軍，王妃、帝姬在五軍。額魯觀、蕭慶爲都押使，車八百六十餘輛。見《劄記》《閒談》《隨筆》。

四月一日，國相退師，分作五起：寶山大王押朱后一起，固新押貢女三千人二起，達賚押工役三千家三起，高慶裔押少主四起，從河東路進發。見《秘録》。

附録

《靖康稗史》序

《開封府狀》《南征録彙》《宋俘記》《青宫譯語》《呻吟語》各一卷，封題「《同憤録》下帙甲申重午確庵訂」十二字，藏臨安顧氏已三世。甲申當是隆興二年，上册已佚，確庵姓氏亦無考。所采皆虜中書，絶筆於梓宫南返，當是奉迎諸老手筆。

高宗朝搜禁私家紀述，《南征録彙》間有傳本，餘僅見上帙，當是靖康元年閏月前事。補以《宣和奉使録》《甕中人語》各一卷，靖康禍亂始末備已。咸淳丁卯耐庵書。

（南京圖書館藏丁丙藏本卷首）

遺德跋

中土禍患，至宋徽、欽而極，子息蕃衍，恥辱亦大，前史未有也。是編久存大藏，朕微時見轉鈔本於同年家，差脱不可句讀。踐阼後，檢諸故府得此，有先忠烈王圖印，是百年前傳寫來。披覽事變終始，咸悉宋金所爲，皆有國者金鑑。正史隔越兩朝，卷帙繁博，無此融會貫通。暇當考徵芟補，命儒臣泐爲一書，爲萬世子孫戒。辛巳三月上巳遺德筆。

（南京圖書館藏丁丙藏本卷首）

耐庵校記

二月初七日「斬以徇」下，「王妃、帝姬六人」止，外父曹氏本闕，李堯臣家藏本不闕。初十日「王妃、帝姬九人」下，李本云：「獨一婦不從，二太子曰：『汝是千錠金買來，敢不從！』婦曰：『誰所賣？誰得金？』曰：『汝家太上有手敕，皇帝有手約，準犒軍金。』婦曰：『誰須犒軍，誰令抵準。我身豈能受辱！』二太子曰：『汝家太上宮女數千，取諸民間，尚非抵準。今既失國，汝即民婦，循例入貢，亦是本分。况屬抵準，不愈汝家徒取？』婦語塞氣恧。隨侍小奄屢喚『娘娘自重』，婦不自主，小奄遂自刎。朱姓貴名，年十三。見《劄記》。」曹本闕。二十三日，曹本多「復收金七萬五千兩、銀一百十五萬五千兩、表緞四萬八十四疋」二十七字，李本無。三月十九日下，李本多「二十日，解到景王寵姬曹氏，仍遺歸。見《劄記》」十七字，曹本同。二十九日「所貢宋俘」下，李本云「先令帝姬趙富金、趙嬛嬛及疑似之趙楧」云云，曹本闕。此本及曹本皆復鈔，李本在金所録，較核。咸淳丁卯耐庵校。

（南京圖書館藏丁丙藏本卷尾）

丁丙跋

右書上册爲《宣和奉使録》《甕中人語》各一卷，耐庵取以補確庵所編《同憤録》也。下册即《同憤録》之下帙，爲《開封府狀》《南征録彙》《宋俘記》《青宫譯語》《呻吟語》各一卷，合題《靖康稗史》。蘇州謝綏之家福得自東洋，録副見貽，且示云：細勘所録，與正史異同處頗多。内如欽宗皇后之死烈，史稱不知崩聞；張叔夜之死鞏縣渡河時，史稱過白溝時，似皆有關掌故。前嘗借得《三朝北盟會編》《靖康要録》《大金弔伐録》對勘，互有異同詳略，書似可信。惟各家書目從無此種，又不能無疑云云。

丙按，耐庵姓氏與確庵同一無考。咸淳丁卯，爲宋度宗三年，去祥興二年宋亡止十二年，其時國政日壞，禁令日弛，此書之出，殆謝太后、全皇后與德祐帝入元之先兆歟！後序遺德筆於辛巳，中云：「檢諸故府得此，有先忠烈王圖印，是百年前傳寫。」又云「正史隔越兩朝」，以時考之，當在明季。由咸淳丁卯下數，三歷辛巳爲天順五年，四歷辛巳爲正德十六年，五歷辛巳爲萬曆九年，六歷辛巳爲崇禎十四年，明亦將亡矣，究不知本已屬於何代，遺德藩開何國。書自中土而流於異域，近又入於中朝，循環之理，信非偶然。至諸家書目不載，初因禁忌而不敢出，繼因唏嘘而不忍出，非若外洋之勢隔情睽，第供考鏡，故得久而不湮也。綏翁謂書似可信，丙亦云然。

光緒壬辰秋七月八千卷樓偶記。

光緒乙未三月中，綏之忽中風偏廢。五月半，口授人書來，云偶閲《東藩記事》，知《靖康稗史》序上遺德之名，乃嘉靖時朝鮮舊主，其先爲大魁，後爲國君者，附以奉告云。丙案，辛巳當爲萬曆九年。序中所云「微時見傳鈔本於同年家」，所謂「微時」，乃未踐國祚之先；所謂「同年」，乃既登大魁之後也。綏之少有大志，嘗創議賑濟山左、山右、陝甘、河南、順直、浙西各省水旱偏災，活數百萬人。又推廣西法，行各路電報，經濟宏遠，皆見諸實事。即此考證一書，相隔三年，病廢之中尚不遺忘，可佩也。丙又筆。

（南京圖書館藏丁丙藏本）

丁國鈞跋

是書鈔本凡二册，所載爲《宣和奉使金國行程録》《甕中人語》《開封府狀》《南征録彙》《青宮譯語》《呻吟語》《宋俘記》七種。首有咸淳丁卯按爲宋度宗三年耐庵序，又有辛巳三月上巳遺德跋。耐庵姓名無考。遺德據《東藩記事》知爲明嘉靖時朝鮮國主，先中大魁，後乃踐阼者。辛巳當爲萬曆九年。跋中言「微時見傳鈔本於同年家」，「微時」謂未得國之先，「同年」謂既登大魁之後也。是書咸、同以前各家書目皆不載，光緒初始由日本流傳中土。錢唐丁氏八千卷樓得之，遂著於録。其中所記事實，悉具日月。《開封府狀》則爲當時公牘，似皆信實可據。如《宋史》於欽宗朱后不知崩聞，此則言后於天會六年八月二十四夜在上京自縊，救免，復赴水死，金封爲靖康郡貞節夫人。見《呻吟語》《宋俘記》。史言喬貴妃與韋后結爲姊妹，呼后爲姊。考喬妃北行時年四十二，韋后年三十八，見《開封府狀》。疑無以姊呼后、自稱爲妹之理。史言徽宗帝姬三十四人，早亡者十四，餘均北行，是當爲二十人。考北行帝姬具有名號，實二十一人，見《開封府狀》。至恭福帝姬爲亂兵所戕，見《開封府狀》，蓋係飾詞。故不在遣中。史言金人未知，故不北行，亦誤。金酋據降閹鄧珪所開目索諸帝姬，恭福名亦在內。史言榮德帝姬駙馬曹晟卒後改適習古國王。按榮德名金奴，見《開封府狀》。被俘後適達賚，後没入宮，皇統二年封夫人。見《呻吟語》《宋俘記》。又欽宗入金後生二子，長謹、次訓，見《呻吟語》《宋俘記》。史但有訓傳，而脱漏謹名。其王安中諱災進羨餘各事，見《使金行程録》。安中傳亦失載。至《金史》言熙宗后爲費摩氏，據此當作裴滿氏。疑譯音之異。實宋五王府宗女隨母被掠於忽達家，遂獻爲妃，非真忽達女也。見《呻吟語》。史又載與費摩后同被殺者有妃張氏，而不詳其所出，據此知張爲斡離不與韋后侍婢張氏所生者，韋后南歸皆出其力。見《呻吟語》。此類遺聞佚事足資證史者尚多。而《南燼紀聞》各僞書之誣罔，觀此亦可了然矣。宣統紀元九月，秉衡丁國鈞寫於江南圖書館并記。

觀此知徽、欽降金之恥辱極矣！然足證《南燼紀聞》《宣和遺事》之誣罔。序首之耐庵無姓氏可考，或即爲《水滸傳》之施耐庵乎？庚戌二月記於鉢山圖書館，秉衡。

（南京圖書館藏丁丙藏本）

曹元忠跋

宣統庚戌七月三日，吴曹元忠觀於金陵圖書館。

（南京圖書館藏丁丙藏本）

《靖康稗史》，劉蘧六屬丁秉衡從金陵圖書館鈔出者，皆紀實較然可信。如《甕中人語》靖康二年二月初八，虜索近上宗室眷屬出城；十三，虜盡索宗族男女出城。《開封府狀》宗室男女有《宗正譜牒》，照依列目契勘等語，與《實録》二月癸酉金人於宗正寺取《玉牒簿》，指名取南班宗室自二王宫以下近屬及官序高者先取相合。《實録》又云，敵取宗族，皆據管宫閤内侍所供名字，又與《南征録彙》宋使鄧珪嘗稱妃嬪、帝姬之美相合。今宋《實録》已佚，僅見《永樂大典》本《舊聞證誤》所引，已符合如此，洵屬南宋舊帙。據遺德跋，稱踐阼後檢諸故府得此，有先忠烈王圖印，是百年前傳寫本。考朝鮮忠烈王即尚元世祖公主者，《元史·高麗傳》至元十一年五月，皇女呼圖克庫哩頁額實下嫁於世子愖是也。然則此書當是元初寫本，經□臣□□之亂，流入日本，又從日本還歸中國。鼎丞前輩手録是册，屬跋數語，而城郭猶是，朝市皆非，正欲出都，忽遭先子大故。哀哀故國，惸惸鮮民，忍淚見辭，即以告別。宣統三年正月棘人曹元忠。

（《己卯叢編》本卷尾）

胡玉縉跋

昔陳壽撰《三國志》，以身爲晉臣，而晉承魏統，不得不帝魏。《蜀志》末《楊戲傳》云，戲以延熙四年著《季漢輔臣贊》，其所贊而今不傳者，余皆注疏本末於其辭下，并載戲贊，有「世主能承高祖之始兆，復皇漢之宗祀」等語，實其微旨。司馬氏作《通鑑》，以宋太祖篡立近於魏，因亦帝魏。朱子作《綱目》，其時宋已南渡，近於蜀，遂乃帝蜀。此《四庫全書提要》論之所謂「能行當代者也」。以是推之，明靖難事著書者非一，《提要》悉入存目，但録朱睦㮮《革除逸史》二卷，則以其能辨髠緇遯去之説，而凡類是之傳聞者庶乎無忌焉。建文出亡，朱彝尊《曝書亭集》辨之最力，然同治《蘇州府志·雜記類》卷六引《夢闌瑣筆》云，《致身録》之作，大抵其子若孫僞造以實之，事業勳名半多附會，遂開指摘之端。是仲彬之行反爲《致身録》所晦也。從亡之真，斷無可疑；《致身録》之僞，亦斷無可疑。又引朱欠庵云，《致身録》出於萬曆時人，疑爲史氏之後妄作。然余聞嘉善池灣沈氏，其先史婿也，家有建文帝篆「小雅堂」額。自史移至，懼禍，鏟其末款。《沈石田集》有《登小雅堂哭史彬》詩，石田詩在萬曆前，謂史彬始見於《致身録》之傳誣，其説非矣。楊、朱二説，視《明史·惠帝紀》《牛景先傳》之疑，以傳疑爲勝。宋靖康事著書者亦非一，《提要》悉入存目，但録無名氏《靖康要録》十六卷，則以其撮《欽宗實録》之大綱。此後高宗之貪位忘親，暫可弗問，而凡宮廷事，當時有傳疑者，并應俟質於《實録》而已，亦無責焉。僧文瑩《湘山野録》及權衡《庚申外史》，《提要》皆所謂「行於當代者」，但於宋事未知斧爲玉斧，見光聰諧《有不爲齋隨筆》。順帝非明宗子，趙翼《廿二史劄記》云「《遺民録》等書所載未必無因」，吴翌鳳《雜鈔》亦以余應詩爲不誣。此又所謂「乎於當代之論者也」。茲姑勿深考。第念此《靖康稗史》七種，近世丁丙《善本書室藏書志》著録外，從前各家書目均未登載。惟《金國行程》引見徐夢莘《三朝北盟會編》及宇文懋昭《大金國志》，晁公武《讀書志·雜史類》載汪藻編《金人背盟録》以下六種，有《金國行程》十卷，與此卷數不符，蓋别一書。其《南征録彙》所采有劉同《壽聖院劄記》等十一種，是此本名雖七種，實具十有八種。據咸淳丁卯耐庵識語，《開封府狀》以下爲隆興二年確庵訂，《宣和奉使録》《甕中人語》爲耐庵補證。以《宋史》云《欽宗實録》洪邁修，《藝文志》。乾道四年蔣芾上，《孝宗紀》。是《實録》已後確庵所編，《五年要録》當更在其後。使《提要》見之，吾知必著於録，決不入存目之列無疑也。其《開封府狀》皆當時金人需索皇子、宮人之公牘。辛巳，朝鮮國王遺德題云「中土禍患至徽、欽而極，子息蕃衍，恥辱亦大」，意即指此。辛巳當爲萬曆九年，丁丙嘗考得其人。確庵在耐庵時已不知其姓氏，耐庵則丙亦無從稽考也。此吾友丁秉衡國鈞手鈔本，蓋從丙所藏舊鈔本迻録，其手跋以宋、金兩史互勘，或據此補彼，或據彼訂此，致爲詳覈，尤有裨於後學。今趙、王二君蒐得其本付刊，非惟永古籍之流傳，亦足厲後人之忠愛者矣。抑余重有感者，此編絶筆於梓宫南返。度當時奉迎者雖悲傷，亦稍籍慰也。詎料徽、欽二帝，金人早葬於五國城。自楊璉真珈發宋諸陵，後始知所歸者空櫬，詳周密《癸辛雜識》、沈德符《野獲編》。而以在北不在南，轉幸骸骨無恙。然高、孝、光、甯諸帝何辜，後世豈無楊髡其人？乃發者自發，有聖德者欲發而卒不被發。天道殆不可憑而可憑耶？附書之，凡以見所言皆非專爲靖康發也。己卯十一月，吴縣胡玉縉時年八十有一。

（《己卯叢編》本卷尾）

王大隆跋

右《靖康稗史》七種，宋咸淳丁卯耐庵編。一曰《宣和乙巳奉使金國行程録》；二曰《甕中人語》，題韋承撰；三曰《開封府狀》；四曰《南征録彙》，題李天民輯；五曰《青宫譯語》節本，題王成棣撰；六曰《呻吟語》；七曰《宋俘記》，題可恭撰。惟《行程録》見於《三朝北盟會編》《大金國志》，而《國志》所録已删節。餘六種皆從不見於著録。據耐庵自題，謂見甲申重午確庵訂《同憤録》下帙，補以《宣和奉使録》《甕中人語》各一卷而成是書，惜《同憤録》上帙已佚，耐庵又不詳其姓名。靖康之難紀述甚夥，今見引於《三朝北盟會編》《建炎以來朝野雜記》諸書者，不下數十種，而原書多不傳。即此七種，而亡佚居其六，又多不題作者姓名，編訂者亦僅署别字，蓋懲於高宗朝搜禁之事也。中惟《南征録彙》間有傳本，故耐庵兼采曹氏本、李堯臣本勘其異同，著諸後跋，然仍闕文累累，知當時已不可校補矣。而中所徵引之劉同《壽聖院劄記》，克錫《青城秘録》，高有恭《行營隨筆》，趙士先《毳幕閒談》，阿嬾《大金武功記》，李東賢《辛齋筆記》，譚清聲《劄記》，無名氏《雛鳳清聲》《宋遺民憤談》《屯翁日録》《秘鈔》十一書，及《呻吟語》無名氏跋所引某公《上京劄記》、鈍者《燕山筆記》、蕭慶《雜録》、《燕人麈》四書，皆可補宋、金《藝文志》之闕。光緒初年，由朝鮮、日本展轉入我國錢塘丁氏善本書室，見《藏書志》。丁氏書歸江南圖書館，常熟丁秉衡先生國鈞手鈔之，更詳考史乘，附以長跋。因首有辛巳三月遺德題，謂據《東藩記事》，知爲明嘉靖時朝鮮國主，辛巳當爲萬曆九年。今考遺德爲高麗定聖王，諱芳遠，字初，擢進士，建文二年庚辰十一月嗣位，則辛巳當爲建文三年，秉衡實緟丁氏《藏書志》之誤也。又遺德跋謂檢諸故府得此，有先忠烈王圖印。今考忠烈王諱諶，宋度宗咸淳十年甲戌立。案耐庵編此書在咸淳三年丁卯，然則未及數年東國已有鈔本，而今日卒賴以傳，蓋越已六百七十餘年矣。吾友顧君起潛廷龍先以傳鈔本見示，又從杭縣葉揆初先生景葵假得秉衡手鈔本，喜其爲中土久佚秘籍，且足以證史也，爰校印而識其後。歲己卯季冬，吴縣王大隆跋。

是書印將成，潘君景鄭承弼又獲一鈔本，有曹君直先生手跋，亦源出丁氏本，而爲崔鼎丞師範屬題者，考據甚核，因從假録附此。忠烈王名，據朝鮮徐居正等《東國通鑒》、近柯劭忞《新元史》諸書皆作「諶」，《元史》作「愖」者誤。又考袁桷《清容居士集》購求遼金元三史遺書目中，有《靖康草史》，不知即此書否？惜無可證耳。大隆又跋。

（《己卯叢編》本卷尾）

趙詒琛跋

昭憲太后懲柴氏使幼兒主天下，宋太祖遂得篡其位，因戒太祖萬歲後傳諸二弟，由是更迭相傳，密爲約誓，藏諸金匱。至太祖疾革，太宗入侍，有「斧聲燭影」之疑案，而帝位卒傳於太宗。後聽趙普「豈容再誤」之言，背金匱之盟，使德昭自裁，廷美憂卒。金太宗吴乞買，當金太祖朝嘗使汴京，其貌絶類宋太祖壊像，衆皆稱異。昔嘗見於某書，今《呻吟語》中亦有此説，可謂報應不爽矣。至南宋孝宗，爲太祖六世孫，則太祖一系仍緜延而未絶。自古亡國之恥辱，未有如趙宋者，讀此《靖康稗史》七種，能不泫然泣下哉！宋太宗第八子、周恭肅王元儼三十二世孫詒琛校畢記。

（《己卯叢編》本卷尾）

丁丙《善本書室藏書志》提要

《靖康稗史》二册。傳鈔本。是書一爲《宣和乙巳奉使金國行程録》，一爲韋承撰《甕中人語》，一爲《開封府狀》，皆録皇子、親王、帝姬、宗姬、皇孫、皇孫女、妃嬪、内職、宗室男女、駙馬人數年歲。一爲李天民輯《南征録彙》，一爲王成棣撰《青宮譯語》，一爲《呻吟語》，一爲《宋俘記》。咸淳丁卯耐庵識云，每書一卷，封題「《同憤録》甲申重午確庵訂」，藏臨安顧氏已三世。甲申當是隆興二年，確庵姓氏亦無考。所采皆虜中書，絶筆於梓宫南返，當是奉迎諸老手筆。高宗朝搜禁私家紀述，故隱其姓名。然靖康禍亂始末備已。後又題云：「中土禍患，至宋徽、欽而極。子息蕃衍，恥辱亦大，前史未有也。是編久存大藏，朕微時見轉鈔本於同年家，差脱不可句讀。踐祚後，檢諸故府得此，有先忠烈王圖印，是百年前傳寫來。披覽事變終始，咸悉宋金所爲，皆有國者金鑑。正史隔越兩朝，卷帙繁博，無此融會貫通。暇當考徵芟補，命儒臣泐爲一書，爲萬世子孫戒。辛巳三月上巳遺德筆。」謝綏之嘉福鈔以貽余。且考《東藩紀事》，遺德乃嘉靖時朝鮮舊君之名，先曾大魁，後爲國君，故有「朕微時見轉鈔本於同年家」之語。存此書，可與《南燼》《竊憤録》同觀。

（丁丙《善本書室藏書志》卷八，清光緒二十七年錢塘丁氏刻本）

謝家福致凌磬生書

忽借到宋末稗史七種，大約即是《普天同憤録》，求托代抄……宋末稗史，一曰《宣和奉使女真録》，二曰《甕中人語》，三曰《開封府狀》，申送欽徽宮眷至金軍名氏年齒。四曰《宋俘記》，記徽欽宮眷赴金，分起分路極明晰。五曰《青宮譯語》，掠高宗母妻先赴金國途中記事。六曰《呻吟語》，掠徽宗及宮眷至燕山途中記事。尚有一種忘其名目。是金軍在汴京城外記事之書，似是《北狩彙鈔》。係咸淳丁卯耐庵校本，并提起李堯臣所藏本小有異同云云。內中所載，有與宋、金史絶異者，即如欽宗之后、高宗之后均有薨逝日月，史中不見。金以宋公主爲宗婦，徽、欽二宗均有謝表見諸《大金弔伐録》中。宋末稗史中尚有一謝表金主原降之詔，不解《弔伐録》中何以闕載？有令人不可解者，俟滬友抄完寄來，當再録一分呈閲。此外所載，不免宮幃醜事，大爲軒豁。惟《宣和奉使録》及《開封府狀》兩種，弟擬將來刻入叢書中，但不知已有刻本否？閣下見多識廣，幸爲示及。至懇至懇！即《甕中人語》《宋俘記》《青宮譯語》《呻吟語》，弟遍查《三朝北盟會編》徵引各書中，一概未有。四庫書目未收，書目彙刻亦均查過，一概未有，究不知此書是否元明時人僞造？將來須請閣下一考。

（《謝家福書信集》，文物出版社二〇一五年版，第三三三至三三四頁）

謝家福致丁丙書

去歲曾借得《靖康稗史》一書，原本得自朝鮮，足補《北盟會編》所未及，但恐後人僞作，欲借《靖康要盟録》及《皇族被擄記》兩書與之比對，未諗鄴架有此否？

（《謝家福書信集》，文物出版社二〇一五年版，第三四一頁）

謝家福致丁丙書

《靖康稗史》因下本轉抄閣誤，近始寫竣，謹以呈閲。細勘所録，與正史異同處頗多。内如欽宗皇后之死，烈史稱不知崩聞；張叔夜之死鞏縣渡河時，史稱過白溝時。似皆有關掌故，故惟須考訂此書是否後人杜撰，方知兩説之孰是。前曾借得《三朝北盟會編》及《靖康要録》《大金弔伐録》對勘，互有異同詳略。書似可信，惟遍查書目，從無所謂《靖康稗史》及所引各種書名，又不能無疑。前此欲借書勘對，實爲此也。執事看破萬卷，還仗正法眼藏一定之。

（《謝家福書信集》，文物出版社二〇一五年版，第三五二至三五三頁）

謝家福致丁丙書

《稗史》原本似是摹抄行草書，故字不成字。

（《謝家福書信集》，文物出版社二〇一五年版，第三五六頁）

青宫譯語

⊙王成棣撰

點校説明

《青宫譯語》節本一卷，金王成棣撰。王成棣，生卒年、籍貫均不詳，金人攻陷汴京時爲隨軍翻譯。

是書今存節本，記金人自汴京押解北宋皇室俘虜北歸金上京事，起於天會五年（一一二七）三月二十八日，止於同年七月七日。俘虜起自青城齋宫，故名「青宫」；成棣爲通宋、金方言之翻譯，故名「譯語」。全書所記依時爲序，所録均爲作者親身見聞，文詞簡略而内容頗豐，有北宋命婦與金國統帥之應對酬答，有途中地理風土及行旅之艱辛苦楚，亦有金國皇室納妾之禮儀習俗，均爲珍貴史料。作者直筆白描，不事雕琢，而戰後蕭然之景，俘虜淒凉之情，往往能於不經意間躍然紙上。

《青宫譯語》收入宋代確庵、耐庵編著之《靖康稗史》，詳見《南征録彙》點校説明。本次整理以南京圖書館所藏鈐印「八千卷樓丁氏藏書印」本爲底本，以鈐印「八千卷樓所藏」本爲校本。

天會五年三月二十八日午，國相左副元帥名粘没罕、皇子右副元帥名斡離本命成棣隨真珠大王名設野母，國相長子、千户國禄、千户阿替紀，押宋韋妃康王之母，邢妃康王之妻，朱妃鄆王之妻，富金、嬛嬛兩帝姬康王之妹，相國王趙梴，建安王趙楧等，先至上京，護兵五千。百里外聞有宋兵，頗凜凜。諸婦未慣坐騎，紛紛墜馬，欲速不前。道中初經兵火，屋廬俱燼，尸骸腐朽，白骨纍纍。夜宿破寺，兵屯寺外，圍環若寨。停一時許，行裝、火具到寺，即令番兒舒皮氈於殿中，資憩息。毳帳支殿外，燈上酒温，圍坐大嚼。飯畢，王移臥具入殿，成棣等具宿毳帳。二十九日，邢、朱二妃，二帝姬以墜馬損胎，不能騎行。

四月朔，王弟寶山大王名斜保押朱后少帝妻、朱慎妃少帝妾、公主少帝女、珠珠帝姬王弟俘爲妾至寺合隊。初二日早行，途次朱妃便旋，國禄逼之，又乘間欲登朱后車，王弟鞭之。過胙城，先行之宗室，後行之四、五、六、七起車輛具出我前，以河北有警，未渡，擠於途。午即屯宿，守帥供酒食，二王令成棣譯詢宫中事：道宗五七日必御一處女，得御一次即畀位號，續幸一次進一階。退位後，出宫女六千人，宜其亡國。少帝賢，務讀書，不邇聲色，受禪半載，無以備執事，乃立一妃、十夫人，廑三人得幸。自餘儉德不可舉數。鄆王性懦體弱，先故不肯北行。康王目光如炬，好色如父，侍婢多死者。自是二王致敬朱后有加禮。初三日，探知河北土匪已敗，争先行，車馬塞途，暮抵河干。初四日，渡而北，萬户蓋天大王名完顏賽里迎候。見國禄與嬛嬛帝姬同馬，殺國禄，棄尸於河。欲挈嬛嬛去，王以奉詔入京語之，乃隨行。初五日，次湯陰，邢妃以蓋天相逼，欲自盡。初六日，次豐樂一村，屋已毀，院中倒埋男、婦二十餘人，未盡腐。初七夜，次邯鄲。初八日，次邢州。初九日，次柏鄉。初十日，次欒城。阿嬾押送器物，三月中旬至此，因中山有賊，未敢進，夜來議合兵同行。十一午，抵真定，入城，館於帥府。二王令萬騎先馳，助攻中山，觀動静。千户韶合宴款二王，以朱妃、朱慎妃工吟詠，使唱新歌。强之再，朱妃作歌云：「昔居天上兮珠宫玉闕，今居草莽兮青衫淚濕。屈身辱志恨難雪，歸泉下兮愁絶。」朱慎妃和歌云：「幼富貴兮綺羅裳，長入宫兮侍當陽。今委頓兮異鄉，命不辰兮志不强。」皆作而不唱。十二日，大王中酒，王弟亦病，駐馬一日。午後來報，中山城外無賊。十三日，巳時行，夜宿村舍。十四早行，趨過中山，入保州界。十五日，次保州，候兵馬。十六日，大雨，停車。十七日，次劉家店。十八日，抵燕山，大王及王弟蓋天、阿替紀均弗歸府，居愍忠祠。燕人聞宋俘至，喧嚷已匝月。及是，大王眷屬，下逮戚族，男女咸集，如睹異寶，且與后妃等行抱見禮申敬。漢婦不習，惶窘萬狀。十九日，大王爲妻福金，脅歸府。二十一日，大王來邀后妃等至家宴會。二十二日午，宋后妃答宴王眷，獨王妻不至。夜，二王設席宴后妃等，期詰旦行，蓋天留宴。二十三日午，席既散，王欲登程，蓋天固留一夕。二十四日，隨王及阿替紀押韋妃等策馬行，王弟及朱后等留弗遣。蓋天送至三里外，悵然而别。夜抵三河界。二十五日，抵玉田。二十六日，抵灤州。二十七日，抵榆關。二十八日，出長城，至遷州界。沙漠萬里，路絶人烟。二十九日，至來州。自燕山登程後，日馳百五十里，成棣亦疲於奔命，其他可知。三十日，抵海雲寺。

五月一日，入寺駐馬，王及妃姬皆洗手焚香，妃姬輩倩成棣書疏，發願期得還鄉。王嗤其愚，亦弗禁。寺僧設供張，酒肉薰炙，僧亦茹葷。王酬白金十錠，妃姬輩亦略有所酬。初二日，王令駐尖一日，共浴温泉。初三早行，抵鹽場。初四日，至錦州。初五日，抵劉家寨子，又行三四十里。初六日，過顯州。初七日，過兔兒渦。初八日，渡梁魚渦。此兩日如在水中行，妃姬輩雖臥兜子中，駝馬背亦濕透重裳。地獄之苦，無加於此。初九日，趕出孛堇鋪，即尖宿暴衣。初十日，駐馬。十一日，過瀋州三十里。十二日，抵咸州。十三日，千户設宴，停一日，人皆病困。十四午，至同州，即駐馬。十五日，抵蒲里寨，尚早，即屯宿。十六辰，抵黄龍府，都統款留一日。十七日，抵吐撒寨。十八日，抵漫漆里。十九日，抵烏舍。早停，風景極佳，病者若甦。二十日，渡混同江，宿報打孛堇寨。二十一日，渡來流河，宿阿薩鋪。二十二日，抵會甯頭鋪，上京在望，衆情忻然。二十三日，抵上京，仍宿毳帳。二十四日，卸裝王邸，王投奏後，私見君相，剖陳朱妃爲惲王繼妻，相國、建安均本身，且乞富金帝姬爲妾。二十五日，王託病，緩十日朝。

六月初七黎明，王令韋妃以下結束登車，成棣亦隨入御寨。朝臣分列以待，王引上乾元殿，皇帝正坐，后妃側坐。韋妃等胡跪兩叩，后妃下坐，抱腰使起，賜坐殿旁。皇帝退朝，賜韋妃等宴殿左，后妃六人陪宴。賜相國、建安宴殿右，郎君四人及大王、阿替紀、成棣陪宴。宴畢，對御座謝恩，胡跪兩叩。宣詔官口宣云：賜帝姬趙富金，王妃徐聖英，宫嬪楊調兒、陳文婉侍設野馬郎君爲妾；郡國夫人陳桃花、楊春鶯、邢佛迷、曹大姑隨侍爲婢者。賜宋妃趙韋氏，惲王妃朱鳳英，康王妃邢秉懿、姜醉媚，帝姬趙嬛嬛，王女肅大姬、肅四姬、康二姬，宫嬪朱淑媛、田芸芳、許春雲、周男兒、何紅梅、方芳香、葉壽星、華正儀、吕吉祥、駱蝶兒浣衣院居住者。賜宋相國王趙梃、建安王趙模燕山居住者。賜道亡宋康王妃田春羅，王女肅二姬、肅三姬、康大姬，宫嬪徐金玉、沈知禮、褚月奴迄侍婢九人妥爲掩瘞者。宣畢，王又引韋妃等十八人、侍婢九人一行立已，與相國、建安、富金帝姬等十人一行立，對座謝恩。又引韋妃等入院，始挈富金等歸邸。皇帝已遣女官先至，主納妾禮，并賜王黄金一百兩、馬十匹、表緞十端，趙富金等國服八襲。王謝恩訖，女官請王上座，引妾婢八人向王胡跪兩叩訖，引入内幄，卸其衣，出懸幄門，請王入幄合巹。又取國服懸邸門，速賀客。申刻，王出幄，取國服六襲賜已合巹之趙富金、徐聖英、楊調兒、陳文婉、陳桃花、邢佛迷，導坐中庭，見賀客。女官取故衣，衣未合巹之楊春鶯、曹大姑，坐外幄，用其俗也。客集宴以全豬，樂用契丹三部，戌時乃散。初八日，王挈妾婢朝謝，并謁韋妃，傳報朱鳳英、趙嬛嬛并蒙幸御，趨趙梃、趙模宫門謝恩。午初歸邸，戒裝。初九日，登程。七月初七日，抵燕山，仍卸裝愍忠祠。

附録

丁國鈞校記

《呻吟語》言純福帝姬歸真珠大王，後嫁王昌遠，一名成棣，此所記當出其手。疑本遼降人，通金、宋兩國方言，故以「譯語」名所記也。九月十二秉衡燈下校記。

（《己卯叢編》本）

宋俘記

◉可　恭撰

點校説明

《宋俘記》，原四卷，今存不足二卷。金可恭撰。可恭，生卒年、籍貫、生平均不詳。是書記靖康之變後金人自汴京押解俘虜北歸事，故名「宋俘」。原分「宫眷」「宗室」「戚里」「臣民」四卷，現僅存「宫眷」一卷和「宗室」卷少量殘篇。書中開列金人將宋俘分批押解起運之詳情，「宫眷」録北宋宗室流落入金後之遭際，記録詳盡，叙事扼要，頗具史料價值，可補《宋史·宗室傳》之缺。

《宋俘記》收入宋代確庵、耐庵編著之《靖康稗史》，詳見《南征録彙》點校説明。本次整理，以南京圖書館所藏鈐印「八千卷樓丁氏藏書印」本爲底本，以鈐印「八千卷樓所藏」本爲校本。

校勘記

天會四年十一月二十五日，既平趙宋，俘其妻孥三千餘人，宗室男、婦四千餘人，貴戚男、婦五千餘人，諸色目三千餘人，教坊三千餘人，都由開封府列册津送，諸可考索。入寨後喪逸二千人，遣釋二千人，廑存萬四千人。北行之際，分道分期，逮至燕雲，男十存四，婦十存七，孰存孰亡，瞢莫復知。追溯臨歧，實分六道，闍母、谷神兩道，紀載猶缺，餘雖詳略不同，要有筆札可推。删繁紀要，以存其人，凡分宫眷、宗室、戚里、臣民四卷。

首起：宗室貴戚男丁二千二百餘人，婦女三千四百餘人，濮王，晉康、平原、和義、永甯四郡王皆與焉，都統闍母即多昂木押解。天會五年宋建炎元年三月二十七日，自青城國相寨起程，四月二十七日抵燕山。存婦女一千九百餘人，男丁無考，居甘露寺。六年七月，遷通塞州。十二月，遷韓州，存男、婦九百餘人。八年七月，遷咸州，四郡王别從昏德行。九年十一月，存五百餘人，遷上京編充兵役，婢嫱守把宫院。

二起：昏德妻韋妃，相國、建安兩子，鄆、康兩王妻妾，富金、嬛嬛兩帝姬，鄆、康兩王女，共三十五人，真珠大王設野母粘没喝長子、蓋天大王賽里名宗賢、千户國禄、千户阿替紀押解。天會五年三月二十八日，自壽聖院劉家寺皇子寨起程，五月二十三日入上京洗衣院。

三起：重昏妻妾、珠珠帝姬、柔嘉公主，共三十七人，寶山大王斜保粘没喝次子、蓋天大王賽里押解。天會五年四月初一日，自齋宫起程，十八日抵燕山，居愍忠祠。十月，與昏德會。

四起：昏德公，燕、越、鄆、肅、景、濟、益、莘、徐、沂、和、信十二王，安康、廣平二郡王，瀛、嘉、温、英、儀、昌、潤、韓八國公，諸皇孫、駙馬，昏德妻妾、奴婢，共一千九百四十餘人，萬户額魯觀 名宗雋、左司蕭慶、孛堇葛思美押解。天會五年三月二十七夜，自齋宮及青城國相寨移至劉家寺皇子寨。二十九日起程，五月十三日抵燕山，居延壽寺。十月，遷中京，居相國院。六年八月，遷上京，居元帥甲第。十二月，遷韓州。八年七月，遷五國城。

五起：帝姬、王妃等一百有三人，侍女一百四十二人，二皇子元帥斡离不 名宗望 押解。天會五年三月二十九日，自劉家寺皇子寨壽聖院起程，五月十九日抵燕山，居皇子寨府。

六起：貢女三千一百八十人、諸色目三千四百十二人，右監軍固新 即谷神，名希尹、左監軍達賚 即撻懶，名昌 押解。天會五年四月初一日，自青城國相寨起程，五月二十七日抵燕山，實存貢女二千九百人、諸色目一千八百人，分其半至上京。

七起：重昏侯、太子、祁王、纓絡帝姬及從官十二人、侍女一百四十四人，國相元帥粘没喝 即粘罕，名宗翰、右司高慶裔、都統余覩 即伊都 押解。天會五年四月初一日，自青城國相寨起程，六月初二日抵雲中，七月初十日遷燕山，與昏德會。

宮眷一

昏德公趙佶，宋爲道宗。二月初七日，入齋宮。三月二十八日，封天水郡王。四起北行。五月十三日，抵燕山，館延壽寺。十月，遷中京，館相國院。六年八月，遷上京，羈元帥甲第。二十四日，獻廟，降今封。十二月，安置韓州。八年七月，流五國城。十三年四月二十一日，亡。先有子二十七人。七康王構，未獲。八邠王材、十一儀王樸，先歿。女二十三人，均詳後紀。入國後，又生六子八女：極，五年四月，途中小王婕妤出。柱，八年四月二十七日，閻婉容出。檀，九年五月二十二日，鄭媚娘出。餘失考。別有子女五人，具六年春生，非昏德胤。皇統元年二月，贈復天水郡王。

妻五人：鄭皇后、喬貴妃、崔淑妃、王貴妃、韋賢妃，隨入齋宮。韋二起北行，入洗衣院，十三年，遣至五國。餘四起北行，王六月初四日歿燕山，鄭八年九月初五日歿五國，喬、崔流五國。

妾三十一人，先入青城寨。金弄玉、陳嬌子、月裏嫦娥、申觀音移居額魯觀寨。金秋月、朱素輝、左寶琴、新劉娘移居蕭慶寨。李珠媛、蕭金奴、席珠球移居葛思美寨。朱桂林、曹柔、周鏡秋、徐散花、林月姊、王月宮、閻寶瑟、任金奴、林菱香、余羞花、王三寶奴、鄭媚娘、蔣敬身、陸嬌奴、毛朱英、黃寶琴、陳大和、秦懷珊、奚巧芳、江南春均四起北行，至五國後，任金奴生子一；閻寶瑟十一年九月初四日歿，生子一；鄭媚娘生子檀。

寵婢封婕妤、才人、貴人、美人者四十一人，先入青城寨，隨行入劉家寺寨，五起北行。曹小佛奴移居葛思美寨。至燕山後，新王婕妤、小王婕妤、周春桃、狄金奴、邵元奴歸昏德。新王、周、狄、邵六年春各生子女一，均隨至五國。餘三十五人居燕山御寨，八月至上京後，奚拂拂、裴寶卿、管芸香、謝吟絮、江鳳羽、劉蜂腰、劉菊山、閻月媚、朱柳腰、俞小蓮入洗衣院，莫青蓮、葉小紅、李鐵笛、邢心香、姚小嬌、羅醉楊妃、程雲仙、高曉雲、小金雞、邢小金、盧嫋嫋、周河南、景櫻桃、何羞金、辛香奴、徐癸癸、朱鳳雲、馮寶玉兒、芮春雲、曹串珠、顧猫兒入斜也、訛里朶、達賚、闍母、希尹、兀朮及諸郎君寨。邱巧雲、郭小奴、方朝雲、衛佛面道歿。

婢封夫人者六十七人，先入青城寨。李春燕歸張邦昌爲后。陳桃花、楊春鶯、郭佛迷、曹大姑歸真珠大王寨。鄭佛保、謝三奴、任玉桃、吴阿奴歸寶山大王寨。霍小鳳、何青鳳入高慶裔寨。鄭巧巧、張小花入俞覩寨。王猫兒、劉百古、章好郎、孫心奴入兀室寨。費蘭姑、吴富奴、朱燕姑、劉宛央入婁宿室。沈金男、馬蘭瘦入劉思寨。韋月姑、張貝姑、衛福雲、劉阿奴、文楊妃、王賽蓮、劉月奴、喬瑞芳、黄朱紅、張月仙、向袖雲、彭佛哥、梁温和、王剪雲、吴端姑、鍾大寶、王月奴、楊吉保、葉金姑、惲花雲、張花媚、王金姑、李巧郎、黄觀音、李雙飛、姜銀鈴、徐春羅、曾四面、田倩雲、李仙桃、荀玉虎、顧小郎、褚觀音、潘玉兒、任蕙卿、劉春芳、王紅奴、芮二南、王杏林、紀男郎、湯三姑、邢柳柳姊、汪和姑、于一剪紅均七起北行，道殁十一人，餘入雲中御寨。

長子重昏侯趙桓，即靖康帝。正月初十日，入齋宮。三月二十八日，封天水郡公。七起北行。六月初二日，抵雲中。七月初十日，抵燕山，館愍忠祠，與三起會。十月，隨昏德流徙至五國城。六年八月，獻廟時降今封。先有子諶、女柔嘉。入國後生子二：謹，五年九月朱慎德妃出；訓，七年七月初六日鄭慶雲出。女二：七年四月、十年六月生，皆狄玉輝出。○妻二：朱后、朱慎德妃，先入齋宮，三起北行。四月十八日，抵燕山，館愍忠祠。七月，與重昏會。十月，隨昏德流徙。后六年八月二十四日殁上京，八年七月封貞節夫人。妃隨流五國。○妾封才人、夫人者十人，先入青城寨。劉月娥、何鳳齡、鄭月娥、薛長金入真珠大王寨。盧順淑、戚小玉、韓静觀、鮑春蝶入寶山大王寨。鄭慶雲、狄玉輝三起北行，至燕山，歸重昏，隨流五國。○婢封内職者二十七人，先入青城寨。曹妙婉、卜女孟、席進士、程巧、俞玩月、黄勤殁於水。衛猫兒自刎。徐寶蓮、姜田田病殁。顧頑童、芮秀、嚴鶯簧入寶山大王寨。楊調兒、陳文婉敕賜真珠大王。朱淑媛、田芸秀、徐鈺、許春雲、周南、何紅梅、方芳香、沈知禮、葉壽心、華正儀、吕吉祥、褚月奴、駱蝶兒三起北行，入洗衣院。○子諶，即太子；女柔嘉，即公主。先入齋宮。諶七起北行，柔嘉三起北行，均隨至五國。皇統元年二月，復封天水郡公。

次子趙楷，即鄆王。三子趙樞，即肅王。四子趙杞，即景王。五子趙栩，即濟王。六子趙棫，即益王。十子趙植，即莘王。十二子趙棣，即徐王。十三子趙樗，即沂王。十四子趙栻，即和王。十五子趙榛，即信王。十六子趙楃，即安康郡王。十七子趙楗，即廣平郡王。十九子趙樾，即瀛國公。二十一子趙椅，即嘉國公。二十二子趙楝，即温國公。二十三子趙櫄，即英國公。二十四子趙桐，即儀國公。二十五子趙柄，即昌國公。二十六子趙樅，即潤國公。二十七子趙相，即韓國公。均自齋宮四起北行。九子趙模，即祁王，自齋宮七起北行。十八子趙梴，即相國公，以李浩爲代。二十子趙楧，即建安郡王，二月十五日殁，以趙梴爲代。均自齋宮二起北行。楷八年六月二十六日殁韓州。樞八年十月殁五國。杞九年九月生成章於五國。栩八年九月生成咸於五國。植八年十一月生成定於五國。樗十年七月控昏德左右叛，坐誣伏誅於五國。栻六年九月爲趙樗謀害。曾娶劉氏，是年十二月生女一。皇統元年嫁王安。榛天眷三年六月十九日殁五國。曾娶田氏，天會六年、九年、十年、十二年，天眷元年歷生五女。燕人趙恭曾託榛名，號召山賊助宋，榛以疑獄收禁。事雪，敕賜汪氏女爲妾。楃曾娶林氏，八年生女於五國。樾九年四月十八日自戕於五國。椅八年八月殁五國。楝天眷三年生女於五國。桐天眷元年五月生成茂於五國。柄十年十月殁五國。模天眷元年八月十一日殁五國。先於天會十三年六月生子成範。李浩十七歲娶耶律氏，生女於五國。八年，敕以梴聘妻韓氏配浩。十三年八月，生子成茂。梃娶陳氏，六年五月生子成功，八年五月生子成式，敕以檏聘妻孔氏配梃。

長女趙玉盤、次女趙金奴、三女趙金羅、四女趙福金、五女趙瑚兒、七女趙巧雲均已嫁。九女趙圓珠、十四女趙佛寶、十六女趙串珠均未嫁。自劉家寺五起北行。玉盤入蒲蘆虎寨，天眷二年没入宫，三年十二月殁。金奴入達賚寨，天眷二年没入宫。皇統二年封夫人。金羅十月二十六日殁於多昂木寨。福金六年八月殁於兀室寨。瑚兒、巧雲、佛保均六年八月入洗衣院。圓珠入兀朮寨，串珠入額魯觀寨，均天眷二年没入宫。皇統元年封夫人。六女趙富金已嫁，十女趙嬛嬛即多富未嫁，自真珠大王寨二起北行。富金敕爲王妾。嬛嬛入洗衣院，十三年入蓋天大王寨，遣嫁徐還。皇統元年亡。八女趙纓絡已嫁，自青城寨七起北行，入雲中御寨，十五年殁於五國習古國王寨。十一女趙仙郎、十二女趙香雲、十五女趙金兒均未嫁，殁於劉家寺寨。十三女趙珠珠未嫁，自寶山大王寨三起北行，爲王妾。十七女趙金珠、十八女趙金印、十九女趙賽月、二十女趙金姑、二十一女趙金鈴均幼，自壽聖院四起北行，六年八月入洗衣院。賽月、金姑皇統元年并封次妃。

媳九人，聘媳十人，庶媳十五人。自盡劉家寨者一：王氏。殁於青城寨者一：羅大姑。二起北行者五：朱鳳英，十三年自洗衣院遣至五國。邢懿，封建炎宋國夫人，天眷二年六月殁。□□□□□□□田春羅，六年四月殁洗衣院。姜醉妹，封紹興郡夫人。徐聖英，敕賜真珠大王爲妾。三起北行者一：孔令則，入寶山大王寨，八年敕配僞建安郡王趙梴。自劉家寨五起北行者二十八：田静珠、周瑜、高仲賢、嚴善，均十三年自洗衣院遣至五國。任二姑、曹三保、王延玉、田鳳儀、朱針仙，均殁洗衣院。余英珠，入闍母寨。馬舞蝶，入固新寨。符鶯奴，入蒲蘆虎寨。曹二姑，入額魯觀寨。褚紅雲，入阿嬾寨。陸正姑，入斡本寨。陶芳姿，入達賚寨。梁春先，入都元帥斜也寨。李舜英，入兀室寨。高巧妹，入訛里朵寨。韓氏，敕配僞相國公李浩爲妾。裘治、石家奴、劉三福、石吉祥、曹千人愛、王金英、馬纓頭、周瑾，均無考。

孫十五人：大郎，金、玉郎【二】，元寶郎，佛郎，頑頑，金規，金男，菩薩保，寶郎，一郎，胡郎，黑郎，蝶哥，佛保，均自齋宮四起北行。寶郎道殁。今名成文、成規者，在五國。

孫女二十九人：濟二、濟四、濟五、濟六、濟七、康三、康四、康五、祁一、祁二、莘一、莘二、徐一、徐二，均殁於壽聖院及途次。鄆一、鄆二、鄆三、鄆四、康一即佛祐、康二即神祐，均二起北行，入洗衣院。肅一、肅二即玉嬙、景一、景二即含玉、益一即虎頭，均五起北行。玉嬙入宮，封夫人，晉帝姬。含玉嫁韓昉子，虎頭嫁克錫子。鄆五、鄆六、濟一、濟三，殁於水。

宗室二一

趙俁，即燕王，四起北行，四月十六日殁於都城店。○妻妾郭氏，四起北行，至五國；

【二】金玉郎 「金」上原衍「三」字，據《開封府狀》删。

王柳姑、葉三郎，五起北行，入浣衣院。○子有章、有亮，孫愛男，四起北行，至五國。○媳盧生光、周文姑、方錦儀、王桃夭、周靈姐，女巧申，均五起北行。次女、三女、四女、長孫女、次孫女，均四起北行。有名飛燕者，見在宫。皇統二年封次妃。

趙偲，即越王，四起北行，七年八月殁韓州。○妻妾陸氏，四起北行，殁韓州；陳大眉，五起北行，殁燕山御寨；陳細眉，入浣衣院。○子有忠、有德，四起北行，至五國。○媳李琴和、邢惠儀、周文、曹吉祥、顧壽生、陳艷，長女添香，次女檀香，均五起北行。檀香入宫，封夫人。艷入兀朮寨。三女、孫女，四起北行，見在五國。

趙有奕，即和義郡王，首起北行，至五國。○妻妾林靈妤、毛久香，自青城寨七起北行。靈妤殁於道。久下闕。

附録

自序

大金應天順人，鞭撻四方。汴宋一役，振古鑠今。自來戰伐，必乘衰微。宋當靖康，猶稱極盛。我軍所至，如摧枯朽。匪宋之微，繄我兵力，實冠三古。國雖備武，孰克當斯？幕府仰體聖意，不屋其社，頓兵城闉，冀得悔禍。彼昏闇昧，寡信輕諾。父子君臣，若合一轍。五千萬金，信口漫承。實負富强，謂可踐諾。不計財力，致質妻孥。猶有奸奄，騰説幕府。標其艷冶，獻媚居功。坐令宫闈，辱甚石晉。是雖人事，亦有天道。繄彼太祖，上欺孤寡。得國之始，已非正道。繼以太宗，勘平十國。陽示寬厚，不俘妻孥。時假内朝，盡遭淫辱。居心刻惡，歷古所無。天鑒不遠，禍延後嗣。受人以柄，使括其囊。盡室偕行，實相爲報。用紀其詳，爲世金鑑。有國家者，庸有取焉。可恭撰。

（南京圖書館藏丁丙藏本）

南遷録

◉舊題張師顔撰

點校説明

《南遷録》一卷，舊題通直郎秘書省著作郎騎都尉賜緋張師顔録。張師顔，生卒年、籍貫、生平均不詳。

是書又名《金人南遷録》《金國南遷録》《金國南遷總略》《金國南遷事略》等，記金愛王大辨叛亂、蒙古圍困燕京及金室遷都汴京事。前人多疑爲僞書，指其内容「歲月牴牾不合」「曉然傅會」「紕謬」，《四庫全書總目》論之尤詳，以爲作者亦非張氏，「蓋必出於宋人雪憤之詞，而又假造事實以佐之」。近人胡玉縉《四庫全書總目提要補正》則引浦元玠（號梅隱）跋文中叙《南遷録》文獻流傳事，提出前人對此未加考辨。書中記載雖有乖謬，然採民間傳説故實，亦有爲《金史》所録者，是書之真僞似尚未可定讞。

是書現存明純白齋鈔本、陸嘉穎家鈔本，清毛氏汲古閣鈔本、劉履芬鈔本、寶閒齋鈔本等，并有清道光十一年六安晁氏活字印《學海類編》本。《四庫全書》列入史部雜史類存目，爲浙江范懋柱家天一閣藏本。山東省博物館藏清初鈔本，收入《四庫全書存目叢書》。本次點校，以《學海類編》本爲底本，以《四庫全書存目叢書》本、純白齋本、汲古閣本爲校本。

校勘記

天統四年十一月，誅宣武節度使鄭王允蹈及駙馬都尉唐适蒲剌。同母妹新興公主、榮安公主賜死，除屬籍。同逆者皆夷三族。

初，海陵煬王亮之伐江南，兵民内外怨叛。世宗以賢厚，爲上國部衆推立。長子允升、次子允猷皆有勳勞。大定三年，立允升爲皇太子，諸子皆封王。允升惟嗜酒，喜遊獵，膽勇能用兵。每勸世宗南伐，混一天下，世宗不聽。允植世宗第三子封秦王，性寬和，亦嗜酒色。其妃趙氏故降授南官千牛將軍楷之幼女有殊色，宫禁事秘，外傳頗醜。允植日有寵，升、猷漸忌惡之。每入侍，兄弟多競言兵事，允植獨從容勸上以安民結好爲務。世宗喜曰：「爾見正與我合。」由是諸文士吴與權、張幼酢、張幼誠等多附之，閒與帝言「秦王必能安社稷」。趙妃復與張昭儀、宋婕妤等論叙姻婭，張、宋皆南官子孫，内外交贊。太子詹事蕭與興、太子右衛率完顔固弼等咸謂允升曰：「上寵待秦王過於殿下，天下皆知有奪嫡之謀。殿下若不早爲之計，豈不見唐太宗殺建成之事乎？」允升由是疑懼。與興謂三衛將及諸統軍曰：「秦王以協和南宋合上意，爾輩不獨無富貴之望，且欲盡罷汝輩兵權，盡用南宋遺臣。殿下每與上争，大見疏外。」於是諸將皆泣，各懷怨心。大定七年四月二日，上與太子、諸王在東苑賞牡丹。秦王賦詩以進，和者十有五人。直學士吴與權讀秦王詩，贊美不已，太子不能平。完顔愇兀术之子深知其意，直前頓首曰：「國家起自漠北，君臣部落，皆以勇力戰争爲業，故能滅遼逼宋，混一南北，諸蕃畏懼。自近歲，多用遼宋亡國遺臣，多以富貴文字，壞我上俗。先臣在順昌爲南宋劉錡所敗，便嘆用兵不如天會之時，皆是國家上下貪向安恬，爲人侮弄。今郎主一向不説著兵，使説文字人朝夕在側。南宋所傳之主，大是有志報復。韃國兩家近歲不受役調【一】，夏人屢争麟府。郎主捨積年戰鬬之臣，獨謂其不足與語。臣不知三邊有急，把作詩解文字人去當得否？」上默然，左右皆駭目相顧。知内東省事余萬福向前扶之曰：「郎主方歡飲，郎君却作苦惱人語耶！」扶起去之。自是文武分黨，相爲水火。十九年六月，秦王與宫僚張克己、李去僞、王延等宴於南涼觀，三鼓方散。秦王就寢。及晨，觀門微啓，有血衣擲於池側。衛直余阿都亟往視之，秦王已殞，胸口皆傷。侍女四人俱死。事聞，收張克己等赴獄，詔大興府捕賊甚急，逾月皆無影兆。會薊門縣失官錢，有張覩遂甯哥等，在縣逸遊【二】，捐費金帛殆不可勝計。衆疑其盗官錢，擒之，閲其篋【三】，有金五百兩，皆太子所賜。鞫問，乃知殺秦王者此輩，實升、猷使之也。縣密以聞大興尹完顏良，密奏世宗。召二府議之，且疑其不然。升王允恭時在蓬萊院，聞之，馳騎報東宫。詰曉，升、猷微服，佩三衛符出門，晨夜奔馳，凡三日至和龍。上遣明威將軍完顏宇追之。宇年六十餘，不能馳逐。升、猷至會同，宣言「南官子孫弑逆，我今至此，發兵救國」，人聞皆信。自會同以北，和龍以西，皆受調發。會宇至，人心始疑。宇至東漠，與太子兵遇。宇遂宣詔，且約日合戰。至晡時，太子衆散。詰朝，宇進兵。懸榜購募，越七日，射龍淵人以升、猷首至。有司請誅升、猷妻

【一】韃國兩家近歲不受役調　「兩家」原作「而蒙」，據《四庫全書存目叢書》本改。

【二】在縣逸遊　「逸」原作「遶」，據《四庫全書存目叢書》本、純白齋本、汲古閣本改。

【三】閲其篋　「篋」原作「筐」，據《四庫全書存目叢書》本、純白齋本、汲古閣本改。

孥八十九人，并廢升、猷爲庶人，謚允植爲元悼太子。時世宗之子既誅、廢、殺者三人，餘子尚九人。鄭王允蹈，乃南宋天水哀王之甥也。

哀王即宋徽宗，天會年間，薨於五國城，熙宗甯謚爲哀王，仍命靖康君以奉祭祀。允蹈母尤有寵，以元悼妃故，深自退挹。年且高，閩宫人呼爲皇后，便涕泣辭讓。每入起居，便摇手止之曰：「吾子承順以報劬勞，足矣。汝輩幸勿累我。」興慶二年七月，上不豫。左僕射知中書省孛詰烈、知樞密賨耆年、同知中書省王昌禹等，拜表請立太子。翌日，有旨付都堂議直學士吴與權、典樞密院張克己，首言二庶人以悖逆誅，元悼乃聖意所屬，不幸殞命，當立其子。左給事中韓允中、右諫議鄭遂良争曰：「克己輩是何言耶！二庶人以逆誅，元悼雖追謚，生前未嘗立也。陛下子孫衆多，三子既死，不必論；今惟當立現存居長者，始服人心，不然必亂。」克己曰：「昔梁武不立太子統之子詧，捨孫而立其弟綱，卒致侯景之亂，詧等言皆不服。由此觀之，元悼之子雖幼，當立何疑？」賨耆年曰：「蕭統是已立爲太子，便當繼立其子。元悼不曾立，難用此例。韓給事之言是也。」孛詰烈不能决。詰朝，東明殿奏陳請旨。世宗未及有語，趙妃自簾内厲聲曰：「這孩兒底父既已被人殺了，郎主不若更殺其子，將來又免被人魚肉！」世宗起入内。知内省江淵等與趙妃連結，且受其厚賂。淵探知上方有寵於趙妃，必欲立其子，故言於上曰：「秦王之子年幼，郎主萬歲，他無所識，立之，他亦不知是何底用。若立允蹈等，彼急於富貴，豈顧於父耶？郎主不見冒頓事乎？」世宗沈吟不應。十一月丁丑，中批立太孫，付外施行。竇耆年固争不從，乞致仕，韓允中乞罷，皆許之。張克己自翰林都承旨遷參政，賞其建儲及草制也。鄭王允蹈性寬厚，又以母遠避恩寵，中外無黨，世宗每稱其局量。諸武將謂其有外家風，不肯甚附之。太孫既立，世宗每見之有愧色。允蹈三子，長大辯，年十六，明斷果決，二子尚幼。大辯封遂甯郡王，至是遷愛王。大辯居閑，嘗説其父曰：「太孫既立，大人處疑嫌之地，宜思避禍。不若乞外鎮，可以自安。」鄭王不能從。東宫僚黨以其性寬大，亦不之疑。元悼太妃與允蹈母爲姊妹，亦相慈愛。張克己、余大璋、完顔赤等獨以大辯爲疑。况大辯之初生也，其母蕭氏夢一人乘馬持刀自南來，稱南紹興主遣來，覺而與其姑言之。及生，趙氏捧之而泣曰：「汝自南來耶！」尤鍾愛。撫育六月，世宗以其母早死，嘗俾在趙貴人閤住，年十三始出閤。會蒙人侵邊，議親王總兵權鎮撫，大辯請行，世宗以其年弱，不許。完顔赤曰：「愛王雖少，然志氣明决，度必可任。」遂白遣之，加封兩鎮節度，都統五國城十五州兵馬。大辯至鎮，深得諸夷之心。

興慶四年正月，世宗晏駕。太孫登極，逾年，改元天統。尊禮大臣，事不自決，親近儒臣，敬事諸父，中外欣然。及山陵後縱酒聽樂，與伶人張喜喜等狎，比張克己等數諫，不聽。尊元悼太妃爲太后，江淵爲東内省都知，尤用事。太后及上皆信之。公受賂遺，除拜生殺，皆出其口。淵或有故不入，機務填壅，不即報下，克己等朝夕其門。夏人入寇河東、陝西，師屢敗，淵皆不即以聞。完顏煒上疏切諫，在都堂慷慨謂鄭遂良曰：「太祖、太宗皇帝與忠獻王粘罕、忠烈王兀朮百戰辛苦，以有天下。忠烈王臨殁，以夏蒙人爲憂，遺奏極切。今内外偷安，惡聞敗事，豈不見耶律、趙氏將亡之時乎！」淵聞而惡之，諷東臺御史范圭奏煒謗訕，且言：「陛下爲世宗所立，中外欣戴。煒懷異謀，嘗謂人曰：『皇太孫非社稷主。』乞行誅殛煒。」遂除名爲民，徙之代州。忠烈王，兀朮之次子也，年已六十，性鯁直，習兵事。煒既貶，中外惕息。淵嘗及内侍江從一、李連從上宴於太后宫，太后言鄭昭儀善舞雙勃脱，昭儀，南宫華原郡王鄭居中之曾孫女也。有國色，世宗晚年甚嬖之。上見而喜，宴罷，令淵等納之興慶宫，晨夕往焉。上或酣醉日昃，不果視朝，三省黄案悉令處分。鄭妃或坐膝上，批詔内降，慧黠便媚，善爲恢諧。淵多獻珍寶服玩，表裏膠固。鄭妃嘗得幸於世宗，元悼太后以爲言。上令改姓鄧，號宸妃。上幸蓬萊院，見所陳玉器及諸珍玩，視其篆識，多用宋朝宣和時物，惻然動色。宸妃曰：「作者未必用，用者不必作。南帝但能作，以爲郎主用耳。」宸妃嘗與上同輦出獵，過御龍橋，見石白如雪，歸而愛之。白上，於薊山輦置，築巖洞於芳華閣前。凡用工二萬人，輦及牛馬七百乘，道路相望。會是冬，賞菊於東明園【四】。上登東明閣，見屏障畫宣和艮嶽，問内侍俞琬曰：「此處是何所？」琬曰：「趙家宣和帝，以運東南花石築艮嶽，致亡國破家。先帝命圖之以爲戒。」宸妃曰：「妾聞宣和帝之亡，不緣此事，乃是用童貫、梁師成耳。」蓋譏琬也。顧見江淵，又好

【四】賞菊於東明園　「賞」原作「嘗」，據《四庫全書存目叢書》本、純白齋本、汲古閣本改。

謂曰：「我嫌俞琬來破壞我好事，却又忘了都知，勿怪勿罪。」淵合手以謝。時國政多紕，名器混濫。吏部尚書于濟明奏言：「旬日之間，斜封補官凡三百人，乞行追汰。」奏入不省。起居郎兼諫院柏良器上疏切諫，貶濮州同知。是歲大旱，山東及澤潞間寇竊屯結至萬餘人。樞密奏遣左統軍完顔高、副統軍完顔志同討之，凡七萬人，給錢七千，軍裝悉令自製。高見樞密謝世雲，言軍怨詈，恐不堪用。翌日奏事，上曰：「高等欲以此相恐。」二人皆罷。別遣龍虎領軍張天翼往。江淵仍奏遣其弟副知東省事江源監其軍。秘書監兼權給事中田邁奏：「宦者監軍，唐之弊政。趙氏嘗用之河東、太原之戰，忠獻王振鼓大呼，童貫以走。太祖起自龍翔，太宗討定兩河，皆用功臣，親總軍令。乃忽變舊制，恐兵心離。」不聽。詰旦早朝，邁坐待漏院，淵揚馬鞭過罵之曰：「癡南虜！敢言我家兄弟耶！」邁遂求出知鄭州。淵恐其抵抗，改潞州，兼督軍糧，欲坐以軍興乏食之罪。淵令其弟害之，邁祈哀告左僕射完顔真，言於淵，遂寢新命。

十一月丙寅，天翼、源辭行至會同館前。源聞上國所調人怨語籍籍，懼爲己害，歸白其兄，乞免行。天翼因其懼，説令奏上求添衣賜，以結軍心。有旨從之。然有司視爲文具，支給滅裂。至安肅軍，天翼懼有變，連奏乞厚加資給。有旨令河東運使支辦。各路州連戰皆敗，天翼死戰，賊勢逾張，潰兵皆聚於天井關。潞守張宗臣急奏求援，上與宸妃連日飲宴，外間章奏不通。京師謡言：「東欲行，西欲飛，中間一道亦垂垂。我醉不醉知不知。」完顔高、完顔志聞都人心危疑，且聞上嘗憾之，密謀立鄭王允蹈。王實不知，允蹈妹夫唐适、蒲剌，兄蒲察爲三衛令軍，高與志同約三人會於菩提寺【五】，高泣謂察曰：「國勢如此，不若立鄭王以安社稷。上立非次，天下至今不服。況淫昏狂惑，豈可語以君道？公可語賢弟，令達意鄭王。」察許之。察既往白，允蹈許之。由是謀議益廣。高之從兄爲中山守，志同之弟志甯爲河南留守，各遣書令舉兵，以誅江淵爲名，俟京師兵動，然後相應。内侍俞三德，素與淵異，常非其所爲，密結爲内應，俟上動静。會唐适家二奴，以貲易馬與張衛，爲适所逐，送大興府鞭之。适婢春英，先與奴張阿多通，适不知也。一日，婢立於窗間，見奴張阿多從外過，呼之，與隔窗語，告以駙馬與衆謀立鄭王。張阿多與同逐者詣大興府告變。大興尹蕭宗裔送二奴各囚一所，責狀，言之相同，遂密奏。上與鄭宸妃、張婕妤皆醉卧未興。申漏下六刻，以水拭上目，徐告其故，上駭然。上遣東隊主李日曜、西隊主張飛龍、龍虎將軍完顔黑鐵，分兵擒捕，置獄會同館，命御史大夫張幽鞫之，皆服。允蹈奴樵夫者，知事變，急遣人報愛王，使爲之備。越三日，皆服誅。上遣内侍耶律康孫，賫詔及龍茶金合往五國城召大辯，以密詔令五國副統軍完顔天應圖之。康孫至，愛王不即見。天應得密詔，徑入見愛王，垂涙曰：「四大王已死，郎君當如何？」愛王曰：「公欲見殺，我無可奈。」天應曰：「天應受大王父子厚恩，主上所爲非人理。今日不可坐受誅戮，合思爲救國雪恥計。」愛王拜曰：「惟公命。」翌日，備嚴，延康孫入，徐謂

【五】高與志同約三人會於菩提寺　「高」字原無，據《四庫全書存目叢書》本補。

曰：「有詔欲見殺耶？」康孫知事泄，哀泣祈生。都典客骨孛興在側，曰：「無此事。大王勸中大使酒。」康孫垂淚飲之，急上馬，至驛而卒。明日，愛王與父發哀。内外諸門，悉皆嚴備，調發上國兵七萬，爲城守計。

五年正月，愛王據城叛。時諸酋厭苦主上昏虐，聞愛王舉事，從之翕然，旬日之間，集兵十萬三千。韓路提點万俟元馳驛奏聞，上遣皇弟東安王瑜將河北兵五萬，皇從弟武憲王瑶將燕兵五萬，往攻之。至桑乾川，遇愛王將骨孛興。與戰，瑜軍大敗，僅以身免。三月，大起河東、陝西僉兵十五萬，上京路僉兵五萬，命瑜、瑶與完顔進分路進討，約會五國城。愛王聞大兵至，憂懼不知所出。掌記劉士偕、何大雅説愛王曰：「主上以君討臣，今此之來，勢力甚重。萬一戰而不捷，後將誰繼？不若求援於北國。」愛王然之，遣大雅往聘之，且以其子椎爲質。約破國兵之後，軍儲金寶惟北國所取。北主許之。五月，進等軍至東堙津。骨孛興戰敗，保五樓城。進追至城下，因以圍守。愛王遣親將木寶奴將兵，自大泊出北狐口，於兩山之間築城堡，堅守不動。糧車至，輒爲所奪殺，進軍缺食。時天方暑，卒皆飢困。

二十七日，上遣完顔宗慶、蕭三奴、李用虎往攻寶奴壘，以通運路。内樞密王漸固争，謂宗慶輕鋭無謀，用之必敗事。宗慶亦不欲行，乃遣蕭三奴、李用虎往。三奴將至北狐口，天將明，大霧四塞。遣上國兵三千人潛伏北山下，以糧車由東而上，鳴鼓張旗，運夫大呼「寶奴」。寶奴出兵襲之，戰於狐原，勝負未決而伏兵起，奪其城，植旗於上。寶奴兵顧見之，皆驚潰。寶奴自殺，運路遂通。愛王知勢急，留其妻兄突律卿與子雄守城，愛王自往北國求援。行至半大漠，而大雅將兵至。愛王喜，以手指天，下馬與北國大臣骨婁通稽首相見。愛王奉獻金寶十車，骨婁喜曰：「大王無慮，待俺與破兵。」至五樓，進等與戰。北軍奮大檛以入，皆一當百，國兵大敗。乘勝襲逐至和龍東津。上聞敗，頗以爲憂。太后亦勸上勤國事。江淵等曰：「國兵雖敗，死亡無多。」宸妃執酒勸上，歌解愁曲，且曰：「用兵小敗，亦是常事。外間人喜禍，欲郎主成疾。」上喜，復縱飲。自是凡軍事奏報，悉令宸妃裁決。宸妃見急切，多屏不奏。若有小捷，即便奏聞，以媚上意。及會甯陷没、平灤破壞，上皆不知。一日，謝世雲、完顔世卿奏之，上始駭，顧問内侍直秘文殿李汝回曰：「汝輩更不説！」汝回曰：「章疏在宸妃處，臣等何由得見？」上起入内。世卿歎曰：「太宗向日擕趙氏三千口來，今日亂國，皆是其女孽，此天也！」世雲曰：「『亂匪降自天，生自婦人』，誠然。」

九月，趙太后寢疾。上入閣起居，宸妃亦至。后曰：「我有一心願未遂，宸妃能成我意乎？我家三四百口，爲煬王所殺，叢冢在和龍。我欲創一寺在彼，以追冥福。歲時祭享，不敢費官錢，我殿中有錢七萬可辦。汝但時時説與郎主，要記著，省得我死不瞑目也。」后薨，宸妃以其遺留錢分與中外親及諸趙女之在京者，遠近皆悦。以手詔下和龍府，起大明寺，造九級浮屠。遣太后殿内臣侯衍監造，務極壯麗，且度僧三萬人，施與祠牒。時民苦調發，聞有度僧之命，遠近奔就及五萬人，於寺中分爲八寺以處之。右諫議大夫劉蒼璧疏諫，不省。時邊兵屢敗，愛王據和龍以北，凡國家始興之地皆失之。上見兵革未息，亦憂之。宸妃及諸御女多勸酒。常乘小馬，命宫人攜酒殽鼓樂，遍遊池館。意之所悦，輒留飲至夜。復信江淵等言，拘收諸父及昆弟，有若仇讎。嘗一日與魯王琚曰：「蹈叔父子如此，効者必衆。人多勸我莫與汝等説話。」琚泣曰：「太祖起自龍翔，有天下，忠獻王、忠烈王及二太子皆兄弟也。兄弟不信，尚誰信哉？周公誅管、蔡，封康叔，豈可以一概疑之！」由是允明以下，皆佯爲癡風人。泰和十二年四月，汴京留守完顔童奏南宋兵陷泗州，諸路皆進兵。上曰：「南方亦爾，可謂我國無人！」樞密余崇義曰：「陛下有天下之全，豈偏方可比！但邇年不務勤儉，天災流行，國窮民困，南兵亦且乘間來。此不足慮，但恐秋冬間北兵復動，西夏窺陝，四國皆驚，此可憂耳。」上曰：「卿勿言，使我悶悶然。南方事卿等急謀之。」十一月，僉河南兵一十七萬，内十萬入荆襄，七萬入淮。僉河北民兵十萬，戍居庸關及寒水、大鷄川，以防北邊。内外騷動，民聚爲寇。是歲，南宋請和，北國兵揚言復動。余崇義、聶希古曰：「愛王事北國過厚，故北兵爲之盡力。今若不愛金帛子女，彼亦易動，得南宋物以爲此用，此計之上者。」上曰：「卿自圖之。」

十三年正月，遣秘書少監虞世奕、鴻臚司賓事李固善使北國。北人受其金帛，獨不肯背愛王。其大臣骨婁斯點揺首曰：「我北天帝既與愛王有深約，不可負之。我不作三二説。」世奕竟不得要約以歸。九月，北國兵大舉深入。十月，至斯波川，駐十日，以俟河冰合。和龍帥臣完顔太康亟集兵禦之於東津，北兵長驅，愛王之兵在後。太康令人椎冰，多伐薪柴燒火，以燎於岸。刳木爲舟，中積熾炭，冰不能合。愛王兵及北兵乃分，自君子津以濟。十二月丁酉，陷天都城，圍和龍。太康兵潰，其子相在城中，與同知章去疾極力守城。十七日，遂陷大城，去疾退守子城。北兵拆城中居民屋，縛爲層樓，用牛車挽橋梁石裝砲，當之者皆糜碎。二十九日，和龍陷，遂取東灤平三州。余崇義建言遣樞密官屬閭邱好古，載金帛美女，自山後出石磴嶺，逾大漠，涉東韓白龍城使蒙國。蒙人聞使至，喜甚。好古因説以出兵襲北國，可以大獲。蒙人從之。

十四年三月，蒙人攻北國北部，敗其衆於骨邱。追襲餘兵，徑至揚割城。北國懼，遣使報令回師。四月七日，北兵自平川回去。義崇驛報完顔章，令出師襲逐。至大容城，爲北兵所敗。大興以北，千里蕭條，民不聊生。五月五日，上大宴西涼觀。鄂王濱曰：「日已晡，恐勞聖躬，請駕興。」上曰：「方與諸王樂飲，何勞耶？」濱泣曰：「天時人事不順，如北國兵屢敗，兩河盜起。北兵雖退，差涼復來，豈樂飲時？」上怒曰：「我畏與公等相見，偏説惱人心懷事！」濱遂請退，不許，且曰：「王欲飲酖耶！」侍郎李西華前曰：「濱是憂國，然言之非時，不足加罪。」上曰：「卿輩自爲一黨，止非我耶！」自是，多以暑不視朝，與宸妃與諸内侍晝夜燕飲，詔大興府、河南府擇民間女年十一以上有姿色、慧黠者各三百人進入，教酒令及效市肆歌。大興尹完顔天穆奏稱：「天旱正屬祈禱，索女恐招怨詈，非敬天修德之事。」翌日，罷知耀州。時内外嗷嗷，機政俱廢。上間出視朝，不過時許便還。内與宸妃、李才人、穆昭儀并馬遊後苑，留宴，俟月上，奏鼓吹以歸。會内侍張天貴與牛刀兒争居地，謀廣居第，强市刀兒所居。不可，擅毁其牆。刀兒訟之。大興尹不能決，訴之御史臺。御史大夫何貴穆袖狀白上。上以問江淵，淵遂與天貴謀，俟上與宸妃歡飲，直前伏地言曰：「刀兒欺臣爲中官，多侵臣地，告郎主爲臣決之。」宸妃曰：「此易耳。」中批令大興府别踏他邊地與牛刀兒，所争地盡賜天貴。刀兒怨憾，與三衛諸將謀，有異圖。七夕，上御清華樓飲酒，侍衛皆賜酒炙。刀兒與穆三奴、費貂、周侑、蕭興貴等，結袴執戈，直前弑上。殺宫人二十餘輩，宸妃以疾不侍宴，得免。左内侍江日曜急報，江源、張天貴等率三百餘人，戰於樓下。久之，侍衛兵至。刀兒知力不能脱，遂自刎。衛兵因在内掠奪，嬪妃以下，皆不免被侵擾。宸妃聞變，急報宰相大臣。夜三鼓，百官排闥入宫，完顔章等環屍大慟。密謀所立，左僕射兀映、太尉張克己遣人密迎磁王允明以入。翌早頒遺詔，立爲皇太叔。謚上爲章宗。

七月八日，磁王即皇帝位。王素有令譽，中外相賀，余崇義獨有憂色，謂聶希古曰：「上立，又是越次，諸王寧肯帖然？」召完顔天穆於耀州。有司奏牛刀兒之逆，宸妃實知謀，所以臨宴稱疾。賜宸妃死。江淵、張天貴皆伏誅。宸妃時年三十六，專政近二十年，内侍多受其恩，皆爲養子。及誅，其黨怨恨。十五日，直芳華閣趙元德尤痛之，攜金帛往天興宫祈醮，以薦冥福。翌日，集諸黨於宫内設齋。元德曰：「我輩旦夕死，不知誰爲我作齋醮！」小黄門鄧世卿曰：「直閣莫如此説。」元德叱曰：「你曉甚事！」密言於李知宏、裴淵等曰：「先帝以詩酒之故，廢壞國政，外庭大臣歸咎我輩，主上亦甚切齒，不死何待！」密謀弑逆。是夜，上方在齋宫，内侍鄧寶孫奏外有文字。啓門，燭忽滅，趙元德等直前弑上，欲召夔王立之。詰朝，百官立班，而閤門不啓。中使傳旨曰：「上以食素，久傷脾。内醫方師愈胗視無狀，遂至甚。且放班。」兀映悵然。克己、希古等詣東省，請入問疾，不許。聞誅醫者，兀映等欲突身入，中人攔遏，不聽其入。崇義躡其足密曰：「事已變，此輩必有備，輕身入何益？」兀映遂召龍虎將軍完顔章等同入門。疾至東承天門，見一輧車，問是誰。押車中人曰：「宫人也。」牽車者笑之。使人尾去，乃夔王也。兀映等大慟曰：「大王不可入，必有不測之變。」趙元德知事不濟，遂赴芳華池而死。兀映等窮治逆黨，凡誅宦者五十餘人。晚於都堂議所立，張克己、李西華曰：「立子以長，長均以嫡，嫡無則以次。濰王允文，世宗第六子也，明練沈静，宜立。」衆從之。兀映遣侍中蕭能、聶希古往迎，夔王亦往。濰王見官僚至，泣曰：「諸公欲禍我乎！」希古曰：「社稷無主，大王次當立。」

十八日，濰王即皇帝位於天興殿，謚磁王爲昭宗而葬之。命翰林吴宗稷草詔，具述國難及哀痛之語。其略曰：「飭身以檢，則民自康；御下以誠，則人自感。聲色蠱惑，自昔所戒；宴安酖毒，何今亦然。朕痛誓於深衷，祈哀於天下。」并遣手詔諭愛王云：「泰和猜忌，兄弟失懽，骨肉至親，化爲讎隙。誘引外兵，傾危本國。計王之心，亦復何忍？往事已矣，今宜改圖。朕遭家難，靖晦以處。忽諸父諸臣，横見推逼，義不容辭。王是朕之姪，朕是王之叔，叔姪天性，寧不坦然？今自和龍東北，永爲王國。保有北翔，子孫嗣守。勿信間言，馮陵以逞。叔姪二人，同形共氣。設或交兵，行兼務併，太祖、太宗在天之靈，亦不錫祐。昔梁督與湘東爲叔姪之仇讎，誘周兵以陷江陵，隨亦失國而爲人虜。此事宜鑑，三復余言。」愛王得詔亦泣，然爲北國所制，不能自由。每歲入侵，玉帛子女，悉歸於北國。耗撓國計，傷殘民物，於愛王元無益也。

八月，愛王遂於其國即皇帝位，立宗廟，追謚其父鄭王爲明宗。十一月，愛王薨。北國主立其子雄，號三大王。遣國婁斯頡戍其國，且約以進兵。雄以持父喪爲辭，北國主怒，遣掌文字官顔飛來讓，削其帝號，必令出兵。雄懼而從。十二月，葬其父於冷山，謚曰桓王。遂入侵。

天定元年庚午正月乙巳，完顔天穆將僉兵五萬，上國兵五萬，戰於北狹口。自辰至申，國兵已疲，北國益生兵，國兵不敵。天穆率麾下在前殊死戰。及暮，勝負不決，收退。

時天寒甚，北兵舉兵，瀰漫山澤。詰朝，衆壓吾境，人如疊山，矢石如雨。天穆命以刀車衝之，隨開復合。日昳，皆飢渴，兵遂潰。天穆傷重，左右欲載以馬輿先奔。天穆不可，曰：「吾曾大父爲開國功臣，吾爲子孫，而不能救國之敗，何面目見宗廟乎！」奮劍大呼，創裂而卒。天穆乃忠獻王粘罕之子也。三大王收其屍，葬之而哭。北兵至桑乾川，完顏天宇聞其兄死，怒甚，將兵禦之於舊坪。望見北國大將以虎皮蒙馬居中，直前以槊刺之。北兵四合，遂死於陣。蒲伏虎烏倫大漠收衆，保天都山，兵不甚敗。是以北兵雖殺二將，然不甚得利。

二月乙丑，北兵既退。出境之三日，忽平川報蒲伏虎引兵至。而北兵既去，三月丙辰，又陷遼西末波城，敗六統軍，殺二戍將。四月己巳，自飛狐道回河東，嵐、代等州皆震。五月，秘書監起居舍人韓伯憲上言：「北人以能生啗人畜之肉爲糧，飲生血以止渴，戰陣之間，不患飢渴，則戰有餘力。我兵與争，飢渴交逼，易至疲憊。以此較之，野戰非我長。乞於幽燕以北及北兵經由之地，凡控扼險要，悉築城壘，務令堅壯。一處被攻，且合堅守，諸處之兵更迭邀遮，不必與戰，則北兵之勢沮。兼牛、馬、羊、騾、駱駝并置城内，彼無所掠，則將乏食。絶其所有，必致狼狽。」遂遣天使督僉兵築城。時連歲飢歉，耕獵皆廢，寇盜蜂起。遼西上國爲北兵殘滅攻陷，老弱婦女素不習勞，大興府及上京路帥守皆榜諭：「虜兵入境，民皆不保。與其死於刀戈之慘，寧勞苦於築城。」民始結爲隊伍以往。

至八月末，纔築古北口、東陘二城，樓櫓未備，而北兵游騎駸駸然來矣。

十一月，北兵分二道入，一自白檀，一自靡陂。奏至，集群臣議之，皆請遷都，以避寇鋒。聶希古正色言曰：「此策之下者，未可議。」徐王律明、兖王天驥曰：「北兵遠來，而此間徒聚頭坐議，何益？諸君不見南宋宣和、靖康事乎！」請自往禦之。翌日，以律明爲東道統軍監軍，天驥爲西道。天驥至軍，率衆鑿溝，引白溝及白檀河以自固。北兵至水旁，睥睨二日。風動雪飛，冰厚五尺，北兵悉渡，國兵力拒不能遏。北國將骨贊俟兵盡渡，乃以炬火鎔兵，撤壘屋竹木茅葦，盡焚於堅冰之上，衆共騰躍在岸。國兵大敗，天驥僅以身免。夜入長泰城，會朝廷遣竇永固來援，天驥遣報令依山入城，且報慶州，令堅守。北兵野無所掠，三大王竭國牛羊不能繼，且聞朝廷遣使説西夏，以撓其國。欲進則天驥、永固兵堅守長泰以截其後，其慶州兵以當其前，乃回師，縛筏以濟。

二年辛未正月，以北兵退，肆赦。其略曰「朕以菲德，獲繼丕基。豈期骨肉之親，遽構蕭牆之禍。毒流庶類，罪在眇躬。兹蒙上帝之垂仁，遂使外夷之弭化。兵革休息，幸寬將帥之勞；國祚底寧，將見室家之慶」云云。上自北兵深入，蔬食徒跣，焚香告天。至是百僚入賀，請復膳。凡十二表，始從之。天驥見上，請貶爵。不許，且曰：「不如是，無以謝三軍死亡之衆。」遣中使至戰所，收斂尸骸，仍設冥祭寒食。遣中使六人，於北兵所經殘掠地，分設魚肉酒炙，招魂奠酹。内出祭文，其略曰：「禁烟祭先，王俗所宜【六】。

【六】王俗所宜　「王」原作「上」，據《四庫全書存目叢書》本改。

凡爾子孫，以此爲恭。乃令乏祀，鬼哭陰風。惟予一人，致汝若此。痛恨填臆，其顙有泚。」摹印頒行，讀者涕下。丙申詔求言，略曰：「朕以菲質，偶被推崇。思欲革前朝之廢政，祈萬國以樂生。而兵難滋張，天災未已。今兹遠退，尚慮包藏。凡保民固國之方、攘敵裕財之策，與朕躬之闕失、吏治之乖違，可悉究言，無有隱避。」右正言單立敬上疏云：「先朝致亂之由，在今已影響不留。但方今天時人事之不順，皆遺殃餘烈之所貽。陛下惟當正心修德，以祈上天之悔禍而已。」時言者甚衆，皆不出此。

四月，策進士。聖問略曰：「泰和荒怠，群才不收。兵革紛攘，文字亦息。遂使四方之士，懷才抱藝，而不獲申。或陸沈於草野，或奔仕於外境，挺身寇盜，甘與爲謀。凡爾子大夫之至於庭，皆忠義之良也。」是時進士凡一百單三人，皆升擢補官。有甘於沿邊臨漠大定府會甯路就差使者，皆優與職秩，并從右僕射聶希古建請也。是歲不稔，自四月至六月不雨，内出寶器圖畫文籍付雜賣。務及廣諭富民，納粟補官，時富室迄無應命，惟陝西差稔。河南高田，種不入土，獨齊魯下田有收。其西下北國，麥稻皆熟。九月，北兵聲言入侵，上憂之。樞密完顏忠言：「北兵驟至，亦由朝廷不小順其意，遂致怙忿，逞兇不已。昨自先朝遣虞世奕、李固善一行，續後不復修好。今合遣使以往，彼不從，然後與角，天下皆知陛下非喜兵，此一策也。」聶希古、高耆年曰：「如此，可保北人必從否？」忠曰：「臣亦安能保之！但今國力不支，天災流行，財力俱乏，行此下策耳。」十月乙亥，遣兵部尚書完顔大聲使於北國，見北國將於陰山北。大聲曰：「三大王父子，是國叛臣逆子，北國何意與之爲援？今以北國有恩於其父子，自當讓其立國，願不必更與舉兵。」北將地永斯堅曰：「我受北天帝命，以宗錦、海陽、安昌之北見歸我王。順州以南立三大王，汝國保山東、河南，與南宋爲鄰，我便不争。」大聲無以對。越日，拘大聲於其軍，遂入侵。

十一月，陷利州、泰州，敗三韓。完顔天驥將兵七萬禦之於三韓，聞利州陷，退保宋州，急遣報朝廷爲備。二十二日，攻宋州。天驥上城望，黑旗滿野，前後不見其際，舉軍大嘶，地爲之震。二十五日，用田單策，以火繫駱駝尾奔其軍。北兵殊不畏之，俟其到，取以食焉。用三韓材木立衝車雲梯攻城，拆民屋，堆疊於城下，引水沃之。天大雪，水之所沃，冰亦隨結。城中擊以矢石，不能止。三鼓，北兵立於冰水之上，城陷。天驥奔海陽，收拾潰散二千餘人，夜行，面皆裂。至昌平，遇神曜將援兵而來。天驥曰：「汝輩雖來何益，當歸衛京闕。我非不能死，但欲歸死於闕前闕後，以謝宗廟。」是日，律明亦自神水遁歸。凡三萬士卒，潰散垂盡。

十二月二日，北兵至昌平。時南宋遣使臣余嶸來聘賀正，聶希古請遣諭使回程。大興尹烏陵用章榜諭居民，使自爲計。内外大亂，老弱奔號。少尹張天和奏請京城一十八門，仰隨方隅，因其便道，自門以出。凡永順、東義、甯化、新興等縣，皆有城郡許其容受。

士民飢凍死者相望。三日，左諫議大夫俞昌世請上避兵。高耆年曰：「事已至此，惟有死守。一離京城，則北兵隨後，豈容我有駐足之所？」初，忠獻王有志於都燕，因遼人宮闕，於内城外築四城，每城各三里，前後各一門，樓櫓池塹如邊城。每城之内立倉廒甲仗庫，各穿複道，與内城通。時陳王悟室、將軍韓常、婁宿皆笑其過計，忠獻曰：「百年間當以吾言爲信。」及海陵煬王定都，既營宫室，欲毁撤其城。翟王祺曰：「忠獻王是開國社稷元勳，措置必有説。」乃止。至是，命京城富室遷入於東子城，百官家屬入南子城，宗室保西城，戚里保北城。各分守兵四千人，内城二萬人。凡市廛小民，聽其奔走。七日，北兵將騎至大城下。完顏天驥遣小將金突通出戰，凡殺三十餘人，去大興門三里，見烟塵漲天，金鼓動地，急奔回。是晚，北兵營於城下。大興尹烏陵用章分命京畿諸將，毁在城橋梁，瓦石悉運入四城。往來以船，渡運不及，沈之於水。拆近四城民屋爲薪，納之城中。凡有儲蓄，容其搬運入子城，門不許閉。八日，大雨，已而積雪，城皆冰沍。北兵乏食，一犬凡百餘人分食。天驥欲以兵劫其寨，律明不可，二人與聶希古建巷戰之計。十一日，北兵攻南順門，破之。天驥設拒馬於南柳街，縱其入已半里，以槊禦之於拒馬内，且縱火燒兩傍民屋。街狹，屋崩倒，北兵死傷甚衆，屯於南順門，不退，俟火息乃進。天驥戰死，律明入守内城，駕自巡城勞軍。十四日，北兵攻内東城，拆民屋爲樓，與城上相敵。東城使奎徽、李思安等以長鎗束藁於火上焚之，隨毁隨立。城中發中砲擊之，北兵視砲所墜，隨散隨合。十七日，攻内南城甬道。上國兵擊之，金吾衛將軍邵邕戰死，北兵亦失一將及三百餘人。二十三日，率衆攻内城，四城兵皆迭自城上擊之，北兵失勢。時大城中遺民不能去者，爲其啗食無餘，見婦人肥美者，必以獻之上將充食焉。上寅夕跣足告天，永興王至焚香於頂。北兵以太廟爲馬廄，上望之慟哭。二十八日，遣東安王出使請和，且以公主爲婚。北國將地永斯堅許之，且曰：「婚待俺白北天帝，只是國兵至此，豈可無犒勞？欲得駱駝三萬匹，羊五萬頭，馬三萬匹，牛三萬頭。」東安王曰：「此非祐所專，當奏皇上。」及晚入禁城，以木舁懸而入。北兵欲射之，有止之者。既入，議於明陽殿。翰林直學士張慶之曰：「不可。彼方乏食，因我請和，復得六畜以爲食，後留攻不去。獨不見侯景之攻梁武帝石頭城之事乎！」因命人於翰林院取《通鑑》以進。聶希古曰：「不可，無以塞其意。」上曰：「惟有金繒耳。」翌日，懸三百囊及東安王復往。北將大怒，舉繒帛悉焚之，欲烹東安王。已而，有骨婁黠斯者勸之。至午，攻内城轉急，發大砲擊碎西承天門樓屋，又疊木於下，復欲沃水爲冰。完顏律明命城上縛大火炬數百，薰炙於上，且發擂木擊之。北兵少却，營屯於城外，氈帳連緜，密如星布，望之無有邊際，人心大懼。

三年壬申正月三日，河東總管統軍完顏及、高陽帥臣陶木、成德帥臣茹責興各將兵入援。至易州，及又遣人使蒙國，使襲其國。北兵攻城不得志，亦欲和，乃許和，以羊一萬遺之。北兵又請止援兵。高耆年曰：「不可。此忠獻王、斡離不二太子嘗以此術誤南宋矣。國家自當監之，豈可復墜其計。」乃報以「援兵之來此不及知，徑路不通，何由可止」。會北兵所虜將軍穆思順乘間走脱，至賁興軍，言北兵疲阻之狀。賁興與及、木皆請速進兵，阻易水之上。十一日，北兵退，取坤山興中路以歸。賁興等敗其後軍。十五日，内城及四子城門開，完顔及等見上大哭。上亦泣曰：「燕京自天會初，不罹兵革，殆將百年。僧寺道觀，内外園苑，百司庶府，宇室華盛，至是焚毀無遺。向非忠獻王有先見成規，國不立矣。」北兵歸至臨潢，復留别將攻興化、和、建、永、霸州，皆陷之，赤地千里。聞燕京衆回，亦還。

二月，北國遣其臣骨婁斯大魯來請婚，且欲割宗錦以北之地。聶希古請允婚，欲以章宗第三女順國公主嫁之，割地之請不從，且許歲賂金帛三十萬，遣王良嗣報聘。至陰山見其主，良嗣致命。其國大臣地永斯堅聞之大怒，曰：「我今秋引兵，地與公主皆可有！」良嗣回，已四月末矣。五月，天時大暑，復少雨。禮部侍郎太常卿杜昌世請奏，上郊天地，用《周禮》《春秋》祈禱之制。張慶之以爲不可，昌世曰：「國家閔雨，遍從民望。今種多不入土，國家非兵弱將庸，但乏糧儲，爲北兵所困。若得一歲稔，便可少安，不告之天，將安禱也？」衆以爲然。且用季秋龍見而雩之説，上親祀南郊，與地祇合祭。先一日，祭太廟，於大興殿列祀開國勳臣，惟忠獻王用太廟樂。完顔天穆、天驥皆預祭祀，命有司定謚。十七日，連雨二十餘日。京師市巷蕭條，草莽蓊然。大興尹烏陵用章親課大興縣宰及千户等，耕城外廢田。山東都轉運俞良裔、河北轉運廖鼎，各運米五萬石至京，兵民皆呼萬歲。吏部郎中兼秘書少監邵文虎奏乞州縣立力田科，秋初遣使行諸路，觀田之開墾，以爲守令殿最。參政王昌禹曰：「此誠是也，但朝廷征行調發，使不苦於發兵方可耳。」是歲小稔，然田之荒者，動至百餘里，草莽迷望，狐兔出没，盜賊伏藏。時莒、濰、淄之寇則有楊安兒，割據同華、河中府則有劉伯太，林行山賊，凡數百衆，多者聚數萬人。陜西耀州、鄜州，黑燕飛虎所在屯結。朝廷謀討之，張慶之以爲民未安業，若用上國以平諸寇，恐北兵來，不堪用敵。若欲僉兵，止爲盜餌，無益也。

九月，上不豫。上自即位，無一日歡，以外敵爲憂，寢食俱廢，眉鬚蒼然，漸成脾疾，至是寖劇。永興王自祈禱於恒山。十月初，稍瘳。時北兵已動，十月五日，自蒲興路取三韓，騎兵二日已到順州。朝臣相顧，不知爲計。烏陵用章、樞密完顔律明曰：「復用往時規模。」張慶之問侍御史蕭立義，力争當以爲避寇，主不能决。聶希古、余崇義、高耆年曰：「避寇當素爲行計，今强敵已逼順州，且夕且至，一動足則内外紛潰。若底收拾，非萬全策。當如去年一力捍禦，俟敵退，然後定遷都之議。今中京形勢爲壯，猶可保守。自燕以南，皆是小壘，到大同府及中山府方可以守，亦不如此見成規模。」用章曰：「臣知北兵復來，所以不令居民攜妻挈子，且令附在諸縣，多募强勇，復兹城守備，百方皆令構思。但北兵至國大舉，志在必克，守城尤須盡力。兼自七月遣張汝弼諭西夏，完顔叔良諭蒙，皆厚賚金帛。昨叔良信報，蒙極喜【七】，但叔良病【八】，未回。今當命大同府帥臣遣一官屬，優與借官，告急蒙國，命永興節度帥臣告急西夏，事濟許其厚報，北國必被其撓。」聶希古曰：「用章言是也。」八月，以用章爲樞密使。用章請兼府尹事【九】，許之。右衛大將軍知樞密院完顔律明請且守大城，不可遽棄，令敵徑入【一〇】，守之不得，然後守子城、内城。用章與聶希古、少尹張大和曰：「不可。大興都城汗漫九十餘里，樓櫓棚架事件皆無，如何去守？設或不利，必當走入子城，倉皇急遽，如何得入？紀律必亂。敵若踵至，此危道也。不若從容養力，以坐俟其至，且堅閉大城，俾之不可徑入，使之勞苦，我乃以逸待勞，憑高困之，斯乃上策。」衆以爲然。

十月二十八日，北兵至城下。地永斯堅屯仁王寺，骨婁結贊屯太安山。山乃劉仁恭所築，不甚高。十一月一日，攻順陽門、南順門、四會門。門樓上以沸湯熱糞沃之。北兵乍退乍進，結贊遣人自西門之北拔木扳城以上。一呼而前，黑旗馳走，諸門守兵皆潰，用章令開苑城洞門納之。二日午後，攻内城南甬道。左衛統軍李思安發擂木牛鼻砲擊之，敵死甚衆。六日，北兵發民間所疊木植竹蘆等，皆疊於甬道城下，務與城平，欲前搏戰。思安等募人自龍游池鑿地道，以乾柹塗硫黄【一一】，破絮蘸油，間塞於所疊竹木之下。八日午，北兵登木堆，用衝車大鐵錐打城。火自下發，衆皆驚走。斯堅遣將於夾城口用大刀砍其衆，不許退，焚死者甚衆，臭不可聞。聶希古請夜劫其寨，用章曰：「不可。劫寨須

【七】蒙極喜　「喜」原作「善」，據《四庫全書存目叢書》本、汲古閣本改。

【八】但叔良病　「病」原作「痛」，據《四庫全書存目叢書》本、純白齋本、汲古閣本改。

【九】用章請兼府尹事　「請」字原無，據《四庫全書存目叢書》本補。

【一〇】令敵徑入　「徑」原作「往」，據《四庫全書存目叢書》本改。

【一一】以乾柹塗硫黄　「柹」原作「姊」，據《四庫全書存目叢書》本、純白齋本、汲古閣本改。

是有可據，今敵據前南順門，去子城九里。萬一失利，爲敵所覺，群起追逐，開門納衆，則敵亦乘間而入。」不納，則是無故遣三四千人納之死地。不惟無益，且損吾氣。」希古喜曰：「樞密所説皆是。此社稷之福也，宜白上，當以厚報。」用章曰：「人臣盡忠，何報之有！但强敵攻擊至於闕下，此爲我輩愧耳。」張思顔謂聶相曰：「萬一敵退，宜思大計，此不可頻頻僥倖。」是曉大雪，國兵皆安，北兵馳躍雪中。十四日，雪霽，三大王自瀋州運乾蒸餅、牛馬肉凡五十挽車，北兵喜甚。十七日己巳，攻内城。張瓊、范泰自子城上用强弩射之，用熱沸油潑其體。死者雖衆，攻者不輟【一二】。用大鐵鑱，鑱闊尺餘，尾作長尖柄，以大錐錐磚上，蹈之以上，有登至半者。李思安命兵士執大刀大斧，待其上將到者斫碎，飛屍以下。北兵以府第、寺觀漆板壁門扇及窗槅疊爲高木，與城同高，旁搭飛梯以升。用章造六輪車，上立兩柱，横貫巨木五丈餘，横戛木城，兵多墜死。車行既驟，北兵扼不能遂，皆俯伏以俟木過而起。用章令夜造搭橋。次日，用章以戛之木搭橋隨後，北兵纔伏，勇士執大斧跨搭橋至其上斫其背，北兵大敗。因奪木城，拆板壁以墜。北兵百計攻城不克，用章令隨方隅置廁，兵人不得野溷。廁溢，煮之使沸，以沃北兵。凡所沾穢，體皆生痏。不野溷則無臭穢，疾病不生。獨柴薪漸乏，至拆絳霄殿、翠霄殿、瓊華閣分給四城爲薪。二十五日，北兵漸退。二十六日，無一騎在城下。范泰欲出兵追襲，永興王使白用章。用章曰：「不可。北兵知我守此五城，共有十萬兵。若設伏於平地，猝起與戰，我兵

【一二】攻者不輟　「輟」原作「轍」，據《四庫全書存目叢書》本、純白齋本、汲古閣本改。

必敗。多遣，則守城之兵不足；少遣，適爲敵擒。彼無故棄去，必是有巧，第少忍之。」次日早，忽金鼓震響，馳馬探之，乃前隊引去，以精兵伏於仁王寺、太安山東翠園、星興觀，俟我追兵出城夾擊之。因復攻城，衆乃服用章之言。

十二月二日，北兵屯順州。順守出奔，一城老幼盡殺之。凡半月餘，始自古松越龍漠以北而歸國。四年癸酉八月，北兵至紫金關，距燕京二百里。十月辛亥，北兵復圍燕京，分兵徇河北、河東、山東諸郡，回薄燕京，環城下寨。是時北兵勢盛，所將降人楊伯遇、劉伯林，同漢軍四十六都統及大項軍馬，分三路攻取河北、河東、山東諸郡。其時，中原諸路之兵皆往山後一帶防遏，城中無兵可守，悉僉鄉民爲兵，上城守禦。北兵盡驅其家屬來攻，父子兄弟，遥相呼認，由是人無固志。所至郡邑皆下，惟真定、大名、青、鄆、邳、海、沃、順、通州有兵堅守，北兵不能破。北兵又約南宋交攻。

十一月，燕京乏糧，上復遣使請和。北兵索犒軍金帛、牛羊駝馬等物，上皆從之。北兵歸居庸關，盡驅兩河少壯十餘萬而去。北兵既退，上喜甚，以手叩天，對群臣曰：「不圖今日再得相見！」未幾，舊疾復作。

十二月四日，淄王允德自磁隰引勤王之兵三萬至城下，入見而泣。上已不能言，至晚始蘇。會大同帥臣解士政奏言。奉詔之次日，即遣同知全伯野借郎中使蒙國，且許犒以金帛二十萬。元興言：「北兵雖退，秋必復來。四民俱廢，國何以立？宜少順其意，或許以婚，或賂以財。且大臣欲以金帛與蒙，未見其益；不與北國，立見其害。」付都堂議其可否。左諫議大夫兼御史上大夫穆次仁言曰：「禦敵必原其意，然後始有屈伸。今北國樹立大辯之餘孽，欲有我河北、河東、幽燕之地，自欲得我遼陽、上京、會同、臨潢等路，北國之所欲者，吾土地也。事以珠玉金帛，事以子女，皆不得免。將見使者日至其國，而彼不得其欲，此志不厭。以此計較，徒廢玉帛子女，而彼惟欲滅吾國，我雖賂之無益。蒙國隔在北國、西夏之傍，彼欲吾地，則有北國以爲之隔，惟使金帛悦之，可以結其心。彼既樂從，便當爲我以擾北國，少舒國患。」衆以爲然。續聞北兵之退歸，蒙人攻其西部。是春，完顔叔良歸，所言之事，皆如其所陳。

五年甲戌正月八日，諸大臣入問疾。上曰：「惟願作病裏去荷，公等不死於兵，知荷知荷。」是夕晏駕。翌早，樞密完顔宇、烏陵用章宣遺詔，且令速葬，仍以國家多難，山陵痛加節約。上在位五年，寬仁恭儉，力矯前弊。雖曰善政未及修立，天下無不憐之。是日，百官議所立。用章曰：「淄王乃世宗第八子，功勳夙立，容止可觀。」請衆立之。於是奉迎以入。王辭讓久之，乃從。立爲皇太弟。十日昧爽，淄王允德即皇帝位。

二十八日，知大名府余崇義奏曰：「生民薄祐，大行遺棄萬國。遺詔所逮，民皆感哭。伏思太宗及忠獻王定鼎中京，已及百年，變通之理，不可蹈常。自大興以來，災變薦臻，七年之間，三有大變。北兵猖熾，三次圍城。雖人事之未修，亦天數之否運。盤庚以河患，猶且遷亳，況今外敵如此。若燕中王公士民，戀本重遷，畏聞移徙，臣恐爲社稷之憂，非細故也。一二年來僥倖，以今思之，迹已盡危，豈可爲常。大福不再，如臣言可行，乞行下大名，容臣治辦。俟山陵後，即乞大駕光臨。」有旨集議於明陽殿。嗣慶王琮嗣、安王伸謂燕京規模壯大，不可輕遷。完顔宇、烏陵用章、張慶之、葛安民皆曰：「昔忠獻王佐輔太宗，既滅遼平宋，欲逮上京，以龍朔、上國爲根本，以遼陽、長春、會甯等路爲北畿，以河北爲東畿。故於大興稱中京，以會同爲北京，以黄龍爲上京，以中山府爲南路。接引根本，東西南北，道里適均。慮南宋有取河南、山東之心，每視爲之度外去來之物。凡河南財物貢賦，悉儲於大名；山東之貢賦，悉運之於鎮州。臨終，付屬於忠烈王及諸大臣，蓋以南宋爲慮。及廢劉豫，又以其地歸之於宋。此忠烈王欲誘以殲宋兵，爲取江南計也。謀計不齊，乃復取之。故當時控壓中外，莫過於中京。今上國及古長城外之地，已皆陷失。巍巍帝都，鄰爲敵境。兵戈朝起，夕已到都。彼乃衆大之勢，尚復泥古而不知變通。余崇義之奏遷都是也。但大名不知如何，更議定之。」嗣安王伸曰：「昔太祖與宋夾攻耶律，約事定之後，以燕京歸宋。耶律既滅，太祖便令如約。忠獻王愛其山川廣表、風俗堅悍，力勸自取。太祖微服以往，歸謂忠獻王：『燕真好真好，但我不欲失言。我死後，汝輩自取之。』今舍之而去，是失燕京也。」張慶之曰：「與其失社稷，孰若失燕京。」伸無以應。

完顏律明曰：「他處不知何如，中京斷不可留。」聶希古曰：「今河東有太原，河北有成德，中山府有大名，山東有東平，河南有汴京、有洛陽，陝西有永興。惟此八處，皆古帝都。太原地瘠民貧，迫近西夏。成德、中山，亦非久計。永興西迫夏、南迫蜀，汴京近宋，皆不如大名得兩河之中。聞余崇義葺理甚有規模，亦可保恃。」嗣慶王宗曰：「今棄燕京而去，祖宗山陵，盡在北地。若有殘壞，公等何面目以輔人子孫？」慶之曰：「太祖葬長白山，今已隔絶。盧龍諸陵，若使邊鎮得人，亦是無患。爲人子孫，以不墜宗祀爲本。若北兵未盡，燕京必危。血食尚可憂，况陵寢耶！」中書舍人孫大鼎曰：「中京便作不可遷，亦須暫時遷避，以俟敵勢衰怯，然後還都。國人多苦熱，謂河南暑毒可畏耳。」慶之曰：「極北苦寒，極南苦熱，惟河南北得寒熱之中。煬王既都燕，以親王宗室上國人畏暑毒，到二月末，遣歸始興瀋州龍漠過夏，至八月回京。自大辯與北兵攻陷上國，二十年來不往避暑，亦不聞有病熱死者。忠烈王既復取河南，欲遷上國人居於梁、宋、齊、魯，時皆以爲不便。及煬王喪還，世宗初立，山東、河南北人結集起兵，請援南宋，世宗始令上國人築土室以居河南北，以河南北人爲上國。今七十年矣，亦不聞上國人以河南爲不可居者。此小節耳，豈可妨大計！」議論久不決。

五月，葬德宗於福甯陵。虞主返，上迎泣過悲。侍讀高宗直曰：「陛下宜少寬聖情，在禮不過始接三舉，已至併爵酹四舉耳。」上曰：「不然。卿獨不見諸公近日議論乎？

陵寢宗廟，自兹益遠。」宗直亦泣下。知永興軍大行臺御史大夫邵纂奏曰：「聞崇義奏乞遷都，俟山陵以後，當有定議。今盛暑無幾，秋風漸勁，遷國大事，敢竟一歲而圖之，恐北兵既來，噬臍無及。」十八日，虞祭。十九日，詔曰：「國有大事，謀貴僉同。我太祖勊文王之興岐，居龍朔以有天下；忠獻繼周公之卜洛，宅中京以朝諸侯。頃歲多虞，兵災未已。臣鄰思久遠之計，國人懷故本之思。合各進言，以圖長策。」是日集議於秘書省。

嗣王二人既承詔，皆無語。樞密完顔宗魯對曰：「盤庚遷亳，不可効襲；平王遷洛，愈見衰微。我國家以雄强戰鬭，奄有南北。今一旦示弱，遠投梁魏，以此禦敵，恐其不然。古人有言：我能往，寇亦能往。蘇峻之亂，人皆欲遷會稽、豫章，而王導不聽，迄能立國百年。今徒見北人有畫河之議，欲自燕而南遷，捨河北以厭北人之欲，則河南、山東爲國家之久計，臣恐不然。不若以宗廟社稷之重，君臣上下竭力，死守京都，以轉輸中原，使中外猶知我爲雄强之國。臣以爲，有中京則有河之南北也，無中京則河北不可保，河南其能獨立乎？」云云。時樞密烏陵用章以再保京城有功，人多附之，意謂有人則中京不必動。聶希古中不能平，曰：「諸君各思爲社稷計，勿懷己私，徒口舌之辨。」用章本無他意，直前言曰：「中京當遷，已無可議。今惟議所遷之地可也。」秘書監兼中書舍人俞憲之、著作郎雍迪曰：「樞密之言是也。太原地瘠，寖近北國與西夏，中山猶燕京也。永興、太原皆不可，惟大名、洛陽、汴京可耳。惟上所擇。」參政費欽曰：「汴京爲四通八達之衝，梁宋地平，趙氏居之，至宣和而事體可見。然彼所以居者，資給東南六路淮南、兩浙、江東西、兩廣、福建、河南北漕運。今我何仰？不若洛陽爲天下中，猶有險固可守。」聶希古曰：「洛陽不如永興，汴京不如洛陽。洛陽誠可都也。但洛陽宮殿廢壞，地多荒圮，今若一旦修造，則國力不支；若因仍，則非以爲帝王之都。汴都宮闕，自正隆主繕修之後，今猶堅完，氣勢猶壯。權居之宜，惟汴爲可。」侍郎李迪曰：「國初不以河南爲要，忠獻王、忠烈王常視爲去來之物，兼迫近南宋，亦不宜居。」直學士院孫大鼎曰：「太宗平宋，以康王在南，知人心有故國之思，每切慮之，豈是不要耶？今日之事，固已久矣，都之何疑【一三】？宋之用事，似非有大志。彼方以韓侂胄爲戒，誰敢議此？況吾國兵較北兵誠不如，較宋則制之有餘力。」聶希古曰：「衆議紛紜，各爲矛盾。自晨至晡，尚猶未決。惟白上以定都於汴。」衆猶以李迪之言爲然。

翌日，孫大鼎又疏曰：「古今殊時，事勢亦異。論事不如論意，知其意則事可知。臣竊惟太宗命忠獻王及莊、武二太子之伐宋，初至汴京而回。忠獻再往，極其智巧，脅之以威，誘之以術，夕慮朝行，謀終謹始。考其設施，大略有三：汴京既克，不忍肆兵，誘之使至，始行廢奪。凡其子弟群從，布置耳目，搜録無遺，懼顛木之由蘖，終將爲國之害，不思康王在於河北。大軍既返，宋號復興。天時方暑，未可回轍。秋風稍勁，忠獻以三千騎由山東以趨淮甸，至揚州垂得而復失【一四】，續遣四太子越江窮追於海隅，以乘桴而不

【一三】都之何疑　「之」原作「知」，據《大金國志》卷二十四改。

【一四】至揚州垂得而復失　「垂」原作「隨」，據《四庫全書存目叢書》本、純白齋本、汲古閣本改。

及，勝敗相當，勢始可慮，此其一也。宋既有主，兵交未已，汴、洛、陝西是其故墟，忠獻懼亟取則百姓難諳於政化，先立張楚，次立劉齊，若果争必取，則復樹立靖康君，使其兄弟相爲禁持號令，而南自弱，謀未盡行。忠烈當國，鋭意爲取江南之計，歸三京以誘其將兵於平地。彼守河，則江必虚；彼不守河，則是我嘗歸之，彼自委棄，在遺民當自歸曲於其主，此其二也。天會八年冬，諸大臣會於黑龍江之柳林。陳王悟室憂宋氏之再興，其臣如張浚、趙鼎則志在復仇，韓世忠、吴玠則習知兵事。既不可以威服，復構怨之已深，勢難先屈，欲誘以從，陰縱秦檜以歸，一如忠獻王之所料。及誅廢其喜事貪功之將相，始定南疆北界之區畫，然後方成和議，確定誓書，凡山東、淮北之民，多流寓於江南，及杜充、張忠彦之家屬，悉令發還。蓋懼在南或思歸北，在北或思歸南【一五】，鼓扇摇惑，易以生隙，務令斷絶，始無後患，此其三也。此三者監密深遠，百年賴之。謂先朝視河南爲度外之去來【一六】，豈不厚誣於先忠獻王耶！蓋不都中京，則故遼之地難定；不深於防衛河南秦洛，則河北陝西之地難保。今中京之規模既安，惟當經畫兩河，猶不失於曹魏、元魏之時。抑又聞鄰於强者難爲功，鄰於弱者易爲力。」聶希古讀疏上前，已漏下七刻。

上曰：「當如何？」烏陵用章曰：「朝臣謂北兵雖熾，若以戰力守中原，則河南北皆爲臂指之用，是護胸膈以保心腹。若捨而去之，我往，寇亦隨至，食疽浸淫，所損愈甚，此一説也。大臣謂兵，凶器；戰，危事；萬一失利，社稷可憂。若有不虞，百身莫贖。不如

【一五】蓋懼在南或思歸北在北或思歸南　「思歸北在北或」六字原無，據《四庫全書存目叢書》本補。

【一六】謂先朝視河南爲度外之去來　「謂」原作「爲」，據《四庫全書存目叢書》本、汲古閣本改。

避寇，以圖萬全，亦一説也。二説各有利害，惟聖意決擇。」希古正色曰：「今日之議，正要臣等與陛下斷決。若用章兩可之説，殆未知其意向。昔二太子到汴，不克而歸。次年忠獻王傾衆之南，至中山府，夜召郭藥師、耶律乾忠議之。忠獻以節條三策，謂宋帝若率其至要親屬，或走荆襄、渡江南，此上策也；揀汰老弱，收集精兵，委棄羅郭，堅守内城，此可待四方之援兵，此中策也；優游不決，分守大城，斯爲下策，必成擒耳。復遣一將屯睢陽，以遏東南之援。郭藥師曰：『我在南宋二三年，備見其事。朝臣皆是書生，自分黨羽，相爲好勝。是者未必服非是者，背後竊笑而未必争，彼豈能有意家國？少帝復無英斷，惟人言所惑。未必有人，不如姑行。』及克宋，皆如所料。臣嘗憐之，不謂大朝今日有此！今日説遷，明日説守，北兵已來，那時莫道宰相不先定策畫耳！」【一七】因下殿再拜，求罷。上令内侍扶上。用章曰：「聖駕一面遷動，臣等自當死守故京，此何不可？但恐駕到所在，他亦來爾。」希古曰：「臣豈不知之，恨兵弱不贍。使北兵至此，當思萬全之策，不可僥倖。」上曰：「卿等且退，朕今夕思之，明日斷著處分。」遂退。御膳罷，上詣蓬萊院觀音寺燒香，過浮碧池，望池南有二狐相攜而行，逐之，各登樹而走。内侍言：「近日此物甚多，有戲舞於宣華殿階之上下。」上拊髀曰：「變怪如此，不去可乎！」時宫殿多妖異，皆此類。明日，以此諭宰執。聶希古袖出敕命【一八】。乞降詔，令大名余崇義、汴京留守完顏成章、轉運向琬，各裝備修内合用物色，令河北四路計度車夫人馬。上

【一七】那時莫道宰相不先定策畫　「道」原作「遣」，據《四庫全書存目叢書》本、純白齋本、汲古閣本改。

【一八】聶希古袖出敕命　「袖」原作「就」，據《四庫全書存目叢書》本、純白齋本、汲古閣本改。

饜額可許之。

六月，上京路帥臣盧之郃奏言：「北兵昨陷復州，執去同知趙子宣【一九】。陷順州，執督運天使張元應。今二人偶脱得歸，已在臣州治。乞賜進止。」聶希古、烏陵用章合奏，令發遣來，欲知彼事。凡四百二人乘驛至。希古奏，先與執政聚問於都堂。二人言：「北人自知深入雖爲上國之害，然亦不甚得利，意欲明割疆界，使之據定保守，歲賂幾何，庶各得無事。三大王亦不在他意裏，但得約定，則和，旦夕須有專使者。」用章曰：「二公聞得耶，豈他用事人自與説耶？」元應曰：「某在彼稍閑散，聽得人如此説。」翌日，令二人各於河北諸州，權請同知正員俸給，聽候遷除。

八月二十二日，北國遣東部副大人左尚書地永紇烈，與掌記侍郎完顏天驅來。其國書略曰：「北天國相都大人地永贇，致書於大金丞相左右：立國以信，信生於誠。我黑黔北天帝，受先北天帝遺旨，保祐愛王父子，連年與之出兵。近迹觀之，完顏雄所立，大無意勢，如灰如槀，不能有國，與之構怨，何爲何爲！昨者貴朝自完顏大聲歸後，絶不再遣，欲説誠實，阻隔無由。今宜無警無虞，一切如初。犒勞和好，貴朝自詳酌議之。具數見報，别立誓盟。青兕皮千片，黄駿段千端，馬十匹，火浣布百端，爲貴朝獻。宜白大金皇帝收留。」二使至，遣中書省門下省都檢詳葛齊年、樞密直學士都士雅館伴。

九月一日，上坐承安殿，召宰執議之。用章、慶之曰：「和可許，不可恃。」希古曰：

【一九】執去同知趙子宣　「宣」原作「寅」，據《四庫全書存目叢書》本、純白齋本、汲古閣本及後文改。

「然則今不可却，彼以好意來，但允從之何妨？」張慶之曰：「豈可信！和自許，都自遷，兵備自修。若信其言而和，事事皆廢，坐以待斃，此趙家二帝爲我擒也。」上曰：「先朝於趙家，亦太甚矣。」用章曰：「當興盛時，寧恤及此？不如此，無以建大業。」初二日，遣諭北使，頗如所約。止許以前所陷失州郡爲界，歲賂牛、馬、羊各二萬，銀絹二十萬，仍命大臣聶希古等作書以答北國。其書略曰：「大金國相大臣聶希古等謹致書於北天帝國相左右：親仁善鄰，國之寶也。聖經所訓，敢不敬歟！由是貴國因皇天之悔禍，念赤子之流離，遠示誨函，許通和好。覽所言之來意，敢詳酌以陳誠。但自今以前，已陷没之城池，悉歸北界；惟見存之州郡，皆屬本朝。封域如斯，永爲定制，子孫相繼，久遠遵承。仍歲備牛、羊、馬匹各二萬，銀二十萬兩，以供貴國之需。倘沐允從，續當誓約。白玉帶一，黄金帶二，金花酒器十事，銀花器皿百事，綾綺百端，綵絹千疋，用置回篚，宜白北天帝受之。」

北使既去，有旨趙子宣、張元應并召還，子宣除直昭文館，元應總天駟飛龍十七監。敕已出，權給事中兼知制誥孫大鼎封還録黄奏言：「多事之世，士無常守。外順内逆，惟利所在。子宣、元應之歸，朝廷以其言遣使，遂以爲誠，臣深疑之。自天統之中至今三十年，北兵陷執官吏，不知其幾多，不知其存亡。傳聞戮辱囚苦，皆是求死，獨此二人忽然逃歸，情態張皇，氣貌不改，恐未必非敵之間。古事臣不必言，謹按國史：天會八年冬，諸大臣慮南宋君臣之刻苦於復讎，思有以止之，而勢難於自屈。魯王曰：『惟遣彼臣先歸，因示空脅而使其臣順遵之。我佯不從，而勉强以聽，或可以定。』忠獻王曰：『誰可使者？』忠烈曰：『惟張孝純可。』忠獻曰：『我兵初到太原，孝純見霍安國之使，便來迎降。既得太原，一鼓渡河，取洛陽、圍大梁，皆由先取河東。彼處誰不怒之？遣去如何得位得志？此事在我心裏三年矣，只有一秦檜可用。檜初來，説趙氏得人心，必將有所推立；説張邦昌不爲人悦服，雖立何濟。不及半年，其言皆驗。我喜其人，置之軍中。試之以事，外拒而中委曲順從。間語以利害，而檜終始言南自南、北自北。因説許某著手時，只依這規模分別，今只用兵，南亦未必終弱。若縱之歸國，彼處喜慷慨説事，必是得志。惟此人可濟吾事，更須恩結其心。』衆皆令解其言。南臣羈旅，秦檜獨穩足。一朝資以金寶，駕以海舟，挾孥而去。韓常懼南有疑，而忠獻不聽。至彼大得權位，而所謀始行。順昌之戰，劉錡欲徑進，而召劉錡；商虢之戰，岳飛欲徑進，而召岳飛。終於殺岳飛，廢韓世忠【二〇】、張浚，貶趙鼎，而南北之勢定。可見逃人歸國，不可不細查其來歷，關係國家不小。」上不從。

上與群臣終日議遷都，將啓行，北兵聞之，如風雨驟至，統兵追扼。下闕歲此行無顧後之憂。昌拜泣慟，上亦揮淚。三衛近從皆流涕【二一】。昌復欲前送，有旨，令速回，始辭去，且曰：「事有便宜，許臣自施行，續次以聞。」許之。至趙田河、涿州，進頓食。凡二

【二〇】廢韓世忠　「廢」原作「發」，據《四庫全書存目叢書》本、純白齋本、汲古閣本改。

【二一】三衛近從皆流涕　「近」原作「迫」，據《四庫全書存目叢書》本、純白齋本、汲古閣本改。

千輿，上令分賜。二十九日至易州，一宿遂行。至滄京，中山府守臣鄭之紹迎駕。十月五日，幸中山府舍。之紹空諸寺觀，區處有條，至者如歸，民亦安堵。是曉，完顔昌奏：「北兵將騎已出入界上，昌一力捍禦，行乞早幸大名。庶得中山之民協力拒敵，詔太原帥臣完顔真出兵，與嵐代兵戍飛狐口，防北兵自燕山府間道趨河東也。」六日午，駕起中山，日行五十里，至沃州。大名帥臣余崇義遣其子士表及同知張居來迎駕。將及相臺百里，崇義至，拜伏道左，具言「借位大臣，使鑾輿至此，死不贖罪」。遂幸大名府舍。是夕雨寒，軍人争薪草，撤民屋，洶洶喧呼。用章親至慰撫，余崇義令鞭管事人於銅雀街，計人分給，内外皆定。參政張慶之與直學士院完顔叔靖、直館昭文館兼直學士院聶宗明登銅雀臺，飲酒賦詩，爲御史李彪所彈，各罰金。是夕除兵部侍郎穆日華知大名府。余崇義下闕

聞惑思奮起，故兹詔示，想宜知悉。八日，有旨，令張師顔等分别文籍、書畫、圖史、彝鼎、古器，并如舊制。是日，汴京吏民指所乘車曰：「恰好去九十年，誰知又歸在此耶！」其間士民，亦有見上儀從不整，爲之泣下者。十一日，鎖院聶希古遷太傅魏國公，余崇義遷太保鄭國公，烏陵用章遷太尉衛國公，張慶之遷特進濮陽郡公，自餘各加恩秩，皆準。赦文所降，自駕發燕京至汴前後詔誥，皆孫大鼎、盧之憲二人爲之。是夕草制罷，共宿玉堂。翌早，舉似鴻臚寺雄孝孫戲之曰：「聞説有潤筆不罰金者。」

初，忠獻王粘罕欲贊太宗都燕京。司天太監郝柮，爲人明敏，精於天文地理。忠獻王攻伐遼、宋，每攜以行，前後所言皆驗。嘗謂：「燕京土燥山遠，水泉不潤，但可以爲守，難以文治。若調遣兵戈，南征北伐，此地可居；如持盈守成，修飭禮文，禍亂必作。」又，太和末年有謠言云：「易水流，汴水流，百年易過又休休。兩家都好住，前後總皆留。」及朝廷將遷，其言悉皆應驗。草澤王天復上書言：「帝坐不安，國家當有變更。宜思順動，庶可無虞。燕京土氣耗竭，物極而衰，惟變則通。願順天地之心，以延宗社之福。」以此推之，遷都固皆前定耳。

附録

自序

大定甲戌冬，六飛南邁，新宅大都於宣武。師顏握筆東觀，道間被命，仍兼禮郎，馳驅清蹕間，粗知記注顛末。恭惟太祖皇帝，布昭聖武，興於龍朔；太宗皇帝，應天順人，滅遼俘宋，定鼎中京，率土賓服。凡王會所圖，琛貢相續，象胥効職，離任迭奏。視昔帝王之盛，漢唐之隆，惟金繼之。中懷逸豫，釁起近親，要誘遠兵，長蛇封豕，尚忍言哉！創業雖難，守成匪易，以今驗昔，顧不信哉！德皇嗣統，逮今皇上，憂勤恭儉，敬聽臣鄰，思戡多難，而天未悔禍，孰不疚心？燎原滔天，挽莫能止。於是踵太王居岐之仁，嗣成周卜洛之舉，肆上帝復我高祖之德，永地於兹新邑，保定大功，厥有望哉！師顏推極患原，始於大定之末，用示厥鑑，尚祈謹斯。敢竊序以爲《南遷録》云。十二月下澣日，通直郎秘書省著作騎都尉賜緋張師顏敬序。

（《學海類編》本卷首）

浦元玠跋

元玠初冠時，與張升之翊結忘年交。一日，偕孫伯玉訪焉。升之幅巾出迎，設席延坐，談論宋、金廢興顛末，焚香啜茗，具饌。過午，出書一編，其籤題《南遷録》，乃張師顔所紀金國南遷汴京事迹。升之曰：「此大金秘書省文字，是家祖父之所遺者也。」元玠欣然閲之，其間所紀雄强衰弱、環攻戰守，歷歷可觀。於是懇假抵舍，秉筆録之，以爲寶玩。後因《金國志》刊行，與此書較之，事語頗同，而人君年號，俱各殊異，未審其孰是。然以元玠之管見，當時南遷，張秘書親隨乘輿，晨夕執筆侍側，而其所記之書，豈其差舛？《金志》非本國史，出於南官進宋之書中，間或有誤焉，未可知也。然元玠亦未敢定其是非，倘好古博雅君子，覽其國書，考其誤舛，改而正之，誠此録之幸也。大德丙午陽月，浦元玠拜書。

大德丙午繕寫《南遷録》，五十餘年，藏之家塾。至正丙申，松城遭值兵火，家藏之本七百餘種與此録俱爲灰燼，每思念之不忘。戊戌春仲，移居泖西，忽於腐紙之中得其録之舊抄本，紙將朽焉，字將滅焉，於是復寫成帙，以供老眼觀焉。後之子孫見之，庶知好書之難得也。四月一日浦梅隱識。

（《學海類編》本卷尾）

劉履芬題識

《南遷録》一册，咸豐初同郡徐上舍本元自里來蘇，攜有是書，爲其師董徵君兆熊手鈔本。余因假録如左。嗣遊京師，納之行篋。故蘇郡不守，藏書灰燼，而是册巋然獨存。同治甲子夏五從我來浦，燭下拾此，感念舊朋，都成宿草。余經歷憂患十餘年，學問毫無長進，觀河面皺之歎，常不在波斯匿王也。江山劉履芬。

（劉履芬鈔本卷尾）

葉景葵跋

《南遷録》八卷，當從《四庫全書提要》作一卷。丙申孟冬，假昆明蕭紹庭所得鈔本，手録一過。紹庭得之任城，原册有莊谷小印，知爲孔氏故物。第四卷缺三葉，八卷後亦未完，訛字錯簡，隨手改正，不知蓋闕，以俟他日校補。景葵識。

此余廿二歲在濟南歷城縣甥館中，借昆明蕭紹庭丈應椿所藏抄本迻録，藉以練習楷法。抄畢手自襯紙，先室朱夫人爲余裝釘，當日閨房静好之樂，如在目前。置之書簏，於今四十有四年。綫裝依然未損，而先室已長眠地下。睹物思人，萬端棖觸！原本僞造，無裨史實。蕭抄本妄分八卷，亦不足重。楷書稚劣可哂，誠以先室所裝治之本，不忍捐棄。適見金耿庵手校清初抄本，補校一過，并抄補闕文，復置諸群書之列，以期保存勿失。每年檢點一過，聊以慰余哀悼云爾。戊寅十月初三燈下撰初記。

（葉景葵《卷盦書跋》，上海古籍出版社二〇〇六年版）

潘景鄭跋

校明鈔本《金國南遷録》。舊藏張師顔《金國南遷録》一册，藍格明鈔本，爲同邑程氏心銘舊藏。末有曹君直先生手跋。按《南遷録》，有《學海類編》本，脱訛殊甚，傳寫本亦頗不易得。是本間有敚文，亦無從勘補，君直先生據正史補證若干條，僅資互證，與本文不相涉。頃自友人處，覯雲間韓氏所藏明鈔一本，有金耿庵先生校語，急假歸，破一晝之功，互勘一過，補正訛奪，不可勝計。如卷首，舊有張師顔序，金校本猶存，得以補遺。首又補天統四年十一月一節。卷末又補初忠獻王粘罕一節，又補大德丙午浦元玠二跋。蓋同一明鈔本，而其間臧否立見，非校讀無由知之。陳振孫《直齋書録解題》疑此書非北人語而附會者，謂出自華岳所爲，以其歲月牴牾，證其妄不足據。然宋車若水

《脚氣集》云：「秦檜議和，殺害名將，後人猶以爲愛東南。」而此編中載孫大鼎疏，言：「天會八年之冬，諸大臣會於黑龍江之柳林，相議謂檜可用。」下云：「秦檜自謂欺世，不料後日金人自言之，則檜之姦狀，於此可見一斑。竊恨俗儒不解是非，有謂檜之議和，亦爲國計。」又嘗見某書，載稱檜爲太平公公，後者不察，爲所眩惑，抑且妄議忠賢，顛倒黑白，讀此篇者其亦可以昭若發矇矣。讀此史者，當反覆深思，勿爲邪説惑其志行，變亂史事，自欺欺人，終爲識者所齒冷耳。因校此書，故并及之。丙子正月二十六日，校畢并識。

（潘景鄭《著硯樓書跋》，古典文學出版社一九五七年版）

陳振孫《直齋書録解題》提要

《金人南遷録》一卷。稱僞著作郎張師顔撰。頃初見此書，疑非北人語，其間有曉然傅會者，或曰華岳所爲也。近扣之汴人張總管翼，則云歲月皆牴牾不合，益證其妄。

（陳振孫《直齋書録解題》卷五僞史類，上海古籍出版社一九八七年版）

《四庫全書總目》提要

《南遷録》一卷。舊題金通直郎秘書省著作郎騎都尉張師顔撰。紀金愛王大辨叛據五國城，及元兵圍燕、貞祐遷都汴京之事。按《金史》，世宗太子允恭生章宗，而夔王允升最幼。今此書乃作長子允升，次允猷，次允植，允升、允猷以謀害允植被誅，而允植子得立爲章宗，世次俱不合。又稱章宗被弑，磁王允明立爲昭王，磁王又被弑，立濰王允文爲德宗，德宗殂，乃立淄王允德爲宣宗，與史較，多一代，尤不可信。至《金史》鄭王允蹈誅死絶後，不聞有愛王大辨其人。所稱天統、興慶等號，《金史》亦無此紀年。舛錯謬妄，不可勝舉。故趙與時《賓退録》、陳振孫《書録解題》皆斷其僞。振孫又謂：「或云華岳所作。」岳即宋殿前司軍官，嘗作《翠微南征録》者，今觀其書，所言亂金國者，章宗、大辨，皆趙氏所自出。又謂大辨初生，其母夢一人乘馬持刀，稱南紹興主遺來云云，蓋必出於宋人雪憤之詞，而又假造事實以證佐之，故其牴牾不合如此。或果出岳手，未可知也。羅大經《鶴林玉露》以遺秦檜南還事見此書所載，張大鼎疏而證其可信，未免好異。然《金史》所載宣宗見浮碧池有狐相逐而行，遂決南遷之計，其事實本此書。不知元時修史者，又何所見而采用之也。

（《四庫全書總目》卷五十二史部八雜史類存目，清乾隆武英殿刻本）

胡玉縉《四庫全書總目提要補正》提要

《南遷録》一卷。

又稱章宗被弑，磁王允明立爲昭王，磁王又被弑，立濰王允文爲德宗，德宗殂，乃立淄王允德爲宣宗，與史較，多一代，尤不可信。至《金史》鄭王允蹈誅死絶後，不聞有愛王大辨其人。所稱天統、興慶等號，《金史》亦無此紀年。舛錯謬妄，不可勝舉。故趙與時《賓退録》、陳振孫《書録解題》皆斷其僞。

錢大昕《日記鈔》云：「其書世宗年號曰興慶，興慶四年，世宗晏駕。章宗號曰天統，天統四年，誅鄭王允躍。而泰和至十四年，泰和之後有天定，皆與《金史》不同。又稱章宗與磁王允明皆被弑，濰王允文嗣立五年而殂，淄王允德繼之，乃南遷汴，與正史全不相應。直齋亦稱其歲月牴牾，想是宋人僞造也。」玉縉案：丁氏《藏書志》有舊鈔本《金國南遷總略》一卷，即是書。載有大德丙午泖西梅隱浦元玠識語四則云：「從張升之結忘年交，談宋、金廢興始末，出一編曰：『此大金秘書省文字，我家祖父之所傳也。』於是假鈔以爲寶玩，後因《金志》刊行，與此書較，事語頗同。而年號各殊，未審孰是。以元玠推之，想當時南遷，張秘書親隨乘輿，晨夕執筆，而其所紀，豈有舛誤，《金志》非本國史，出於南官進宋之書，中間或誤，未可知也。」

《提要》及錢記皆未辨浦說，豈所見本無之耶？

（胡玉縉《四庫全書總目提要補正》卷十八，上海書店出版社一九九八年版）

丁丙《善本書室藏書志》提要

《金國南遷總略》一卷。舊鈔本，吴兔牀藏書。通直郎秘書省著作郎騎都尉賜緋張師顔録。

右紀金愛王大辨叛據五國城及元兵圍燕、貞祐遷汴京之事。《直齋書録》稱其歲月牴牾，疑是僞託。又謂或出殿前司軍官華岳之手，以暢其雪憤之詞。末有大德丙午泖西梅隱浦元玠識語四則，云從張升之結忘年交，談宋金廢興始末，出一編曰：「此大金秘書省文字，我家祖父之所傳也。」於是假録以爲寶玩。後因《金志》刊行，與此書較，事語頗同，而年號各殊，未審孰是。以元玠推之，想當時南遷，張秘書親隨乘輿，晨夕執筆，而其所紀豈有舛誤？《金志》非本國史，出於南官進宋之書，中間或誤，未可知也。故四庫附入存目。有「穀原鑑賞圖書之章」「拜經樓吴氏藏書印」「丁辛老屋」「非見齋」諸印。

（丁丙《善本書室藏書志》卷八，清光緒二十七年錢塘丁氏刻本）

徐乃昌《積學齋藏書記》提要

《金國南遷事略》一卷。史部雜史類。通直郎秘書省著作郎騎都尉賜緋張師顔録。傳鈔本。後有浦梅隱元玠跋。是書係記金愛王大辨叛據五國城，及元兵圍燕、貞祐遷汴京之事。《直齋書録》稱其歲月牴牾，疑爲僞書。或謂殿前司軍官華岳雪憤之詞。然元玠跋云，當時南遷，張秘書親隨乘輿，晨夕執筆，而其所記豈有舛誤？《金志》非本國史，出於南宫進宋之書，中間或誤，未可知也。

（徐乃昌《積學齋藏書記》，上海古籍出版社二〇一四年版）

傅增湘《藏園群書經眼録》提要

《金國南遷録》一卷。金張師顔録。舊寫本。黄丕烈據葉樹廉校本傳録訂正并手寫序跋，張師顔原序跋。又大德浦元玠、浦梅隱跋二首。其跋語録後：

右葉石君校藏本，海寧陳仲魚借以示余，余昨歲購一本，與此正同，前題後跋髣髴如是，謂勝於顧肇修家抄本，今得葉本，思一勘之，不知歲除收拾置之何所，因出顧本手校如右。通體注黄筆者皆葉石君手迹也，葉跋無所考證本子處，文繁未及録，惟據趙與時《賓退録》以爲僞有三，當可信。余蓄本必講本子，此與顧本異，故校之。

他日重尋得昨歲所得本對之，未知尚有異同否？辛未三月廿九日燈下校畢識。復翁。

鈐有「顧筆修讀書記」「養拙齋」朱文二印。文友堂取閲，戊辰八月

《南遷録》一卷。題金張師顔撰。舊寫本，九行十八字。前有張師顔序，後大德丙午浦元玠跋，又浦梅隱跋，下録《賓退録》一段，論此書之僞者。

陳仲魚所藏，有印記數方。同治乙丑魏錫曾以拜經樓抄本校過，行間點校用黄筆，拜經本異處以墨筆記於眉上。

「辛酉六月借周雪客寫本抄録，内缺二段，不知世有全本否，俟訪得補之始快也。連日暑毒，揮汗從事，三十日早起，因昨夜得凉識此。菣園六十四。」

「壬戌之春句容孫凱之來，示余此書并《北狩行録》《北狩見聞録》，因得較正若干字。菣園即凱之也。余樸學齋老人也，年小凱之一歲。」李木齋遺書。辛巳

《金國南遷録》一卷。金張師顔録。舊寫本，十四行二十八至三十字不等。字迹圓美，似名人筆。鈐印只「卯橋」二字朱文印可辨，餘則損壞矣。文友堂取閲。戊辰九月

（傅增湘《藏園群書經眼録》卷四史部二，中華書局一九八三年版）

鄒百耐纂《雲間韓氏藏書題識彙録》提要

《金國南遷録》一卷。舊抄本。張師顔撰。末有元大德丙午浦元玠序、至正戊戌浦梅隱識。

（鄒百耐纂《雲間韓氏藏書題識彙録》史類，上海古籍出版社二〇一三年版）

鄧邦述《群碧樓善本書録》提要

《金國南遷録》一卷。一册。金張師顔撰。陳西畇手校。後有大德丙午浦元玠跋，又至正戊戌一跋。有「平江陳氏西畇藏書」「西畇草堂」，又「西畇草堂藏本」，又「章綬銜」「章龔詵堂」「章氏所得之書」諸印。

嘉慶癸酉，借蕘翁藏書鈔本影寫。今年夏，書賈以蔣子宣藏本來售，遂從蔣本增入闕文，訂正訛舛字，并録二跋於後。甲戌仲秋，仲遵。

《南遷録》刊本希見，此本雖經校勘，而脱誤處猶不能免。古書賴鈔寫以傳，然往往無從讎對。昔人謂「思誤書亦是一適」，此言雖可喜，而古書之湮没者多矣。金自世宗荒淫失政，國勢日弱，章、宣之世，見逼於元。觀是書所載天定南遷，已不亟於靖康北狩。追原禍始，基於趙后之進宸妃。佛氏因果之説，信不誣耶。忠獻、忠烈開基之功，一再言之，乃未幾而敗於愛王之手，引寇入室，卒以滅亡。禍福無不自己求之者，有國家者所深戒也。辛亥三月，正闇居士讀記。

是書所載紀年及人地名，與正史不合。大定之後，既有興慶，泰和亦不止八年。尤奇者，章宗後繼立者爲磁王允明，及被弑又立濰王允文，又次立者淄王允德，且允明廟謚昭宗，允文廟謚德宗，正史未嘗一見。脱脱修輯《遼》《金》諸史，未能采及私乘，恐官書亦正闕略不完耳。浦氏跋已云《金國志》刊行，與此書俱各殊異，張則親侍乘輿，朝夕執筆，豈復差舛。可知異域典籍不具，又益以文字轉譯之訛，求其徵信難矣。此書固世間秘笈，不可輕視。正闇再記。

（鄧邦述《群碧樓善本書録》卷五，上海古籍出版社二〇一四年版）

趙與時《賓退録·近歲金虜爲韃靼所攻》

近歲金虜爲韃靼所攻，自燕奔汴，有《南遷録》一編，盛行於時，其實僞也。卷首題通直郎秘書省著作郎騎都尉賜緋張師顔編。虜之官制，具於《士民須知》，獨無通直一階。其僞一也。虜之世宗，以孫原王璟爲儲，嗣父曰允恭，璟立追尊允恭爲顯宗，録乃謂璟爲允植之子。其僞二也。虜之君臣，皆以小字行，然各自有名，粘罕名宗維，兀术名宗弼，録乃稱忠獻王罕、忠烈王术。其僞三也。虜事中國不能詳，然灼知其僞者已如此，而士大夫多信之。

（趙與時《賓退録》卷三，上海古籍出版社一九八三年版）

羅大經《鶴林玉露·鄧友龍使虜》

嘉泰中，鄧友龍使金，有賂驛吏夜半求見者，具言虜爲韃之所困，饑饉連年，民不聊生，王師若來，勢如拉朽。友龍大喜，厚賂遣之。歸告韓侂胄，且上倡兵之書，北伐之議遂决。其後王師失利，侂胄誅，友龍竄。或疑夜半求見之人，誑誕誤我。然觀金虜《南遷録》，其言皆不誣。此必中原義士，不忘國家涵濡之澤，幸虜之亂，潛告我使。惜乎將相非人，無謀浪戰，竟孤其望，是可歎也。

（羅大經《鶴林玉露》卷四，明萬曆十二年刻本）

羅大經《鶴林玉露·格天閣》

後金人徙汴，其臣張師顔者作《南遷録》，載孫大鼎疏，備言遣檜間我，以就和好。於是檜之姦賊不臣，其迹始彰彰矣。

（羅大經《鶴林玉露》卷五，明萬曆十二年刻本）

趙珙《蒙韃備録·國號年號》

今所行文書，皆亡臣識字者强解事以教之耳。《南遷録》載韃有詔與金國，稱「龍虎九年」，非也。以愚觀之，更遲年歲，則金虜叛亡之臣，必教之撰其誕日以爲節，又必教之改年立號也矣。

（趙珙《蒙韃備録》，中華書局一九八五年版）

蘇天爵《滋溪文稿·三史質疑》

葉隆禮、宇文懋昭爲遼、金《國志》，皆不及見國史，其説多得於傳聞。蓋遼末金初稗官小説中間失實甚多，至如建元改號，傳次征伐，及將相名字，往往杜撰，絶不可信。如張師顔《南遷録》尤爲紕繆。

（蘇天爵《滋溪文稿》卷二十五，民國《適園叢書》本）

王士禛《池北偶談·契丹大金二國志》

《金志》記載與《南遷録》多相合，與史多謬。

（王士禛《池北偶談》卷十八，文淵閣四庫本）

錢大昕《十駕齋養新録·南遷録》

《金人南遷録》題云「著作郎張師顔撰」，陳直齋謂其歲月牴牾不合。今考其所述年號事迹，如云：興慶二年十一月，立皇太孫；四年正月，世宗晏駕，太孫登極，逾月改元天統；天統四年十一月，誅鄭王允蹈；五年正月，愛王據城叛；泰和十四年七夕，章宗爲牛刀兒所弑，頒遺詔立磁王允明爲皇太叔；七月八日，磁王即位，十五日爲内侍趙元德等所弑，大臣議濰王允文世宗第六子，次當立；十八日，濰王即位，謚磁王爲明宗；八月，愛王自立，謚其父鄭王爲明宗；十一月，愛王薨，北國主立其子雄爲三大王；天定二年辛未四月，策進士；五年甲戌正月八日，上晏駕，百官議淄王允德世宗第八子當立，十日即帝位；五月，葬德宗於福寧陵。以《金史》紀傳校之，全不相應，大約南宋好事者妄作。

（錢大昕《十駕齋養新録》卷八，清嘉慶刻本）

錢大昕《竹汀先生日記鈔》一則

讀張師顔《南遷録》一卷，即《直齋書録》所稱《金人南遷録》也。其書世宗年號曰興慶，興慶四年，世宗晏駕。章宗號曰天統，天統四年，誅鄭王允蹈。而泰和至十四年，泰和之後有天定，皆與《金史》不同。又稱章宗與磁王允明皆被弑，濰王允文嗣立五年而殂，淄王允德繼之，乃南遷汴，與正史全不相應。直齋亦稱其歲月牴牾，想是宋人僞造也。師顔署銜稱「通直郎秘書省著作郎騎都尉賜緋」。有大德丙午浦元玠序，至正戊戌浦梅隱跋。梅隱，蓋元玠别號。

（錢大昕《竹汀先生日記鈔》卷一，清光緒《式訓堂叢書》本）

凌揚藻《蠡勺編·金人南遷録》

《金人南遷録》一卷，稱著作郎張師顔撰。陳氏振孫謂，初見此書，疑非北人語，其間有曉然傅會者，或曰華岳所爲也。近扣之汴人張總管翼，則云歲月皆牴牾不合，益證其妄。王文簡曰：「按《金史》，世宗十子。顯宗、衛紹王而下，則永中、執韡、斜魯、永功、永成、永升、永蹈、永德，無允猷之名。永升初封徐王，章宗即位，徙封隋，改曹，又改宛。衛紹王即位，改封夔。宣宗時，以永升年高，詔宫中聽扶杖，貞祐中薨。自世宗迄宣宗時，已歷四朝矣，蓋諸王中最老壽者。且於顯宗乃第八弟，非世宗長子也。《世宗本紀》：大定二年五月壬寅，立楚王允迪初名允恭爲皇太子。三年，命皇太子親王射柳於廣樂園。是年十一月己丑，封子永功爲鄭王，亦非三年始立太子封諸王也。允迪即顯宗，世宗嫡子，史稱其專心學問，於承華殿觀書，乙夜忘倦。尤敬禮儒臣鄭松。詹事烏林答愿入謝，命取幞頭腰帶見之。或曰：『此見宰相師傅之禮。』太子曰：『愿事陛下久，以此加敬爾。』嘗作《重光座銘》，及刻左右銘於小玉碑，皆深有理致。其賢如此。大定二十四年，世宗幸上京，太子監國。二十五年六月薨，侍衛軍士争入伏哭，聲殷如雷。中都百姓皆爲位而哭。二十六年，立子璟爲皇太孫，是爲章宗。顯宗在東宫事蹟始末如此，安得有南凉觀被殺之事耶？又顯宗后乃徒單氏，章宗明昌二年崩，謚孝懿。史稱其好詩書，喜老莊學，純澹清懿，造次必以禮。《録》乃稱章宗母趙爲降授南宫千牛將軍楷之幼女，抑何其誕謾不根耶。世宗，賢君也，而詆以新臺之行，尤爲謬妄。小説之無稽如此，貽誤後世不淺。」

又曰：「章宗以太和六年崩，完顏匡等傳遺詔立永濟，是爲衛紹王。《録》載牛刀兒弑章宗，兀映等立磁王允明，宦官趙元德等復行弑逆，張克己等乃立濰王允文，謚磁王爲昭宗云云，皆似夢囈語。金九主，遇弑者三：熙宗、海陵、衛紹王是也，史皆特書。此《録》架空構造，半屬子虛亡是，殊駭聽聞。其他紕繆尚多，聊舉其大者。」又曰：「章宗時，宋韓侂胄啓邊釁，南北連兵，吴曦因以蜀叛，尋即議和罷兵。至衛紹王初，元始來伐，此《録》言愛王請兵北國云云，皆妄也。」

（凌揚藻《蠡勺編》卷十五，清《嶺南遺書》本）